Chinese Frontier of Language and Literature

中文学术前沿

第七辑

《中文学术前沿》编辑委员会 编

ZHEJIANG UNIVERSITY PRESS
浙江大学出版社

目　录

浙籍现代作家研究

学术会议综述

序跋书评

批评的功能

[美]海伦·文德勒

内容提要:批评的功能究竟是什么？除了审视愉悦的性质和范围,并捍卫这种愉悦的正当性,还解释事情的某种复杂状态,如构成整体的各个部分之间的美学关系。本文拟就那些对批评以及批评与艺术和生活之关系进行反思的诗人和批评家的一些文本为指南,展开论述,对理想的批评功能进行探讨。

关键词:批评功能;审美愉悦;心理;动机;批评风格

和其他所有延绵不绝的人类活动一样,批评之所以存在,是因为它给从事批评的人带来了愉悦。不仅如此,与历史、哲学写作相同,批评似乎也给那些本身不创作、但却喜欢阅读这类作品的人带来了愉悦。如果批评的一个功能,是给批评家—生产者和读者—消费者(包括那些作品被评论的艺术家)带来愉悦,那么探讨批评的功能,就意味着审视这种愉悦的性质和范围,并捍卫这种愉悦的正当性。

然而,除了愉悦,批评还有另一种功能,即解释事情的某种复杂状态,如构成整体的各个部分之间的美学关系,一名艺术家的成长,以及特定时期的创作的特性等。自古以来,这一直被视为批评更为高贵的功能。但这种观点最近却遭到了相当多的质疑。杰弗里·哈德曼和哈罗德·布鲁姆就拒绝将批评和其他类型的散漫写作归于一类,认为批评是一种创造性的产物,批评的意图、方法和目的都与小说、诗歌和戏剧没有明显区别。如布鲁姆近日提出的:"在诗歌语言和批评语言之间,我看不出有什么不同,无论是类型,还是程度上的。"布鲁姆据此进一步指出,他反对像理查德·罗蒂所提议的那样"使用或者发明一些通用词汇,以供批评家讨论时使用"。总之,布鲁姆认为,批评是抒情的,而不是议论性的;是创造性的,而不是推论性的。它不适用于科学或人文学科的讨论模式。

我想继续以上话题的讨论,但我是个批评家,没有文本做基础会非常不习惯,也极不自在。因此,在这篇文章中我将以那些对批评以及批评与艺术和生活之关系进行了反思的诗人和批评家的一些文本为指南,展开论述。

第一个文本来自约翰·阿什贝利(John Ashbery)①的《连祷文》。凡人皆有得意日,阿什贝利暗示批评家也曾大出风头,可惜好景不长。批评的所有行为都被它所依附的创作活动局限在某个特殊的时刻。如阿什贝利所说的,批评在第一夜到场,完成写作,并让自己成为"第二夜响起的音乐":

---

① 美国20世纪最著名的诗人之一,发表了二十多卷诗集,曾获得普利策奖(1976)、国家图书奖(2011)等诸多奖项。其诗歌受法国抽象表现主义绘画的影响,以复杂、晦涩的后现代主义风格著称。阿什贝利还是一名文艺批评家,并翻译了大量的法国诗歌。《连祷文》最早出现在他1979年的诗集《据我们所知》中,这首长诗也汇集了阿什贝利对诗歌批评的反思——译者注。

> 我们知道,批评必须在特定的一天
>
> 展开。这个时机太重要了,
>
> 换了别的一天,批评就一文不值,
>
> 如垃圾一样被扔入一个昏暗的、满是灰尘的院子。
>
> 批评会被再次书写,这才是关键。
>
> 就是这么一回事。

批评就像文明,用叶芝的话说,"一切会坍塌,然后重建",推动我们的,是建造过程中的愉悦,而非成果的永存不朽。通过核心的埃舍尔[①]式建筑学想象,阿什贝利诗歌的原创性达到了顶点。在这种想象中,审美愉悦和关于它的批评既是同居者,又是竞争者:

> 他们同时创造着愉悦
>
> 在相邻的房间
>
> 那房间与批评家的书房面积相同。
>
> 就冲着那份愉悦,也可以称它为批评。

阿什贝利确信,创造审美愉悦的房间,与批评家的书房一样大,由此,审美愉悦与批评互相争夺空间;但诗人将两个房间描述为相邻的,也即承认这两种活动是相继发生的(批评发生在审美愉悦之后)。相比于济慈,阿什贝利更清晰地定义了审美愉悦和批评两者的关系。在《希腊古瓮颂》中,济慈曾暗示道,观众不能一面通过移情获取审美愉悦,一面又以批判的眼光,将瓮当作一件大理石制成的艺术品加以审视。艺术家很高兴能让观众移情、获得愉悦,但是随后而至的批评活动却对(再现、逼真和情感表现等)美学幻象表现冷淡,这让艺术家极不舒服。

对艺术家来说,"运思过度"(弥尔顿语)似乎是一种危险的状态。为了纪念莎士比亚,弥尔顿创作了一首十四行诗,他把自己当作虔诚的读者,满脑子都是溢美之词。但他意识到,阅读莎士比亚和对他进行思考这一双重的批评行为让作为读者的他石化了,他不再是自己,而是莎士比亚精神的陵墓。读者自身的想象力被莎士比亚剥夺和压制:

> 你夺去了我们的想象力
>
> 让我们变成运思过度的大理石
>
> 被埋葬在你躺着的
>
> 连国王都会向往长眠的坟墓。

艺术家和批评家都领教过艺术那种压制性的、蛇发女妖般的力量。作为对自己所承受的压制的直接反抗,批评家会生出压制和掌控的愿望,正如弥尔顿所描述的,以及济慈诗歌中的说话者在被古瓮控制时所体会到的那样。每当他作为观众、被瓮的力量压制时,济慈就会去想瓮在媒质方面的局限性:它不能发声,无法言说自我的传奇;它没有活动能力,不能让自己身上的树木落下叶子;它困居于此,不能将居民放回到那个小城。通过这种方式,济慈重申了自己作为批评家的权利。在这首颂诗中,他既是一名批评家,又是一名观察者;而作为对一件公认的艺术珍品的评论之作,这首颂诗也通过布鲁姆所说的"对抗性竞争"成就了自己的艺术,驱动它当然有审美愉悦(这个瓮能"铺叙一个如花的故事,比诗还瑰丽"),但同时也有一种竞争的意图。

在对批评进行评论时,审美愉悦和对抗竞争这类术语同时出现,这显得十分奇怪。因为一直以来,提到批评,人们总会想到获取知识、传播学识、世俗化的福音传道等诸如此类的表达。阿诺

---

① 埃舍尔(Maurits Cornelis Escher):荷兰图形艺术家,以其源自数学灵感的木刻、版画等作品而闻名,经常直接用平面几何和射影几何的结构,来描绘幻想的异次元空间——译者注。

德提出批评就是帮助人们了解那些最好的思想或言论。但这一观点现在遭到了质疑。有人指出，在关于"最好"的标准中掩饰了那种意在建构精英化经典形构（canon-formation）的政治企图；也有人认为，"帮助人们了解"暗示了一种强制性的说教意图，而非公允的质疑，或者思想的自由碰撞。虽然人们承认经典形构在心理上是必要的，但它的建构绝不可能是公正无私的，而阿诺德那种道德训诫式的、过分庄重的语气，让一些人颇为反感，他们更愿意视批评为中立的解释性行为，或者才华横溢的抒情行为。

十分奇怪的是，总体说来，人们并未对批评行为进行过精细的心理学研究。关于它存在的原因，并不缺乏一些粗糙的解释。这些解释也说出了一些粗糙的真理：批评被认为源于那些不成功的艺术家的嫉妒心理，或者来自不友好的学者的论争热情，抑或是暗中同谋的清教徒们严厉的道德感。最近，布鲁姆甚至宣称，对诗歌的热爱是对权力的热爱的一种变形，因为我们阅读（或写作）的时候，"篡夺了一种关于身份或所有物的幻想。我们可以据此篡改自己的身份，甚或宣示所有权……批评家也成为了造物主"。

考虑到那种撕下面具后的弗洛伊德式的快感，很难在嫉妒、竞争、自卫反击、追逐权力、精神弑父等不名誉（即使完全合乎人性）的动机之外，再为批评活动找到别的动机。若能成功运行，这些动机也会变成审美愉悦的强大来源。而且，毫无疑问，有的批评就是在这些动机的驱使下写成的，从文体风格中表现出的怨恨、敌意或征服感，可以看出写作的源起。

选择某个职业（例如医疗工作）可能有各种各样的理由。写作批评的理由也是多种多样的。我认为，依据某篇批评文章的风格，我们可以大致了解作者的动机和目的。对不同批评风格的思索，有助于我们理解批评的功能。如果像华莱士·史蒂文斯所说的，风格的变化意味着主题的改变，那么，风格强硬的批评就不同于风格卑谦的批评，两者的主题有了区别；而这两种批评也不同于那些施虐式的、天马行空的，抑或条理清晰的批评。

事实上，批评最有趣的一面，就在于它可以采用不同的风格。约翰逊博士与亨利·詹姆斯拥有不同的风格，可以推测，两人批评写作的动机与目的也大相径庭。这种差异不能归因于时代的变迁；个人气质，以及对批评之社会功能的认知，才是更为重要的原因。仅以已故的理查德·帕尔默·布莱克默（R. P. Blackmur）和兰德尔·贾雷尔（Randall Jarrell）为例，两人虽是同时代的批评家，风格差异却很大。像布鲁姆那样对所有从事批评活动的作家的动机进行简单归类，很容易招致不满。每位批评家与文学建立的关系不同，向读者传达的信息亦不同，而我们可以在作家的文学风格中读出这些关系和信息。因此，透过苏珊·桑塔格的风格，弗兰克·克默德"读"出了她的写作动机，认为她是在为知识界的某些英雄做激情洋溢的辩护："桑塔格多次使用'渴望'这个词……考虑到她所扮演的文化角色，舍弃渴望，以及不再去欣赏其他那些被追逐的人心中的渴望，都太过艰难了。"后来，克默德又谈到了桑塔格本人"对理想和细节的渴望"，"她文章中的炽热与冲动"，以及她那种"充满渴望的遵从"。而克默德与桑塔格的风格差异很大，他的写作属于那种冷静、亲切而又低调的漫谈。两人风格的两极化，也暗示了他们对批评的理解的差异。

在批评的那些范例中，我们最多可以找到一种家族相似性，但却难以发现，事实上也不存在一种布鲁姆所说的批评的"语言"。布鲁姆声称无法将这种语言和诗歌的语言区别开来，好像批评和诗歌这两种文体曾经被认为各自拥有一种特定的语言似的。而将诗歌定义为一种用特别的方式使用语言的艺术，恐怕难以服众。事实上，任何以语言为标准来定义诗歌的尝试，都注定会失败：如果说诗人使用隐喻，历史学家和哲学家也一样使用；如果说诗歌是简洁的，谚语和警句也同样精简；如果说诗歌押韵，顺口溜也讲究韵脚。语言的特殊用法，一定不是将诗歌与其他类型的文学，包括我们称之为批评的那种写作区分开来的标准。同样，在散文诗风行的时代，用那点毫无理由的右边留白来定义诗歌也已经行不通了。

那些声称文学和批评之间不存在什么区别的批评家，大概只看到两者之间两个显著的相似点：它们都情感四溢，并且使用"文学语言"。毫无疑问，拉斯金对特纳的批评可谓是慷慨激昂，且充满修辞和形象。在进行批评时，他当然也完成了一部文学性论著。但是，我们必须承认，在明显的虚构文学（戏剧、小说和诗歌）与非虚构文学类型（讲道、批评和哲学论著）之间存在着差异，这一差异不是语言使用层面上的，而是表现在内部对各组成部分的组织上。要对这一差异进行单一的界定，几乎是不可能的。但虚拟文学通常是创造性的（我们很少用这个词来形容非虚构写作）。宽泛说来，这种创造性不仅体现在外部素材上，还体现在内在结构上。虚构文学至少部分是向心的，而非虚构写作更多是线性的。依据这种结构原则，而不是什么语言标准，我们往往可以将诗歌与论文区别开来。同样，我们也可以据此区分开写作序言的詹姆斯和写作小说的詹姆斯。

关于何谓批评家，詹姆斯可以告诉我们很多。那些归于批评家的不名誉的动机，很少能放在詹姆斯的身上，因为他是为自己的小说作序。他不嫉妒自己，也不会渴望篡夺他自己的位置，或防御性地准备抨击作者，又或急于暗中"弑父"。但他的批评妙趣横生，带着一种侦探家的本能和历史学家追求精准的热情，好奇地探寻着在这项自我强加的任务中他的想象力结出的硕果，以及他的想象力如何巧妙地战胜了作品的反抗。他在序言中的语言仍然可以看出是詹姆斯式的，但谁会读不出采取耐心的线性论述的序言与向心趋势不断加强的小说在结构方面的差异呢？我们当然可以感受到序言的从属地位。在序言中詹姆斯以一种出色的沉着笔调宣示了自己的主张，但即使是在渴望以评论形式创造出一件不同类型的艺术作品（artwork）的情况下，艺术创作（art work）仍然被赋予了天然的优先性。

布鲁姆极力推崇一种有所偏好的批评，一种艺术家写作的批评，在这些批评中，他们可以直接或间接地为自己的创造性活动进行辩护。这是布鲁姆最为重要的观点。但随之而来的问题是：本身不是小说家、诗人、画家或作曲家的批评家，是否有资格写作这种批评呢？艺术家们写作的批评当然存在一些盲点，但这类批评之所以充满活力，是因为它们源于热情和自我意识。当它最具同情心时，它就能成为最好的批评。詹姆斯论霍桑、霍普金斯论巴恩斯，或者布莱克默论史蒂文斯，即属此列。而当它源于敌意或辩护意图时，它的价值就格外值得怀疑了，正如詹姆斯对惠特曼、伍尔夫对贝内特的批评。从动机上来看，艺术家的、有偏好的批评与那些带有某种意识形态意图的批评，并没有太大区别；但艺术家的批评要有趣得多，因为艺术家是独一无二的，而意识形态批评家则总是成群出现的。

今天的人们普遍认为，不存在公正不倚的批评，因为据说所有的话语都具有隐性的意识形态功能；而公正的批评因为不带偏向性，所以一定是没有感情的。自称公正的批评，被认为是天真幼稚的，人们会质问：难道没有意识到观察行为的选择性和主观性吗？

在我看来，这种质疑才是幼稚的。观察必须从一个视角展开。面对同一首诗，一位批评家会选择描述诗歌结构，一位批评家会选择探寻雪莱的影响，另一位批评家则会选择分析诗歌中原型意象的使用。但这并不会造成不可靠意义上的"主观性"。围绕任何一部艺术创作，都可能出现大量有效的批评话语，不仅如此，在这些观察之间可以建立极为可靠的联系。进行观察的批评家们可以以一种共同语言进行辩论；而那些主要只是将文本作为初始跳板的狂想式的批评家则不能、也不愿使用这样一种共同语言。这两种批评家都是非凡的：第一种是文学研究中的科学派，第二种是文学研究中的行吟派。科学派希望获得弥散的回应，而自由派则以自己的独特风格击退了这种回应，但他们的巨大能量，最终还是会引来回应。这两种批评家可能都为社会所需要。而很明显，批评的这两极是源于批评对象带来的两种极不相同的愉悦。

　　罗兰·巴特既是文学研究中的科学派，又是个行吟派。在《文之悦》一书中，他指出，批评家的不同类型是由精神心理决定的。例如恋物欲者会全身心地投入于挑选出一些"引语、箴言、警句的碎屑"；走火入魔者则会变成"语言学家，符号学家，语文学家：对他们来说，语言是会返回的"；而那些具有妄想症气质的批评家则喜欢消费或生产"像推理一样展开的故事，游戏般、带着秘密限制的结构"。在这个关于气质的新神话中，我们所有人也许都能在某处识别出自己最喜爱的批评家的身影。至于曾打算做一名心理分析师的巴特，当然也因为好奇而说出了他自己的动机。

　　巴特坚持愉悦是包括批评在内的所有写作的动机，而那些强调作家只是一个异化的、被剥夺的、无依无靠的人的批评，犯了个错误："他们（作为一心一意追寻所指的阐释学派）忘记了写作难以捉摸的一面：迷狂。"在巴特看来，批评家就是个窥淫者，在窥视文学中获得愉悦。按照他的这个逻辑，批评的阅读者，是对批评家窥视文学乐趣的再窥淫，这样一来，就形成了批评家和读者之间双重、三重乃至无限的淫乱。那些忘记了阅读和写作中的迷狂因素的中规中矩的批评，源自一种清教徒式的对自我进行正义化的文化惯例，按照这种惯例，无论如何都不能将知识视为"可口的"。巴特以诙谐的语调，讽刺了法国人将文盲视为"国家耻辱"（法国人的说法）的哀怨态度："如今，除非从人文主义视角出发，否则再也无法对这种'国家耻辱'进行谴责了。仿佛在忽视了书本之后，法国人所抛弃的，只不过是一些道德训诫和高贵的价值观。最好给所有被社会反对或抛弃的愉悦写一部阴郁、愚蠢的悲剧性历史：这里存在着一种关于愉悦的蒙昧主义思想。"

　　阿什贝利和巴特都认同，艺术、愉悦和批评之间存在着密切的联系。巴特描述的批评类型，与起源于圣经阐释传统的批评截然不同。阐释批评的目的是为了解读上帝所作，或受上帝启发而作的神圣文本。当神是作者时，这位作者不是为了愉悦而写作。在阐释批评模式下，批评家的动力也只能是义务而不是愉悦。在此值得注意的，不是文本吸收和授予迷狂的能力，而是它吸收和强行赋予神圣真理的能力。

　　这两种模式水火不容：巴特模式以狂喜为中心，拒绝摈弃能指；而圣经模式则以真理为中心，安然止步于所指。尽管第二种阐释模式最终会不可避免地走向形式批评，但它对形式的关注，只是其实现更高目标的手段之一。而正是基于这一始终带有寓言化倾向的阐释模式，才出现了文学总存在"隐含意义"这样的庸俗观点。世俗的批评家着眼于表层，宗教批评家则选择透过表层，寻求神圣的意义。虽然顶着不同的名号，这两种批评家都时常可见。而这两种批评学派也将一直保持彼此的不信任，并通过截然对立的方法各自找到艺术作品的价值。

　　这两种批评学派的紧张关系，也提醒着我们艺术作品的双重性。阐释学派的批评家寻找着作品中的意义、重要性、哲学和社会真理，他们提醒我们留意文学和社会、哲学语境之间的联系；而迷狂的探索者们则提醒我们，文学和其他的抒情艺术，如音乐、绘画和雕刻，存在着相关性。

　　前面说过，我要探究作家为什么对批评怀有敌意。这当然是由于被忽视或被误解。批评的历史，充满了这种对作家的误读。但同样正确的是，诗人常常看不清楚自己，并在困惑中产生对批评家的含糊呼唤。这样一种依赖感只有在很偶然的情况下才会被承认，而根据"反应—形成"机制，这本身也是造成诗人和批评家之间矛盾的一个隐秘原因。在《连祷文》一诗中，略有责备之意但在艺术的本能行为方面颇有追求的约翰·阿什贝利代表全体诗人提出了一种可以持续存在的"新批评"，这种批评承认自己对艺术家的本体性依赖：

　　　　首先，这种新批评
　　　　应该注意是我们
　　　　创造了诗歌，所以
　　　　别那么急切地批评我们：

> 诗人自己完全可以胜任批评，
>
> 事实上我们已经那么做了。

阿什贝利反对批评将其自身作为对象，在他看来，批评只是诗歌思想的外壳：

> 它也不应该
>
> 把自己当作批评分析的适宜主题
>
> 因为它只能通过我们
>
> 了解它自己，
>
> 只能通过成为我们的一部分
>
> 成为我们智慧之树的树皮
>
> 才能了解我们。

阿什贝利在《连祷文》中的最后一个意象是，批评和诗歌形成了如此复杂的共生关系，以致变成了一种身份认同，即使这一身份认同充满困惑，不断遇挫：

> 新批评
>
> ……是我们，让它屈折变化
>
> 就是数我们自己的肋骨，好像那喀索斯
>
> 天生失明，却日日
>
> 出没于云雾缭绕的湖边
>
> 不知为何。

艺术家与自己的作品之间存在一种隐秘却强烈的自恋关系，这一关系充满愉悦。但只有当他们看到作品在知性上是可以被接受的，这种关系才得以实现。批评家对作家作品的沉迷，则是批评得以产生的基础。而大众也期待有人可以对那些被遗忘的、新兴的、甚或公认的经典作家作品进行批评介绍，这同样保证了关于写作的写作不断绵延。如果说阿什贝利和巴特的观点有什么相通之处，那就是：乐趣和批评共处一室，相依共存。虽然特定时刻的文化可能对它这个时代的作家和批评家都视而不见，但他们仍然不辞辛劳地建构、解读着文化，他们就是生活在巴特称之为"多克萨"（"Doxa"，指僵化过去遗留下来的既定观念）之地的间谍。阿什贝利对诗人的评价，也同样适用于批评家：

> 一个人可以像间谍一样
>
> 生活在那片土地上，却从不
>
> 跨越被人遗忘的道德边界
>
> 倾听着无形的圣歌合唱
>
> 你身上有颗煤炭般的种子
>
> 注定活在大地敌意的漠视中
>
> 大地几乎把你忘记，尽管是你
>
> 用手撑起它的生息繁衍。
>
> 你就是它的保证人。

在阿什贝利的这句"你是它的保证人"中，我们听出了雪莱的名言"诗人是不被承认的人类立法者"；"无形的圣歌合唱"回应了史蒂文斯所说的附属的合唱；"用手撑起它的生息繁衍"则接近于谢默斯·希尼关于诗人母性孕育能力的肯定，让人想起房屋后门新下的鸡蛋。而在所有这些功能中，诗人都受到了批评家的怂恿——至少当批评家承担起保证人的角色，听到了无声的合唱，并且照看鸡窝里的鸡蛋时是如此。

理想的状态下，批评家不应该是一般意义上的学者。他最好自己就是一名艺术家，只是短暂地展开不动声色的质询；次好的情况是，他是一名未获成功的艺术家。1855年，在关于万国博览会的一篇文章中，波德莱尔写道："人们很容易理解，如果那些致力于表达美的人，只是一味遵从思想狭隘的教授所制定的那些规则，那么美本身便会从地球上消失……在众多艺术作品中，总存在某种新的东西，它永远逃避学院派的规则和分析！"身为失意艺术家的批评家，会自觉寻找那些怪异的美，而不是那些熟悉的美，或者至少同时寻找这两者。华兹华斯曾以更庄重的方式总结道："新颖的美，总是怪异的。"艺术家必须先创造出那种让他受到欢迎的"品味"。而奇异的新颖正是巴特所说的"写作特质"，它不仅能带给构思它的作家，也能带给批评家一种愉悦的冲击——借用波德莱尔的说法，巴特将这种冲击称为"醉"（jouissance）。波德莱尔曾指出，这种醉是由惊奇引发的："惊奇是文学和艺术带来的巨大快感（醉）之一，它是由类型和感观的多样性触发的。"寻求惊奇感的人肯定与喜欢在过往定式中获取安逸的人性情迥异。面对新奇事物，艺术家兴致勃勃，学者却坐立不安，处于醉这一状态的批评家则发现自己在两者之间保持着不稳定的平衡。他同时跻身两个阵营，但在哪个阵营都不完全自在。和艺术家在一起，他觉得自己是不成功的艺术家，但置身学者群中，他又显得有失轻浮。

理想的批评应该能引入推理性的思考、生活的体验以及足够影响所写作品的前在文本，但没有批评家能在这三个方向同时推进。每位批评家最终都必须选择一个自己偏爱的角度。玛丽安·摩尔关于诗歌以及诗歌对读者的触动的论述似乎是对的："（诗歌）是对个人经验的独特萃取/但却以它的非个人性让我产生了兴趣。"正是被激发的兴趣的非个人性，让诗歌可以接受批评。如莫尔所说："诗歌必须被分析，它不会在崇拜的注视下消失。"也就是说，分析是一种条理化的崇拜。但将艺术视作一种要求被崇拜和加以分析的个人经验提萃，这样的批评模式会带来两个问题：首先，批评会过分关注经验成分（从它的传记式渊源，到其推定存在的普遍性），以至于忽略对经验进行了萃取的艺术成分。又或者，批评会因为崇拜之情而迷失自我，从而采取那种在进行不可靠的传道宣传时所用的略带辩护意味的腔调进行写作。另一种情况，则是采取"哲学式批评"，远离诗歌产生的具体生活语境，用思辨而非崇敬的口吻来写作。这避免了一些陷阱，却会遭遇另外一些特定困境——哲学式批评可能会忘记文本的艺术性和创作热情，只偏重于它的思想或社会背景；甚至更糟，它会让自身完全凌驾于激发了其最初灵感的文本。

批评的源头有两重，而且每一重都影响了批评的社会功能。第一重不太光彩，是驳斥带来的愉悦：批评是学生们的一种报复，这些学生曾经被迫在课堂上保持沉默，坐视那些似乎并不怎么样的作品被赋予无上权威，而萦绕于他们脑海的那些诗人却从不被提起。从这个意义来说，每代年轻的批评家都重审了那些被误授的荣誉，纠正了传授他们知识的上一辈人的错误认识。批评中的这种进攻性成分所承担的社会功能，是让那些被忽视的作家重见天日，并发现新的天才。而批评的第二个源头，要更为纯粹。批评家通过发现成就文学作品的规则而获得愉悦。诗学的愉悦与科学的愉悦并没有什么不同。科学家先是小心翼翼地提出一个假设，而随着论证的展开，这一假设让一堆数据变得井然有序，科学家也变得越来越自信。似乎一旦选取了一个正确的角度，那些混乱的数据便会自发地排列成队。这是一种处理方式。而在文学世界里，一堆字词有时并不会变得那么齐一有序，更准确的描述是，之前的一片嘈杂，现在听来却像是和谐的乐音了。很难解释这是如何发生的。它就像倾听一首怪异的曲子，直到曲子的排列和间隔变得自然顺耳。音乐并不具有那么确切的形式，可以让我们像掌握一门清晰明了的新的语言一样来掌握它，除非我们可以像齐格弗里德①那样，理解鸟儿所说的话。在济慈看来，听懂一种新的声音，或者发现一种关于存在的新规则所带来的视界的扩大，与发现新的星球、大洋无异。它对世界的揭示，可以媲美天文学家或者探险家充满狂喜的发现。如果对海王星或者太平洋的发现有某种社会功能，那么发现一位新诗人（让他进入公众视野），或者为旧的诗人提供新的解读，同样具有积极的社会意义。文本是现实的一部分，它就和其他所有领域一样值得不断探索。

　　华莱士·史蒂文斯曾将描述精神对象的一切努力统称为"无处安放的描述"，认为它们是"对过去的整合"。而他相信，努力绘制精神的构造图，就和绘制我们周围的地理现实一样重要：

　　　　这很重要，因为我们对过去所说的一切

　　　　都是无处安放的描述，

　　　　是用声音制成的

　　　　想象的投影。

　　没有艺术创作可以对自我进行描述。只有通过批判性想象的反复投影，我们周围的世界，包括文学的世界才能被最终描述，并因此而为人们认识、熟悉，直到成为不可或缺的一部分。

（王荣译，龙瑜宬校）

（作者单位：美国哈佛大学）

---

① 齐格弗里德是史诗《尼伯龙根之歌》中的英雄，能听懂鸟语。在鸟的指引下，他获得指环，迎娶了伦希尔德——译者注。

亚里士多德与柏拉图的诗学争执

徐 亮

内容提要：柏拉图和亚里士多德诗学观念迥异，但两者共同构成了西方诗学的源头。柏拉图的形而上学体系为驱除诗人、确立哲学家的领导地位提供了理论依据，而亚里士多德的诗学处处针对柏拉图的诗歌贬值论，认定现实界与上界相通，赋予感性以合法地位，并且将诗歌看成探测理性的通道，从而奠定了诗的合法性。值得注意的是，由于他们哲学基础的一致性，我们可以在这两种迥异的理论中发现它们互通的道路，这也是两者能够同时成为西方诗学源头的内在原因。

关键词：柏拉图；亚里士多德；诗学；理念；必然性；可然性

柏拉图和亚里士多德二人是师生关系，诗学观念却迥异，但重要的是这两种迥异的观念构成了西方诗学的共同的起源，而且我们在这种迥异的现象中最终还能发现它们共同的基础。这种奇奇怪怪的诗学史现象，就是本文要加以描述和探讨的。

一、柏拉图

柏拉图的诗学思想主要集中在这样几个问题上：艺术的性质和作用，诗的本质和诗人的地位，美的本质等。但是这些思想是柏拉图关于宇宙世界整体思想的一部分，所以要理解他的诗学、美学思想，首先必须了解他构造的总的世界格局。

(一)柏拉图的世界格局

柏拉图的著作绝大部分是以对话的形式写的，其中主要叙述者是他的老师苏格拉底。柏拉图和苏格拉底当时面对的最主要问题是智者学派(也称诡辩论者)对真理的否定。按智者学派的见解，世上所有的道理都是相对的，人是万物的尺度，所以没有绝对真理。辩论技术的好坏决定谁拥有真理，所以当时的显学是论辩术和修辞学。苏格拉底和柏拉图决心改变这种状况，证明真理的存在。为此，首要的步骤是确定关于世界的真理的逻辑起点。这个点必须超出人之上并且是毋庸置疑的，才可以是客观的，而不是人云亦云的。柏拉图建立了一套形而上的关于世界格局的理论。

与毕达哥拉斯学派不同，柏拉图的世界本体论不是从宇宙天体着眼，而是从与人有关的世界着眼。这个世界包含了人的来源、人的现实、人的未来归宿。为此，柏拉图构造了一个上界与现实世界的本体框架。

柏拉图认为人来自上界，本是在天上自由翱翔的灵魂。上界是神建造的集真善美于一体的永恒而完美的光明世界，包括神在内的所有灵魂都居住其中。人的灵魂由于屈从于情欲，在上界沾染了沉重的东西，被束缚入肉体，而掉落到现实世界中。

现实中任何一个事物都有一个唯一的原型或理念（idea），它在上界。现实世界中的物体是对上界本真原型的摹仿，是第二位的。所以，真实界在上面，而现实世界是不真实的，或非本真的。

降而为人的生活是不幸的，因为虽然进入肉体，但是人有灵魂，而灵魂有对上界至真至善至美世界的记忆。如果人想回到完美的上界，他就必须摆脱现实的羁绊。而人本能上的形而上倾向，例如总是想要透过感性现实去追求本质、追求真理的本能，说明了人生的真正意义和价值所在。人在现世的使命就是过一种按真理而行的正义的生活，修炼灵魂，脱尽肉体和俗世的拖累，重返上界天国。堕落的灵魂不想上升，且执迷苟且于虚假丑陋的现实生活，他的生活本质上就是不幸的。

柏拉图的这个形而上学构想主导了他的诗学和美学，尤其是两者的分离。美学是谈论美的，美与真善同在上界；诗与艺术是模仿，属于下界的事。这也导致他对于两者的推论方法与后世不同。所以必须先了解他的美论。

（二）柏拉图的美论

按柏拉图关于世界框架的理论，所有真实事物都是根据于一个唯一的理念，这理念体现了真善美，毫无疑问，真善美的本体在上界。

按照区分，美是"被规定为最能向感官显现的"[①]，它能够为我们的感官，尤其是视觉敏锐地感受到，所以美是上界理想境界与我们感官打交道的界面；但是美本身来自至高无上之处，并不是流于表面的感觉能够触及的。美有深度，有表面背后的至深境界。

柏拉图关于美的本体的另一个重要思想是真善美一体。真善美同为上界至高的本体，它们原为一体，这是当然的。这就不难理解柏拉图为什么经常把智慧、理性也当作美的："智慧是事物中最美的，而爱以美的东西为他爱的对象。所以，爱必定是智慧的热爱者。"[②]在上界，任何东西，包括现实中不能为感官触及的，都能够被观照，因为那是另一个世界。对美的追求就是对上界向往的表现。

当我们与现实世界的美照面的时候，这意味着什么呢？在了解了柏拉图的世界格局以后，相应的思路就容易理解了。

在柏拉图看来，尘世的美具有两种相反的性质。这似乎是矛盾的，但实际上这恰好是他本体思想的反映。这两种性质是：

第一，如果尘世的美可引起人对上界美的回忆，这时它就是通向上界的通道，所以虽为个别的，现实的，却是有价值的。第二，如果人在现实世界遭遇仅仅是那种表面的、愉悦感官的美，不能通向上界，它就会成为淫欲和堕落的陷阱。因为脱离了上界就脱离了美本身，这时，美就只是一种外表的东西，只会引导人注重肉体和感官的刺激。

这种两重性是后面我们要谈到的柏拉图对诗人、摹仿性艺术的矛盾态度的根据：有时，例如在《伊安篇》中，他称颂读者和诗人处于神附状态，他作诗是神通过他说话，因此诗人是有价值的；有时，例如在《国家篇》中，他又认为诗人仅仅摹仿看见的东西，远离真理，所以要将诗人驱逐出理想国。

与灵魂返回上界的努力一样，尘世的美要成为有益的美，成为抵达上界美本身的通道，也要经过一系列努力，它有一个过程。柏拉图称这个过程为"爱的秘仪"。

在柏拉图看来，重返上界的种种努力都表现为爱，因为灵魂受其以前在上界见到过的完美境

---

① 柏拉图：《斐德罗篇》，见《柏拉图全集》第二卷，王晓朝译，人民出版社2003年版，第165页。
② 柏拉图：《会饮篇》，见《柏拉图全集》第二卷，王晓朝译，人民出版社2003年版，第246页。

界吸引,必然表现出对上界的爱。对美本身的追求作为爱的秘仪,可以先从个别的美的形体开始,但不能沉溺于这种个别,而要从个别的美一步步导向体制和法律的美,然后人的双眼就会凝神观照到美的汪洋大海,产生崇高的美的思想和知识。到了这个时候,人的灵魂会涌现出神奇的美景,达到美本身,这是永恒的美,它本身不增不减,所有美的事物只是对它的分有。

另一方面,面对尘世的美,注重分辨混杂的美和纯粹的美,也能帮助我们认识美本身。现世所有美的事物都是不纯粹的,因为它们总是掺杂其他的、非审美的因素,比如实用的因素,或者快感中掺杂着痛感。而所谓纯粹的美,是指事物中包含的纯粹形式因素,如直线和圆,平面形和立体形,或者柔和清晰的声音所产生的纯粹的音调。① 这就是说,即使在尘世,我们也能透过事物的外表而捕捉到事物内在的、分有美本身的那些性质。

从以上的描述可以自然得出这个结论。

柏拉图有一篇早期的对话《大希庇亚篇》,描写了苏格拉底与一个叫希庇亚的智者对"美是什么"问题的探讨。在这篇对话中,希庇亚对这个问题的诸种回答显得极其肤浅,他试图用日常生活中随处可见的感性事物作为美的答案,例如美是漂亮的姑娘,是黄金,或者世俗价值中的身体好、受人尊敬等,但苏格拉底一再把问题聚焦于美本身,聚焦于那个有了它任何事物都会显得美的东西。结果是,希庇亚根本未能触及问题,而苏格拉底在现世层面上与他探讨,也未能说清楚这个问题。在这篇对话的末尾,苏格拉底引用了一句著名的谚语"美是难的"来对他们的讨论作出总结。在很长一段时间里,这句谚语被看作柏拉图对美的定义。而实际上,从他对美本身的种种详尽描述可以看出,柏拉图从不认为美是难的,这句话只是说明,在尘世层面上探讨美本身是缘木求鱼,完全没有意义。

(三)柏拉图的艺术论与诗学

根据与真善美本体的关系,艺术与诗也处在两种不同的状况里。

为了在地上建立一个依照天国原则组织起来的国度,柏拉图撰写了他最著名的对话《国家篇》(又译《理想国》)。这是一部有关理想世界的全面设想的书,包括了对理想的艺术的描述。

柏拉图认为,在理想国里,艺术十分重要,尤其对于儿童,艺术教育所起的作用要比体育还要大。理想国的公民具有保卫城邦的义务,因此从小就必须锻炼身体,以便拥有健壮的体魄与敌人搏斗。但是柏拉图说,儿童接受音乐(包括诗)的教育更重要,因为音乐陶冶心灵,好的音乐节奏可以把幼小柔嫩的心灵塑造成为理想国所需的那种类型。

理想的诗歌应该是颂神的,鼓励勇敢和正义;理想的音乐应该是威武雄壮的,而不是靡靡之音。可惜现实的艺术大部分达不到柏拉图的这种要求。为此,柏拉图提出建立审查制度,由哲学家为代表的精英审查所生产的艺术作品,凡是符合标准的有益的作品,才可以被允许进入艺术品消费领域。

柏拉图认为,好的艺术来源于灵感。所谓灵感,就是神赋予诗人的创造性感悟能力。诗的创作发生在灵魂对上界观照之时,这时艺术家处于非理智的迷狂状态,因为他已不在现实中。当处于这种状态时,诗神缪斯附着于诗人,使之具有灵感。这时的诗人已经不是他自己,这时虽然看起来似乎是他在创作,实际上是诗神借助于他的口在创作。有诗神附着的创作具有合法性,因为它来自上界,所说的话都是神的话。这种神化的创作还会如磁铁一样吸引颂诗人乃至于听众,使得

---

① 这方面的论述见柏拉图对话《斐莱布篇》50E 以下。

他们也像被诗神附着般的进入至高境界。①

但是,柏拉图认为,他当时代的艺术基本上找不到符合理想的。诗歌充满了渎神的话语和腐败柔弱的情感,音乐充满了靡靡之音。这都是因为这些作品的境界远离上界,以现实为满足。这样的艺术是没有价值的。

柏拉图时代的主流艺术理论是摹仿论。柏拉图对艺术的批评沿用了摹仿论的逻辑,他认为,正因为艺术是摹仿,所以它失去了合法性。

艺术摹仿的坏处有二:

第一,远离真理。

柏拉图论证道,有三种产生事物的方法——创造、制造和摹仿。最本真的东西是神创造的,它是理念。理念指事物在上界的原型(范型),每件事物都有一个理念或原型,它是独一无二的。尘世的物品中有制造的,那是工匠根据对上界原型的记忆制作出来的,为理念的近似摹本。因为记忆有偏差,所以我们能够理解为什么在尘世每一种物品会有那么多不同的样子。尘世还有一种产生产品的方法,那就是摹仿,比如画家画画,就像照镜子一样,产生的是影像。诗人跟画家一样,也是摹仿者。柏拉图以床为例,指出,如果床的理念在上界的话,艺术家所画的床就距离这理念甚远,因为他摹仿的甚至是木匠造的床。木匠造床,摹仿的是理念;艺术家画床或者诗人描写床,是对木匠摹仿的摹仿,与真理隔了两层。

柏拉图还从人间技艺类型的角度对艺术加以评判。他认为存在着三种技艺:应用、制造和摹仿。以骑马用的缰佩为例,马车夫应用缰佩驾驭骑马,工匠运用技术生产缰佩,而艺术家则通过摹仿给我们看缰佩的影子。显然,摹仿是一种最无用的技艺。

摹仿最大的问题莫过于对摹仿者的伤害。以戏剧为例,角色中有英雄,也有坏人。如果演员演坏人,就必须使自己跟坏人一样坏,从心底里摹仿坏人的处事方法,不知不觉地其行为方式就跟坏人一样了,这样就会学到坏东西,就会损害摹仿者的心智。这更损害观众的心智,因为观众也会摹仿剧中的人物。

第二,迎合人性中低劣的部分。

如果把人性分为感性和理性,理性显然是人性中比较高贵的部分,而感性则是比较低劣的部分。艺术是对人的感性的摹仿,因为理性是不易摹仿的,即使摹仿出来,也不易欣赏。而为要迎合感性,艺术摹仿只能煽动人的各种情感。

柏拉图并不反对所有情感,情感中也有比较高尚的部分。但是诗歌只要以摹仿情感为目标,就会不论好坏,把所有情感都纳入摹仿的范围。致命的是,那些消极的情感特别能够引起人们的同情,诗人为了吸引观众,就特别会挑起这些情感。例如感伤的情感与哀怜的情感在悲剧中被特别放大。对于保卫理想国的使命而言,柏拉图希望他的国民是勇敢无畏的,而不是哭哭啼啼的,所以他批评道,这种做法简直是伤风败俗。他号召要用理智来控制住这些人类情感的低劣部分。

对于艺术的这些评判也引出了柏拉图对诗人和艺术家的评判。仅仅是远离真理和伤风败俗这两条,就足够令柏拉图作出了将诗人驱逐出理想国的决断。柏拉图还找到了艺术家和诗人的其他缺陷,最主要的就是无用。他说,荷马能够描写战争,但他从未打过仗;他描写医生,但从来未曾医过病。诗人不能做任何实际的事。而在他们可能做的最重要的事——描写上界景象方面,他们做得如何呢?"我们尘世的诗人还没有歌颂过天外的境界,也不像有人会好好地加以歌颂。"②那

---

① 这方面的论述见柏拉图对话《伊安篇》。

② 柏拉图:《斐德罗篇》,见《柏拉图全集》第二卷,王晓朝译,人民出版社2003年版,第161页。

么,理想国里要他们何用?

柏拉图是个理性主义者,哲学主管智慧,是理性的祭司。柏拉图曾经按灵魂接近上界的程度把人分为九等。哲学家的灵魂是最靠近上界的,为第一等,诗人仅仅在第六等。所以哲学家被任命为理想国的管理者,这就是哲学家为王的思想。而在很多著作里,柏拉图一再把诗人拿来与哲学家作比较,这实际上也是对感性和理性作比较,孰优孰劣,在比较开始前就已经有答案了。诗人与哲学家之争也因此延续了两千多年。

(四)柏拉图的小结

柏拉图关于美的理论,由于他以上界为第一要义,具有很浓厚的形而上学性质。他至少在两点上作出了重要贡献:第一,美被规定为最具感性特征,最适合于感官接受的。这成为美学中最具传统价值的观点;第二,美是有深度的,令人感到美的事物,其所以美的原因不在外表,而在于它与美本身有某种联系。这使美成为一种高尚的正面价值。

柏拉图的艺术理论也是他总体思想的有机组成部分。据此,我们不难理解为什么柏拉图对艺术有两种相反的论述。他对艺术的攻击虽然由于其形而上学的方法而明显有偏颇,这些在后世从亚里士多德开始的诸多对诗的辩护中都有所揭示,但是他对于摹仿问题的警告是我们应该加以认真考虑的。举例来说,今天世界上很多哪怕是思想非常开放的国家,都有电影审查分级制度,这不能不令人想到柏拉图对摹仿所带来的负面作用所作的论证。

二、亚里士多德

柏拉图的对话一直是以一种讨论的方法展开他的思想的。他在《国家篇》第十卷对诗歌与诗人进行了严厉批评并下驱逐令后表示,这是在现有讨论前提下得出的结论,应该允许诗歌的拥护者为诗辩护,"如果他们能够说明诗歌不仅带来快乐,而且带来利益,那么诗歌显然对我们是有益的"[①],诗人就可以从流放中回来。柏拉图的学生亚里士多德立刻就写了《诗学》,针锋相对地为诗作了最著名的辩护。这部书构成了亚里士多德诗学思想的主要来源。

(一)亚里士多德诗学思想的哲学基础

作为本体论时代的代表性哲学家,亚里士多德全面地关心所有知识领域,他的著作是百科全书式的,在物理学、心理学、生物学、文学、历史学、修辞学、政治学、伦理学、形而上学等等方面都有系统论述。他的论著所关心的问题主要是对象的性质、分类等方面,这也是本体论哲学的典型特征。

亚里士多德完全同意他老师柏拉图的观点,认为存在着不以人的意志为转移的真理,世界是有客观准则的;在灵与肉的关系上他认为肉体只是质料,灵魂才是实体,并为此专门写了《论灵魂》。他也同意理念是永恒不变的,是事物的内在本质。但是他对于真实世界和现实世界的关系的理论与柏拉图的哲学又有很大区别。柏拉图的理论认为,真理在上界,尘世现实是不真实的,因而他对现实采取否定的态度。亚里士多德则把真理与现实世界沟通起来,认为理念不是脱离事物存在的,理念就表现在物质现实之中,与物质始终结合在一起。所以感性世界并不是真实世界的影子,它就是真实世界本身。

---

①　柏拉图:《国家篇》,见《柏拉图全集》第二卷,王晓朝译,人民出版社 2003 年版,第 631 页。

　　亚里士多德的这个基本哲学观念使他的美学和诗学观相对于他的老师柏拉图而言发生了根本变化。因为美学与诗学的研究对象最终要落实到感性现实,对感性现实的基本估价的巨大差异导致了亚里士多德的美学与诗学呈现出新的特征。首先,柏拉图的由于两个世界分裂所导致的理论上的矛盾(尘世的美与上界的美本身的矛盾,艺术有价值和艺术贬值的矛盾)在亚里士多德这儿不再出现;其次,对感性的肯定根本上改变了艺术与诗歌的地位。

　　也是因为这个原因,亚里士多德就不抽象探讨上界的美,他认为这个世界就直接反映了上界,因此他径直进入了对诗的辩护。

(二)亚里士多德对感性的辩护

　　亚里士多德为人的感性(快感)作了坚决的辩护,由此也奠定了他艺术理论的基础。这一点是与他老师柏拉图对着干的。

　　在柏拉图看来,快感只是此岸世界感官的愉悦,既不真实,又易于导致沉溺和堕落。亚里士多德则把有无快感看成检验艺术的标准。在他看来,艺术就是诉诸快感的,快感的多寡决定了艺术的优劣。那么,快感的合法性何在?

　　亚里士多德把快感与人的天性联系起来。他说:"作为一个整体,诗艺的产生似乎有两个原因,都与人的天性有关。首先,从孩提时候起人就有摹仿的本能。人和动物的一个区别就在于人最善摹仿,并通过摹仿获得了最初的知识。其次,每个人都能从摹仿的成果中得到快感。可资证明的是,尽管我们在生活中讨厌看到某些实物,比如最讨人嫌的动物形体和尸体,但当我们观看此类物体的极其逼真的艺术再现时,却会产生一种快感。这是因为求知不仅于哲学家,而且对一般人来说都是一件最快乐的事,尽管后者领略此类感觉的能力差一些。因此,人们乐于观看艺术形象,因为通过对作品的观察,他们可以学到东西,并可就每个具体形象进行推论,比如认出作品中的某个人物是某某人。倘若观赏者从未见过作品的原型,他就不会从作为摹仿品的形象中获得快感——在此种情况下,能够引发快感的便是作品的技术处理、色彩或诸如此类的原因。"①

　　这番论证中最重要的理路是:诗是一种摹仿,摹仿将生活中的事物转变为艺术中的相似物,挑战并最终通过对人的辨认能力的认可而使读者得到快感;而如果有的诗不具有摹仿性,那么它的快感就是由作品的技术处理引起的,亚里士多德提到的除了色彩(这主要是对绘画而言)以外,还有音调感和节奏感(这显然是对诗而言)。不论是哪一种情况,诗都是由于有快感才被创作和欣赏的。而快感就是人的天性。摹仿因为能得到快感,所以符合天性,音调感和节奏感也因为能够产生快感而符合人的天性。

　　用天性为快感辩护的妙处在于:天性(nature)是自然,它是本质性的,是与理念联系在一起的。诗诉诸快感,也就是诉诸人的天性。

　　辩护了快感,就辩护了摹仿。因而,在柏拉图那里是贬义词的摹仿,在亚里士多德这儿成了褒义词。

　　第一,它是对艺术本体的定义。所有的艺术都是摹仿,只是摹仿的媒介、对象和方式各不相同。悲剧是对有一定长度的行动的摹仿;喜剧演员是对比我们一般的人、差的人的摹仿。

　　第二,摹仿甚至成为判断艺术好坏的尺度。例如对于叙述和摹仿两种表现方式,以及悲剧和史诗两种艺术类型的优劣的判断。柏拉图曾经提到诗歌艺术中叙述和摹仿两种表现方式的比较,他认为,由于叙述是可以加进故事叙述者的道德判断的,所以要比直接扮演故事中的角色这种方

---

① 亚里士多德:《诗学》,陈中梅译,商务印书馆1996年版,第47页。

式(尤其是在扮演坏角色的情况下)要好一些。由此在悲剧和史诗的比较中,他比较认可史诗,因为前者纯粹是表演,后者则是叙述。亚里士多德则正好相反,他认为,如果艺术是摹仿,那么摹仿性越强的艺术种类就越好,摹仿效果越强的艺术方式也越好。因此在悲剧和史诗的对比中,他坚决站在悲剧一边,他的理由是,由于通过直接表演的方式,悲剧可以给人留下更鲜明的印象,而且比起史诗的长度,悲剧能够在更短的篇幅里达到摹仿的目的。摹仿也就是快感,悲剧提供的快感形式也比史诗要多一种,即音乐。所以,亚里士多德的艺术理论建构围绕着摹仿和快感的主题。

快感是积极的情感,它令人愉快,比如像喜悦、友爱、兴奋等。情感中还有一些消极的情感,属于痛感部分。艺术,特别是诗歌中对这种情感的表现比对积极情感的表现更多。艺术受到柏拉图责难的另一个理由就是它煽动人的消极情感,比如伤感、哀怜、恐惧等,这些情感主要在悲剧艺术中被特别渲染,这些情感是有害的。

亚里士多德要为诗辩护就必须为这些情感作出辩护。他给出的辩护理由是,这些情感的作用并不都是消极的,它们有积极的一面。在为悲剧辩护的时候他指出,悲剧通过引起人们怜悯与恐惧之情,来使这些情感得到宣泄,从而带来心理和精神上的健康,这就是所谓的"卡塔西斯"(katharsis)作用。"卡塔西斯"这个词既有医学的含义,指通过宣泄把累积在人内心的紧张的情感能量释放出去,引出健康;也有宗教的含义,指灵魂消除污垢得到净化和升华。怜悯与恐惧尽管是消极的情感,但它们是净化的途径。按亚里士多德的说法,悲剧应该围绕着引起怜悯与恐惧这个中心来创作。

(三)亚里士多德对理性的维护

但亚里士多德只是给予感性和情感以正当地位和合法性,并没有走到感性至上的极端。相反,他把感性与理性结合起来,维护了他老师柏拉图所提倡的理性的尊严。

亚里士多德最突出的贡献是把理性的某些方面认定为艺术的内在性质,使这些方面成为艺术性本身。

除了摹仿以外,诗艺(主要是叙事艺术)的另一个内在特征是它符合必然律与可然律。

必然律与可然律是逻辑范畴,但是亚里士多德把它们认定为诗与其他文本,尤其是历史文本之间的本质区别。"诗人的职责不在于描述已经发生的事,而在于描述可能发生的事,即根据可然或必然的原则可能发生的事。历史学家和诗人的区别不在于是否用格律文写作(希罗多德的作品可以被改写成格律文,但仍然是一种历史,用不用格律不会改变这一点),而在于前者记述已经发生的事,后者描述可能发生的事。所以,诗是一种比历史更富哲学性、更严肃的艺术,因为诗倾向于表现带普遍性的事,而历史却倾向于记载具体事件。所谓'带普遍性的事',指根据可然或必然的原则某一类人可能会说的话或会做的事——诗要表现的就是这种普遍性,虽然其中的人物都有名字。所谓'具体事件'指阿尔基比阿得斯做过或遭遇过的事。"[①]这儿的阿尔基比阿得斯是苏格拉底的一位学生和朋友,是实有其人的。易言之,历史不需要也不能虚构事件和人物,它只写发生过的事儿和实际存在的人物;而诗要表现必然律和可然律,所以它即使写实有的人和事也必须据此加以选择和加工,它也可以虚构人物事件。由于选择了带必然律和可然律的题材,诗中的人和事就具有了普遍性、合理性。所以亚里士多德的诗歌人物形象理论,是用单个的人表现带有共性的某一类人,在一个具体名字下放进一批人共有的特征。这开了现代人物典型理论的先河。

---

① 亚里士多德:《诗学》,陈中梅译,商务印书馆 1996 年版,第 81 页。

　　这种对逻辑性的偏重也表现在亚里士多德的情节理论中。亚里士多德说,悲剧一共有六个要素:情节、性格、言语、思想、扮相(罗念中译作"形象",陈中梅译作"戏景")、唱段,其中情节是最重要的。因为悲剧是对行动的摹仿,而行动有过程,有长度,是一种事件,这就决定了它要有逻辑性。一个悲剧主人公是怎么陷入不幸的,这是悲剧必须提供的最重要的东西。我们今天认为最重要的可能是人物性格,但在悲剧里,它只能成为一个条件性因素:某种性格是导致悲剧发生的因素之一。事实上,所有的叙事都必须建构起逻辑性,这是叙述得以展开和顺畅的基石。20世纪的美学理论家罗兰·巴尔特断言,叙事作品的独特标志就是"纯逻辑现象",它的真实性就在于逻辑性。整个作品通过对逻辑的推进、畸变和冒险加以展开,最终只是强化了某种具有逻辑性意义的领会。逻辑性成为叙事艺术的内在标志,这是亚里士多德诗学的重大发现。

　　诗是摹仿。但是亚里士多德对于摹仿的理解有别于一般的理解。在日常的词义中,摹仿要有一个实物作原型,摹仿是指对这一原型的转移摹写或再现,首先是对它的外表的再现。亚里士多德的摹仿概念超出了对外表的再现,体现了某种理性主义的实质。

　　亚里士多德说,诗可以摹仿三种对象:一是摹仿已经发生过的事,二是摹仿听说(传说)的事,三是摹仿应有的事。

　　第一种对象,发生过的事,相当于对有历史记载的事件的摹仿,比如对特洛伊战争的描写。我们已经知道,亚里士多德要求这种描写必须写出可然律和必然律,如果仅仅写出具体事件及其发生顺序,它就不是艺术,而是历史了。

　　第二种对象是传说中的事,它有很多是没有实际发生的,仅仅是传说。希腊传说还包括了神话传说,关于宇宙神宙斯、太阳神阿波罗、智慧神雅典娜、美神维纳斯等的传说。这种摹仿的对象就已经不是实际的对象,仿造物本身就是语言作品,但亚里士多德认为这是合法的摹仿对象。

　　第三种摹仿的对象更不符合日常概念,所谓"应有之事"就是不仅现实中没有,而且也不见得有人传说过的事,是按想象或按可能性推测应该发生的事。没有仿造对象,而又产生了被叙述的人和事,这样的事实际上是靠艺术家创造出来。艺术可以创造,艺术不只是机械地摹仿已有过的东西。亚里士多德的摹仿论传达出来的就是这样的信息。

　　这第三种摹仿的对象实际上就是柏拉图的理念(idea),这才是世上每一个事物的理想原型,但在世上是见不到的。如果艺术可以摹仿"应有之事",艺术就不再是不真实的和无价值的了。

　　艺术是有理性的,这还表现在艺术品本身的整体性上。

　　整体性一方面表现在有一个有始有终有边界的独立的艺术世界。亚里士多德要求艺术,不论是悲剧还是史诗,都要控制长度,删繁就简,抓住重点,以这个重点去贯穿全部材料,形成事件的整一性。这个重点就是事件的目的(什么性质的事件,有何教益的事件)和因果关联。他说,历史是以时间段为主轴,发生在某一时间段的所有事件都需要记载,哪怕互相之间只有偶然的关联;但史诗和悲剧不能这样,它们要以事件为主轴,因为它们必须写出有逻辑关联的情节。

　　另一方面,整体性还要求这个完整的独立世界内在的各部分协调一致,有头,有尾,有中段,各在其位,配合良好。没有多余的部分,没有不和谐的杂质,都有机组合在一起,像活的动物机体一样。

(四)亚里士多德的小结

　　亚里士多德对诗的辩护是全面的:第一,他与柏拉图针锋相对,为摹仿与快感辩护;第二,他也使用了柏拉图对美和艺术赞美的理由为诗辩护——诗具有深度,必须有可然律与必然律。维护了诗的理性特征,就维护了诗的地位。柏拉图说理想的诗应该有最高的理性进驻其中并取得支配权,亚里士多德同意这一点,并且据此建立起他的艺术理论。所不同的是,柏拉图驱除了现世感性从而完全否定了现有的诗歌艺术,而亚里士多德则赋予现世感性以自然的合法性,认为现有的悲剧和史诗是符合诗的理想的。这使得亚里士多德甚至把诗看作是更具哲学性的严肃艺术。在把哲学性作为最高尺度这一点上,他完全沿用了柏拉图的价值标准。

（作者单位:浙江大学中文系）

美是被直观的相

——柏拉图美学的现象学阐释①

苏宏斌

内容提要:柏拉图的美学体系存在两个方面的问题:一是他把美的相与一般的相混为一谈,因此无法说明美的相与其他相的差异问题;二是他主张对于相只能通过理性而不是理智来把握,但却无法说明理性把握相的具体方法。从现象学的角度来看,柏拉图所说的理智实际上就是一种知性活动,而理性则是一种直观活动,也就是胡塞尔所说的范畴直观或本质直观。按照胡塞尔的范畴直观学说,范畴是在直观活动中作为意向对象被给予的。因此,柏拉图所说的美应该被视为一种意向对象,它不同于客观存在的相,也不是相的一种特殊形态,而是任何相在直观活动中的显现。由此出发,柏拉图的相论体系就得到了全面的改写:被直观的相就是美,被思维的相则是真,在实践中得到实现的相则是善,真、善、美由此获得了统一。

关键词:柏拉图;相;理性;知性;直观

柏拉图是西方美学的奠基人,对于当今的美学研究仍有着重要的影响。不过,他的美学思想中存在着两个显著的问题:一是他把美的本质归结为美的相,但却把美的相与一般的相混为一谈,因此无法说明美的相与其他相的差异问题;二是他主张相只能通过理性而不是理智来把握,但却无法说明理性活动的内在机制。我们认为,这种与知性推理不同的理性实际上就是一种直观活动,也就是说,相是通过胡塞尔所说的范畴直观或本质直观活动得以显现的。因此,从现象学的角度重新阐释柏拉图的美学思想,就可望成功地解决其中所存在的理论难题。

一

柏拉图的美学思想是直接承袭其老师苏格拉底而来的。众所周知,柏拉图的早期对话《大希庇亚篇》乃是西方思想史上第一篇专门探讨美的问题的文章,而其中主要反映的就是苏格拉底的思想。在这篇对话中,苏格拉底明确提出了"美是什么"的问题,并且强调"一切美的事物之所以美乃是因为拥有美",认为应该把美本身与美的事物区别开来。在此基础上,他还对当时古希腊流行的几种对于美的看法进行了深入分析和批判。凡此种种,都对后来的美学研究产生了深远的影响。然而在这次对话的最后,苏格拉底却发出了这样的感喟:"我现在终于明白这句格言的真正含义了,'所有美的东西都是困难的'。"②其所以如此,是因为他尽管进行了艰苦的思想努力,却始终未能明确地回答"美是什么"这一问题。

---

① 本论文受到国家教委人文社会科学跨世纪优秀人才培养计划基金资助,为"审美直观与艺术真理"问题研究的中期成果。
② 柏拉图:《大希庇亚篇》,见《柏拉图全集》第四卷,王晓朝译,人民出版社 2003 年版,第 61 页。

与之不同,柏拉图似乎从未对这一问题感到困惑。在其成熟期的对话《会饮篇》中,他明确断言美就是美的相(eidos 或 idea,又译为理念、理式等,本文采取陈康、汪子嵩等人的译法),并且对于认识美的过程进行了清晰的勾画。大体上说来,他把这个过程划分为三个阶段:

第一个阶段是对形体之美的认识。柏拉图认为,人们首先迷恋的总是某个具体的美的身体,但随即就会认识到,一个形体的美与另一个形体的美是一致的,因而就会爱上一切美的形体,从而把握到美的形体的共同形式。

第二个阶段是对心灵之美的认识。在这个阶段,人们会逐渐认识到,心灵美比形体美更珍贵,并通过与高尚心灵的对话,被引导到思考法律和体制之美,等到人们发现了各种美之间的联系与贯通,就不再把形体之美视为最重要的。

第三个阶段是对知识之美的认识。在这个阶段,人们凭借对美的广大领域的了解,就不再把注意力局限于个别的美的对象,如一个人或一种体制,而是转向了美的知识本身:"这时候他会用双眼注视美的汪洋大海,凝神观照,他会发现在这样的沉思中能产生最富有成果的心灵的对话,能产生最崇高的思想,能获得哲学上的丰收,到了这种时候他就全然把握了这一类型的知识,我指的是关于美的知识。"①

在描述了认识美的过程之后,柏拉图又对美本身即美的相进行了清晰的界定。他认为,"这种美是永恒的,无始无终,不生不灭,不增不减,因为这种美不会因人而异,因地而异,因时而异,它对一切美的崇拜者都相同","它不存在于其他别的事物中,例如动物、大地、天空之类的事物;它自存自在,是永恒的一,而其他一切美好的事物都是对它的分有。然而,无论其他事物如何分有它的部分,美本身既不会增加,也不会减少,仍旧保持着不可侵犯的完整"。② 从这两段话来看,美的相具有以下几方面的特征:

第一,它是永恒的,没有任何生灭变化;第二,它是单一的,始终保持自身的完整性;第三,它与具体事物是分离的,不存在于任何美的事物之中;第四,具体事物的美是通过分有美的相而产生的。

表面上看来,柏拉图的这些美学思想是清晰而完整的,但如果仔细推敲的话,就会发现其中存在着明显的漏洞。就美的认识过程来说,柏拉图曾做过这样的描述:"从个别的美开始探求一般的美,他一定能找到登天之梯,一步步上升——也就是说,从一个美的形体到两个美的形体,从两个美的形体到所有美的形体,从形体之美到体制之美,从体制之美到知识之美,最后再从知识之美进到仅以美本身为对象的那种学问,最终明白什么是美。"③ 从这段话来看,柏拉图把知识之美与美本身区别开来了。那么这两者之间究竟有何差异呢?简单地说,知识之美乃是一种普遍性的美,也就是各种美的事物之间的共性,但美本身却是指美的相,而相则不仅仅是事物之间的共性,它还是事物的本原或本体,具体事物是通过分有相而产生和存在的。现在的问题是,怎样才能从知识之美进一步认识到美本身呢?对这个关键的问题柏拉图却未置一词,这显然给他的美学思想留下了一个巨大的漏洞。

再就柏拉图对于美的相的界定来看,不难发现这些描述完全适用于任何一种相,或者说这其实是对相的一般特征的描述。试看他在《斐多篇》中对于相的描述:

---

① 柏拉图:《会饮篇》,见《柏拉图全集》第二卷,王晓朝译,人民出版社 2003 年版,第 254 页。
② 柏拉图:《会饮篇》,见《柏拉图全集》第二卷,王晓朝译,人民出版社 2003 年版,第 254 页。
③ 柏拉图:《会饮篇》,见《柏拉图全集》第二卷,王晓朝译,人民出版社 2003 年版,第 254 页。

"我们在讨论中界定的绝对实体是否总是永久的、单一的？绝对的相等、绝对的美，或其他任何真正存在的独立实体会接受任何种类的变化吗？或者说每个这种单一、独立的实体永远保持原状，绝对不会有任何方面,任何意义上的变化？"

"它们必定是永久的、单一的,苏格拉底。"克贝说。

……

"你们能够触、看,或用你们别的感官察觉到这些具体的事物,但那些永久的实体,你们无法感觉到,而只能靠思维去把握;对我们的视觉来说,它们是不可见的。"

"完全正确。"克贝说。

"所以你们认为我们应当假定有两类事物,一类可见,一类不可见,对吗？"

"我们应该这样假定。"

"不可见的事物是单一的,可见的绝不可能是单一的,对吗？"①

从这段对话来看,柏拉图对绝对实体即相的描述与美的相完全一致,而且他把美的相与其他各种相相提并论,完全不做区分。这也就是说,柏拉图对于美本身的分析所回答的并不是苏格拉底提出的"美是什么"的问题,而是他自己提出的"相是什么"的问题。究极而言,这些分析所产生的并不是一种美学理论,而是柏拉图的相论。事实上这一点早已得到了哲学史家的公认,因为他们在概括柏拉图的相论的时候,大多数时候所援引的恰恰是其在《会饮篇》中对美本身的描述。

从这两个方面来看,柏拉图的美学思想较之苏格拉底并无实质性的突破,因为他既未能回答"美是什么"的问题,也未能回答如何认识美的问题。对于他来说,"美是难的"这句格言依旧是完全适用的。

二

尽管柏拉图并未能真正解决苏格拉底所留下的美学难题,但他还是为我们留下了解开这个谜题的思想线索。就对美的认识来说,他的描述停步于对知识之美的认识,残缺的是对美本身也就是美的相的认识;就对美本身的描述来说,他提供的是美的相与各种相的共同特征,也就是相所具有的一般特征,未解决的是美的相与其他相的差异问题。因此,只要我们从柏拉图止步的地方重新起步,就有望把对美学之谜的解答推进一步。

对柏拉图美学进行重新诠释的第一步,就是要回答如何认识美本身的问题。鉴于柏拉图并未对美的相与其他的相进行区分,或者说是把美的相当成了一般相的例证,因此对美本身的认识与对相的认识实际上是一回事。那么,柏拉图在《会饮篇》中为什么没能解决这一问题呢？这是因为他在此所提出的是一种经验论的认识论学说,这种学说根本无法解决对相的认识问题。具体地说,他把对美本身的认识过程概括为从个别到一般、从具体到抽象的过程,其所运用的显然是归纳推理和知性思维的方法,但这种方法只能把握事物的共性,却无法把握相。其原因在于,相并不仅仅是事物的共性,它还是事物的本体或本原,具体事物是通过分有相而产生的,因此相是一种超验的实体。

那么,怎样才能把握相这种超验的实体呢？显然,只能采取先验论而不是经验论的立场。事实上,这正是柏拉图在大多数对话中所采取的立场。比如在《美诺篇》中,他就把认识的过程说成是一种回忆:"既然灵魂是不朽的,重生过多次,已经在这里和世界各地见过所有事物,那么它已经学会了这些事物。如果灵魂能把关于美德的知识,以及其他曾经拥有过的知识回忆起来,那么我

① 柏拉图:《斐多篇》,见《柏拉图全集》第一卷,王晓朝译,人民出版社2003年版,第81—82页。

们没有必要对此感到惊讶。一切自然物都是同类的,灵魂已经学会一切事物,所以当人回忆起某种知识的时候,用日常语言说,他学了一种知识的时候,那么没有理由说他不能发现其他所有知识,只要他持之以恒地探索,从不懈怠,因为探索和学习实际上不是别的,而只不过是回忆罢了。"①从这段话来看,柏拉图认为知识是人的灵魂先天就具备的,因而后天的学习就只是一种回忆。这种先验论的"回忆说"在《斐多篇》等对话中还曾多次出现,说明这是柏拉图最基本的认识论立场。

现在的问题是,灵魂究竟是如何先天地获得各种知识的呢?这一点柏拉图在《斐德罗篇》中做过精彩的说明。他认为,灵魂在与肉体结合之前,是在天上生活的,它们成群结队地在天上飞翔,跟着众神的灵魂直达天际,在那里看到了真正的存在,从而获得了各种知识:"诸天之外的境界是真正存在的居所,真正的存在没有颜色和形状,不可触摸,只有理智这个灵魂的舵手才能对它进行观照,而所有真正的知识就是关于它的知识。因此,甚至连神的心灵也要靠理智和知识来滋养,其他灵魂也一样,每个灵魂都要注意获得适当的食物。因此,当灵魂终于看到真正的存在时,它怡然自得,而对真理的沉思也就成为灵魂的营养,使灵魂昌盛,直到天穹的运行满了一周,再把它带回原处。在天上运行时,灵魂看到了正义本身,还有节制和知识,这种知识不是与变化和杂多的物体为友的知识,我们一般把这些杂多的物体说成是存在,但是真正的知识是关于真正的存在的知识。"②在这段对话中,柏拉图把真正的存在说成是没有颜色和形状、不可触摸等,还举了正义本身、节制等作为例证,并将其与变化和杂多的物体相对立,说明他所说的真正的存在其实就是相。那么灵魂是怎样把握到相的呢?柏拉图的说法是,"只有理智这个灵魂的舵手才能对它进行观照",也就是说是通过理智来把握的。问题是,他在《会饮篇》中所说的知性推理只能把握到知识之美却不能把握到美本身,何以这里所说的理智却能够把握到相呢?这是由于此处的理智所采用不是推理的方法,而是"观照"和"看",也就是直观的方法。一言以蔽之,灵魂是通过智性直观的方法把握到相的。

认为柏拉图的认识论中存在着一种智性直观的思想,似乎是一种时代性的误读,因为这一范畴直到近代才被确立起来,并且在 20 世纪的胡塞尔那里才发展为完整的学说。③ 然而事实上,柏拉图的思想中却的确隐含着这样一种认识能力。我们在上一章中曾经指出,柏拉图把人的认识能力划分为四个等级,其中处于较高位置的是理智和理性。这两种认识能力的区别在于,理智是用来把握数以及几何图形的,理性则是用来把握相本身的。更进一步来看,理智无疑是一种知性的推理能力,因为它的运作方式是从假设下降到结论;理性则具有某种直观本性,因为按照柏拉图的说法,"在这里假设不是被用作原理,而是仅仅被用作假设,即,被用作一定阶段的起点,以便从这个起点一直上升到一个高于假设的世界,上升到绝对原理,并且在达到绝对原理之后,又回过头来把握那些以绝对原理为根据提出来的东西,最后下降到结论"。④ 这段话的意思是说,理性能够把假设作为起点,从而上升到绝对原理。既然假设本身不再被当作原理,而成了被超越的对象,那么理性也就不再是一种推理能力,因为任何推理总是从一定的原理或前提出发的,而理性的作用恰恰是发现这一前提,或者说确证这一原理的正确性,也就是说理性乃是理智的前提。问题是,理性怎么才能从假设上升到绝对原理,从而证明假设的合法性呢?柏拉图对此未做具体的说明,只是

①　柏拉图:《美诺篇》,见《柏拉图全集》第一卷,王晓朝译,人民出版社 2003 年版,第 507 页。
②　柏拉图:《斐德罗篇》,见《柏拉图全集》第二卷,王晓朝译,人民出版社 2003 年版,第 161~162 页。
③　有关智性直观理论的发展和演变过程,我们将在后面的章节中进行具体梳理。另可参看邓晓芒:《康德的"智性直观"探微》,《文史哲》2006 年第 1 期,以及倪梁康:《"智性直观"在东西方思想中的不同命运》,分期连载于《社会科学战线》2002 年第 1 期、第 2 期。
④　柏拉图:《理想国》,郭斌龢、张竹明译,商务印书馆 1995 年版,第 270 页。

宣称这是"逻各斯本身凭着辩证的力量而达到的"，①也就是说理性是一种辩证思维的方法。然而在《理想国》以及柏拉图的其他对话中，他从未对辩证法的内在机制做出过清晰的说明，也就是说他对于理性能力的认识实际上是含糊不清的。

从现象学的角度来看，柏拉图所说的理性实际上就是胡塞尔所说的范畴直观或本质直观。胡塞尔就曾明确说过，本质直观所把握到的普遍本质，就是柏拉图所说的相或理念："这个普遍本质就是艾多斯，是柏拉图意义上的理念，然而是在纯粹的意义上来把握的，摆脱了所有形而上学的阐释，因而是这样精确地理解的，正如它在以上述方式产生的理念的'看'中直接直觉地成为我们的被给予性那样。"②他之所以强调普遍本质摆脱了所有形而上学的阐释，显然是说柏拉图的相乃是一个形而上学的范畴，这一点从柏拉图把相看作与具体事物相分离的独立实体就可以清楚地看出来。与之不同，胡塞尔所说的普遍本质则不是与认识活动无关的自在之物，而是本质在直观活动中的显现。对于这种直观活动的内在机制，胡塞尔进行了清晰的描述和分析。在他看来，本质直观是在感性直观的基础上进行的。直观活动所把握的总是事物的具体或个别特征，如事物的颜色和形状等，本质直观却能够通过目光的转向，把注意力集中于抽象的色彩或形象本身，并且经过一系列的本质变更过程，使其作为绝对同一的普遍本质呈现出来。

需要指出的是，胡塞尔所说的普遍本质，并不是与具体事物相分离的独立实体，而是事物的内在属性，这样一来，他成功地克服了柏拉图思想的先验论性质。或许有人会说，既然本质直观所把握到的只是事物内在的普遍属性，那么它的认识功能与柏拉图所说的知性推理和经验概括就并无两样，如何能够把握到相或理念呢？对此胡塞尔指出，经验性的归纳所把握到的只是一种偶然的统一性，本质直观所把握到的则是一种先天的本质："经验上所获得的物种和更高的类的统一性只是一种'偶然的'统一性"，③"与这种偶然性相反的概念是先天必然性。……这些纯粹概念的构成不依赖于事实上被给予的开端项的偶然性及这个开端项的经验性视域，这些概念并非仿佛只在事后才囊括仅一个开放的范围，而恰好是在事先：即先天地。这种事前的囊括意味着，这些概念必定能够预先对所有的经验性个别事物制定规则"。④表面上看来，胡塞尔把普遍本质说成是一种先天的纯粹概念，似乎重新返回到了柏拉图的先验论立场，但实际上他所说的先天是在康德的意义上说的，指的是经验性概念得以可能的先验前提。

当然，柏拉图所说的理性的"观照"和"看"，与胡塞尔的本质直观学说是不可同日而语的，因为前者只是以神话和想象的方式出现的，后者则是一个严谨的思想体系。不过，就其内在精神而言，两者显然有着共同的血脉。因此我们认为，从现象学的立场出发重新诠释柏拉图的美学思想，有其内在的合理性和必然性。

三

在澄清了把握美本身的方式之后，我们再来讨论美的相与其他相的关系问题。按照柏拉图的观点，相是一类事物的共同特征和本原，因此不同的相自然也应该有不同的特征。问题在于，柏拉图几乎从未具体描述过相之间的差异，他总是不加区分地把美、正义、节制等不同的相罗列在一

① 柏拉图：《理想国》，郭斌龢、张竹明译，商务印书馆1995年版，第270页。
② 胡塞尔：《经验与判断》，邓晓芒、张廷国译，生活·读书·新知三联书店1999年版，第395页。
③ 胡塞尔：《经验与判断》，邓晓芒、张廷国译，生活·读书·新知三联书店1999年版，第393页。
④ 胡塞尔：《经验与判断》，邓晓芒、张廷国译，生活·读书·新知三联书店1999年版，第394页。

起,满足于指出它们的共同特征,如永恒不变、不生不灭、自存自在等。不过,尽管柏拉图认为各种相的特征是完全一致的,但却不认为它们之间是相互平等的,而是认为"善的相"是最高的相,它是其他一切相的共同本原。他明确宣称:"善的理念是最大的知识问题,关于正义等等的知识只有从它演绎出来的才是有用的和有益的。"①他在《理想国》中通过著名的"太阳比喻"对此进行了形象的说明。在这个比喻中,他把"善的相"比作太阳,灵魂中的理性能力相当于视觉能力,理性所认识的对象——真正的存在即"相"则相当于具体事物。

太阳是万事万物的根源,人的视觉能力和具体事物都是通过太阳才产生的,这意味着理性能力和相都以善的相为本原。因此他认为:"这个给予知识的对象以真理给予认识的主体以认识能力的东西,就是善的理念。它乃是知识和认识中的真理的原因","知识的对象不仅从善得到它们的可知性,而且从善得到它们自己的存在和实在,虽然善本身不是实在,而是在地位和能力上都高于实在的东西"。②

那么在这个相论体系中,美的相处于何种位置呢?柏拉图在《斐德罗篇》中的这段话可以给我们以宝贵的启示:"我们说过,美本身在天外境界与它的伴侣同放异彩,而在这个世界上,我们用最敏锐的感官来感受美,看到它是那样清晰,那样灿烂。视觉器官是肉体中最敏锐的感官,为身体导向,但我们却看不见智慧——如果说智慧也有清晰的形象可供我们观照,那么我们对智慧会产生多么大的欲望——也看不见其他可爱的对象,能被我们看见的只有美,因为只有美才被规定为最能向感官显现的,对感官来说,美是最可爱的。"③

这段话先是把美的相与其他各种相都归结为真正的存在,然后指出只有美的相才能被视觉器官所看见。这种观点对柏拉图来说显然大非寻常,因为按照他在《理想国》中所勾勒的思想体系,只有理性才能把握相,感知则只能把握具体事物,何以美的相可以通过感官来把握呢?合理的解释似乎是,眼睛所看到的乃是具体事物的美,这种美只是真正的美的摹本。柏拉图自己就用了"美的摹本"这样的说法,并且把美区分为"尘世的美"和"上界真正的美"两种形态,似乎也佐证了这种解释。问题在于,这种解释可以适用于任何相,因为任何事物都是某种相的摹本,何以柏拉图要特别强调,在各种相之中"只有美才被规定为最能向感官显现的"呢?

在我们看来,这是由于美并不是一种特殊的相,而是各种相的被直观形态。具体地说,并不存在所谓美的相,美本身并不是一种与其他相相并列的相。我们在前面曾经说过,相是通过直观活动来把握的,在此我们可以进一步推论,任何一种相当其被直观到的时候,便转化成了美。柏拉图把美本身归属于真正的存在,认为它是相的一种特殊形态,这显然是犯了唯名论的错误,他误以为任何范畴都对应着某种特定的存在形态。事实上美并不意指任何存在形态本身,而是指真正的存在即相的直观显现。正是由于这个原因,柏拉图才把对相的直观视为一种"美的密仪":"过去有一个时候,我们看到美本身是光辉灿烂的。那个时候,我们的灵魂跟在宙斯的队伍里,其他灵魂跟在其他神的队伍里,幸福地见到过那种极乐的景象;然后我们全都加入了密仪——这种密仪在一切密仪中是最有福分的;我们举行这种还没有被罪恶沾染、保持着本来真性的密仪,而这种罪恶在将要到来的日子里正在等着我们;在那隆重的入教仪式中最后揭开给我们看的景象全是完整、单纯、静谧、欢喜的;我们沐浴在最纯洁的光辉之中,而我们自身也一样纯洁,还没有被埋葬在这个叫身

① 柏拉图:《理想国》,郭斌龢、张竹明译,商务印书馆 1995 年版,第 260 页。
② 柏拉图:《理想国》,郭斌龢、张竹明译,商务印书馆 1995 年版,第 267 页。
③ 柏拉图:《斐德罗篇》,见《柏拉图全集》第二卷,王晓朝译,人民出版社 2003 年版,第 165 页。

体的坟墓里,还没有像河蚌困在蚌壳里一样被束缚在肉体中。"①

　　表面上看来,这段话描述的是灵魂在看到美的相时候的景象和感受,实际上却是说,灵魂看到任何相的时候都体验到了一种至高的审美享受,因为这种被直观到的相就是美本身。按照他的描绘,被直观到的相总是"完整、单纯、静谧、欢喜的",让我们沐浴在"最纯洁的光辉中",这不正是说,相在直观活动中笼罩了一层美的光环吗?

　　从这个角度来看,所谓"只有美才被规定为最能向感官显现的"就不难理解了,因为任何相都只能诉诸理性,无法通过感官来把握,但美却并不是相,而是相的被直观形态,因而自然就能够向感官显现了。当然,美本身或"上界真正的美"是通过理性直观来把握的,美的摹本或"尘世的美"则是通过感官也就是感性直观来把握的,前者属于理性认识,后者则属于感性认识,因而在柏拉图的思想体系中仍处于对立状态。然而另一方面,两者又都是直观活动,因而有着一定的同质性。从某种程度上来说,直观恰恰可以成为沟通感性和理性的桥梁。

　　当然,这一思想在柏拉图那里还只是一种模糊的暗示,直到胡塞尔才对其进行了清晰的阐发。在他看来,本质直观与感性直观是密切地联系在一起的,因为本质直观必须奠基于感性直观。他明确宣称:"在这里,范畴的对象、规定性、联结的特征表现为:它们以'感知'的方式只能在这样一些行为中'被给予',这些行为奠基于另一些行为之中,而且最终是奠基于感性行为之中。所有范畴行为的直观性充实、因而也包括想象性的充实,都奠基于感性行为之中。……对素朴直观(straightforward intuition)与感性直观(sensuous intuition)与被奠基的直观或范畴直观的划分使感性与知性之间的古老认识论对立获得了我们所期待的最终澄清。"从这里可以看出,胡塞尔认为范畴直观与感性直观的划分彻底克服了感性与知性之间的二元对立,因为它们为这两种认识能力提供了相互沟通的桥梁和中介。

　　由此出发,我们就可以对柏拉图的相论体系进行全方位的重构。柏拉图把善的相说成是其他各种相的本原,使得善成了世界的目的因或最后因,这最终使柏拉图的相论变成了一种理性神学。同时,他把善和美都说成是相,实际上是把真、善、美混为一谈了。在我们看来,被直观的相就是美,被思维的相就是真,被实践的相则是善,真、善、美本身都不是相,但它们都源出于相,并且最终统一于相。

(作者单位:浙江大学中文系)

---

① 柏拉图:《斐德罗篇》,见《柏拉图全集》第二卷,王晓朝译,人民出版社2003年版,第164—165页。

新出土唐代诗人《杨收墓志》考论①

胡可先

内容提要：杨收是晚唐历史上最为重要的政治人物之一，又是关涉学术、文化与文学发展的关键人物。近年来，杨收及其夫人韦东真两方墓志的出土，为我们提供了研究杨收及晚唐文史不可多得的珍贵材料。以墓志文本为基础，以传世文献相印证，对于杨收墓志加以全面的笺证，并对杨收的家世、婚姻、科举、学术、文学以及杨收与晚唐政治事件密切相关的问题，进行集中的讨论，也有助于厘清晚唐时期复杂的历史和文化现象。

关键词：杨收墓志；韦东真墓志；家世；婚宦；学术；文学

新出土《杨收墓志》，全称为"唐故特进门下侍郎兼尚书左仆射同中书门平章事弘文馆大学士太清太微宫使晋阳县开国男食邑三百户冯翊杨公墓志铭并序"，题署撰者："东都留守东都畿汝州都防御使银青光禄大夫检校刑部尚书兼判东都尚书省事御史大夫裴坦撰。"该志近年出土于河南巩义市，收藏于洛阳私人收藏家手中。边长 92 厘米，厚 21 厘米，志文楷书，51 行，满行 50 字，计2431 字。杨收夫人《韦东真墓志》亦同时出土。② 两方墓志对于杨收事迹及晚唐政治文化和文学艺术的研究都具有重要意义。杨收夫妇墓志出土后，已经引起了有关学者的注意，研究文章有张应桥《唐杨收及妻韦东真墓志研究》③和毛阳光《晚唐宰相杨收及其妻韦东真墓志发微》④。两篇文章分别对墓志进行了录文整理，并初步梳理了杨收的家族世系、婚姻仕宦等问题，还对杨收的贬谪赐死与平反昭雪各自提出了自己的看法。然而由于杨收是晚唐最为重要的政治人物，又是关涉学术文化与文学发展的关键人物，加以晚唐史料复杂多歧，故对杨收夫妇墓志的整体研究，仍然是学术研究的重要课题。本文以墓志文本为基础，以出土文献和传世文献相印证，对于杨收墓志进行全面的笺证，并在此基础上对杨收的家世、婚姻、科举、学术、文学以及与晚唐政治事件密切相关的问题，进行集中的讨论。

一、志文笺证

公讳收，字成之。

① 本文为国家社会科学规划基金一般项目［10BZW029］；教育部人文社会科学研究规划基金项目［09YJA751077］；浙江省哲学社会科学规划重点项目［09CGZW002Z］阶段性成果。

② 《杨收墓志》拓片，载于《秦晋豫新出墓志搜佚》，国家图书馆出版社 2011 年版，第 1065 页；杨收夫人《韦东真墓志》拓片，载于同书第 1067 页。

③ 《洛阳理工学院学报》2011 年第 2 期。

④ 《唐史论丛》第一四辑，三秦出版社 2012 年版，第 89－102 页。

《旧唐书·杨收传》:"杨收字藏之。"①《新唐书·杨收传》:"杨收字藏之。"②同书《宰相世系表》:"收字藏之,相懿宗。"③与墓志均不同。按古人名与字大多在文义上具有一定的关联性,或相应,或相反,无论"字成之"还是"字藏之"都与"收"有一定的关系,故而是史传之误,还是杨收一生曾有两个字号,尚待详考。张应桥和毛阳光之文,均相信墓志而以史传为误,如毛氏言:"'成''藏'二字字形接近,应是传世文献传抄过程中错误所致,当以墓志为准。"④实则"成""藏"二字,古代书写并不是形近的,加以二字均与"收"字字义有关,故不能仅据石刻简单判断其错误。唐杨收墓志铭见图一。

图一　唐杨收墓志铭

得姓于周,伯侨昌有姬之胤,赤泉启大汉之封。

杨氏之由来,《元和姓纂》卷五《杨》:"周武王第三子唐叔虞之后。至晋出公逊于齐,生伯侨归周,天子封为杨侯,子孙以国为氏。一云周宣王曾孙封杨,为晋所灭,其后为氏焉。或曰,周景王之后。杨雄自叙云,伯侨不知周何别也。"⑤按,《汉书·扬雄传》:"其先出自有周伯侨者,以支庶初食采于晋之扬,因氏焉,不知伯侨周何别也。"⑥扬雄《反离骚》自述其家世:"有周氏之蝉嫣兮,或鼻祖于汾隅;灵宗初谍伯侨兮,流于末之扬侯。"⑦上溯其世系源于周之伯侨,注引晋灼曰:《汉名臣奏》

---

①　《旧唐书》卷一七七,中华书局1975年版,第4595页。按,《旧唐书·杨收传》载于第4595—4598页。以下简称"旧传"。
②　《新唐书》卷一八四,中华书局1975年版,第5392页。按,《新唐书·杨收传》载于第5392—5396页。以下简称"新传"。
③　《新唐书》卷七一下,中华书局1975年版,第2366页。
④　《唐史论丛》第一四辑,三秦出版社2012年版,第96页。
⑤　[唐]林宝:《元和姓纂》卷五,中华书局1994年版,第581—582页。
⑥　《汉书》卷八七上,中华书局1962年版,第3513页。
⑦　《汉书》卷八七上,中华书局1962年版,第3516页。

载张衡说，云晋大夫食采于扬，为扬氏，食我有罪而扬氏灭。无扬侯。有扬侯则非六卿所逼也。"师古曰："晋说是也。雄之自序谱谍盖为疏谬，范中行不与知伯同时灭，何得言当是时逼扬侯乎？"①《新唐书·宰相世系表》所载杨氏之上世较为详尽："杨氏出自姬姓，周宣王子尚父封为杨侯。一云晋武公子伯侨生文，文生突，羊舌大夫也。又云之公族食邑于羊舌，凡三县：一曰铜鞮，二曰杨氏，三曰平阳。……有杨章者，生苞、朗、款。苞为韩襄王将，守修武，子孙因居河内。朗为秦将，封临晋君，子孙因居冯翊。款为秦上卿，生硕，字太初，从沛公征伐，为太史。八子：鹗、奋、魋、儵、熊、喜、鹠、鼪。喜字幼罗，汉赤泉严侯。生敷，字伯宗，赤泉定侯。生胤，字毋害。胤生敞，字君平，丞相、安平敬侯。二子：忠、恽忠，安平顷侯。生谭，属国、安平侯。二子：宝、并。宝字稚渊。二子：震、衡。震字伯起，太尉。"②宋邓名世《古今姓氏书辩证》卷一三所载与《新唐书·宰相世系表》相同。

自皇祖始居同州，循诸土断，今为同州冯翊人。

前揭《新唐书·宰相世系表》杨氏之祖始迁冯翊者为杨朗："朗为秦将，封临晋君，子孙因居冯翊。"《旧唐书·杨收传》谓："杨收字藏之，同州冯翊人。"③《新唐书·杨收传》："杨收字藏之，自言隋越国公素之裔，世居冯翊。"④按，冯翊，据《元和郡县图志》卷二《同州》："冯翊县，望，郭下。本汉临晋县，故大荔城，秦获之，更名。旧说秦筑高垒以临晋国，故曰临晋。晋武帝改为大荔县，后魏改为华阴县，后以名重，改为武乡。隋大业三年改为冯翊县。冯，辅也；翊，佐也。义取辅佐京师。"⑤但杨收之望贯亦有异说，《北梦琐言》卷一二《杨收不学仙》条："唐相国杨收，江州人。祖为本州押衙。"⑥盖因其祖曾任江州押衙，故孙光宪将杨收祖父为官寓居之地作为籍贯了。

汉太尉廿二代孙。

汉太尉即杨震，《后汉书·杨震传》："杨震字伯起，弘农华阴人也。八世祖喜，高祖时有功，封赤泉侯。高祖敞，昭帝时为丞相，封安平侯。父宝，习欧阳尚书。哀、平之世，隐居教授。""震少好学"⑦，"年五十，乃始仕州郡。大将军邓骘闻其贤而辟之，举茂才，四迁荆州刺史、东莱太守。"⑧"永宁元年，代刘恺为司徒。"⑨"延光二年，代刘恺为太尉。"⑩震后因被谮，饮鸩而卒，时年七十余。至顺帝即位，诏雪其冤。

所谓"廿二代孙"，据《新唐书·宰相世系表》："太尉震子奉，字季叔，后汉城门校尉、中书侍郎。八世孙结，仕慕容氏中山相。二子：珍、继。至顺，徙居河中永乐，岐徙居原武。"⑪"越公房本出中山相结次子继。生晖，洛州刺史，谥曰简。生河间太守恩，恩生越恭公钧，号越公房。"⑫从震以后世系为：

震—（八世）—结—继—晖—恩—均—暄—敷—素—玄奖—积善—悟虚—幼烈—藏器—遗直—收

① 《汉书》卷八七上，中华书局1962年版，第3514页。
② 《新唐书》卷七一下，中华书局1975年版，第2346—2347页。
③ 《旧唐书》卷一七七，中华书局1975年版，第4595页。
④ 《新唐书》卷一八四，中华书局1975年版，第5392页。
⑤ ［唐］李吉甫：《元和郡县图志》卷二，中华书局1983年版，第37页。
⑥ ［五代］孙光宪：《北梦琐言》卷一二，中华书局2002年版，第249页。
⑦ 《后汉书》卷五四，中华书局1965年版，第1759页。
⑧ 《后汉书》卷五四，中华书局1965年版，第1760页。
⑨ 《后汉书》卷五四，中华书局1965年版，第1761页。
⑩ 《后汉书》卷五四，中华书局1965年版，第1763页。
⑪ 《新唐书》卷七一下，中华书局1975年版，第2360页。
⑫ 《新唐书》卷七一下，中华书局1975年版，第2365页。按，杨收一系，《新唐书·宰相世系表》载于第2365—2366页，以下简称"新表"。

图二　唐杨收墓志铭盖

　　这里有两个地方需要进一步考订：一是震后的八世。据《后汉书·杨震传》："震五子：长子牧，富波相。牧孙奇，灵帝时为侍中。"[1] "震少子奉，奉子敷，笃志博闻，议者以为能世其家。敷早卒，子众，亦传先业。……震中子秉。"[2] 秉"子赐"。[3] 赐"子彪"。[4] 彪"子修"。[5] 杨收出于杨震五子之哪一子，尚待详考。二是杨收高祖悟虚之父，《新唐书·宰相世系表》，杨素子有玄奖、积善二人，而积善之下空一格接悟灵（虚之误），玄奖之下接崇本，崇本之下又不接悟灵。故杨收是玄奖之裔孙，抑或积善之裔孙，《新唐书》并未厘清。然据《古今姓氏书辩证》卷一三："积善，上仪同，其孙悟灵，唐钱塘令。"[6] 是杨收世系，越国公以下就较为清楚了。

隋越公素之仍孙也。

　　《隋书·杨素传》："杨素字处道，弘农华阴人也。祖暄，魏辅国将军、谏议大夫。父敷，周汾州刺史，没于齐。"[7] "及高祖为丞相，素深自结纳。高祖甚器之，以素为汧州刺史。……迁徐州总管，进位柱国，封清河郡公，邑二千户。以弟岳为临贞公。高祖受禅，加上柱国。开皇四年，拜御史大夫。"[8] "改封越国公。寻拜纳言。岁余，转内史令。"[9] "大业元年，迁尚书令，赐东京甲第一区，物二千段。寻拜太子太师，余官如故。前后赏锡，不可胜计。明年，拜司徒，改封楚公，真食二千五百

① 《后汉书》卷五四，中华书局 1965 年版，第 1768 页。
② 《后汉书》卷五四，中华书局 1965 年版，第 1769 页。
③ 《后汉书》卷五四，中华书局 1965 年版，第 1775 页。
④ 《后汉书》卷五四，中华书局 1965 年版，第 1785 页。
⑤ 《后汉书》卷五四，中华书局 1965 年版，第 1789 页。
⑥ ［宋］邓名世：《古今姓氏书辩证》卷一三，江西人民出版社 2006 年版，第 185 页。
⑦ 《隋书》卷四八，中华书局 1973 年版，第 1281 页。
⑧ 《隋书》卷四八，中华书局 1973 年版，第 1282 页。
⑨ 《隋书》卷四八，中华书局 1973 年版，第 1284 页。

户。其年,卒官。谥曰景武,赠光禄大夫、太尉公。"①"仍孙"为七代孙,《尔雅·释亲》:"子之子为孙,孙之子为曾孙,曾孙之子为玄孙,玄孙之子为来孙,来孙之子为晜孙,晜孙之子为仍孙,仍孙之子为云孙。"②

又按,《旧传》:"自言隋越国公素之后。"《新唐书·杨收传》:"自言隋越国公素之裔,世居冯翊。"③盖《宰相世系表》杨收世素于"悟灵"之上,未直接衔接上一代,难以确定其一贯世系,故称其"自言"也。杨检撰《唐故岭南节度使右常侍杨公女子书墓志》:"□□讳芸,字子书,隋越国公素之裔。"④杨检即杨收兄杨发之子。

宋张世南《游宦纪闻》卷一〇据杨氏家族载其出越国公一系云:"唐修行杨氏,系出越公房,本出中山相结。次子继,生洛州刺史晖,晖生河间太守恩,恩生越恭公钧,出居冯翊。至藏器,徙浔阳。唐相杨收之父曰遗直,生四子,名皆从'启',曰:发、假、收、严,以四时为义,故发之诸子名,皆从'木',假之子从'火',收之子从'金',严之子从'水'。严生涉,涉生凝式。而收乃藏器之兄,涉之伯也。"⑤

高祖讳悟虚,登制策极谏科,授杭州钱唐令,终朔州司马。

《旧传》:"高祖悟虚,应贤良制策撰第,位终朔州司马。"《新表》:"悟灵,钱塘令。""灵"盖"虚"形近而误。

曾祖讳幼烈,官至宁州司马。祖姚河南于氏。

《旧传》:"高祖幼烈,位终宁州司马。"《新表》:"幼烈,宁州司马。"

皇祖讳藏器,邠州三水县丞。娶伯舅日用之女。

《旧传》:"祖藏器,邠州三水丞。"《新表》:"藏器,三水丞。"《北梦琐言》卷一二《杨收不学仙》条:"唐相国杨收,江州人。祖为本州都押衙。"⑥盖藏器为三水丞前,曾为江州押衙。杨检《唐故岭南节度使右常侍杨公女子书墓志》:"曾祖公讳藏器,邠州三水丞。"⑦

是生皇考讳遗直。贞元中献封章,拜婺州兰溪县丞,转濠州录事参军,累赠尚书工部侍郎。娶河南元氏。父游道,登进士第,夫人追封河南郡太君。

《旧传》:"父遗直,位终濠州录事参军。家世业儒,遗直客于苏州,讲学为事,因家于吴。"《新传》:"父遗直,德宗时,以上书阙下,仕为濠州录事参军,客死姑苏。收七岁而孤,处丧若成人。母长孙亲授经。"杨检《唐故岭南节度使右常侍杨公女子书墓志》:"显祖公讳遗直,赠右仆射。"⑧《北梦琐言》卷一二《杨收不学仙》条:"唐相国杨收,江州人。祖为本州都押衙。父直,为兰溪县主簿。"⑨"直"即为"遗直"之省文,唐代书写人名常如此。

元游道,仅见于此墓志记载。其登进士第,清人徐松《登科记考》亦缺载,可补入。

生公伯兄广州节度使发,仲兄常州刺史假,长孙夫人生公及前中书舍人、浙东观察使,今任汝州员外司马严。公伯仲叔季,皆以人物至行孝睦文章礼乐,推重于时,譬犹珪璋琮璧,无有瑕刬,光明特达,各擅其美。

---

① 《隋书》卷四八,中华书局1973年版,第1291—1292页。
② 《尔雅》卷四,《十三经注疏》本,中华书局1980年版,第2592页。
③ 《新唐书》卷一八四,中华书局1975年版,第5392页。
④ 周绍良:《唐代墓志汇编》,中华书局1992年版,第2491页。
⑤ [宋]张世南:《游宦纪闻》卷一〇,中华书局1981年版,第87页。
⑥ [五代]孙光宪:《北梦琐言》卷一二,中华书局2002年版,第249页。
⑦ 周绍良:《唐代墓志汇编》,中华书局1992年版,第2491页。
⑧ 周绍良:《唐代墓志汇编》,中华书局1992年版,第2491页。
⑨ [五代]孙光宪:《北梦琐言》卷一二,中华书局2002年版,第249页。

《旧传》："遗直生四子：发、假、收、严。"《北梦琐言》卷一二《杨收不学仙》条："父直，为兰溪县主簿，生四子：发、假、收、严。皆登进士第。收即大拜，发以下皆至丞郎。发以春为义，其房子以枞以乘为名。假以夏为义，其房子以煚为名。收以秋为义，其房子以钜、鐻、镰、鑑为名。严以冬为义，其房子以注、涉、洞为名。尽有文学，登高第，号曰修行杨家，与静恭诸杨，比于华盛。"①

杨发，字至之，大和四年登进士第，官至广州刺史、岭南节度使。以"前政不率，蛮夏咸怨"，以至军乱，并为所囚，坐贬婺州刺史。事见新、旧《唐书》本传。

杨假，字仁之，进士撰第，故相郑覃刺华州，署为从事，入为监察御史，累转太常少卿，出为常州刺史。事见新、旧《唐书》本传。

杨严，字凛之，会昌四年进士擢第。咸通中累迁吏部员外，转郎中，拜给事中、工部侍郎，寻以本官充翰林学士。出为越州刺史、浙东观察使。杨收罢相，坐贬邵州刺史。收昭雪，量移吉王傅。乾符四年，官至兵部侍郎。事见新、旧《唐书》本传。

公未龀喜学，一览无遗，五行俱下，洎屮而贯通百家，傍精六艺，至于礼仪乐律，星算卜祝，靡不究穷奥妙。宿儒老生，唇腐齿脱，洎星翁乐师辈，皆见而心服，自以为不可偕。为儿时已有章句传咏于江南，为闻人矣。以伯仲未捷，誓不议乡赋，尚积廿年涵泳，雾渍于文学百家之说。

这里是叙说杨收的文学成就，杨收是当时的文学家，少年时即擅长于作诗，但其诗大多散佚无存，《全唐诗》收其诗三首，本于《旧唐书·杨收传》所载。其具体情况，详参本文下一部分"申论"。

洎伯氏仲氏各登高科，后公乃跃而喜曰：吾今而后，知不免矣。亦犹谢文靖在江东之旨，时人莫可量也。将随计吏，以乡先生书至，有司阅公名且喜。未至京师，群公卿士交口称赞，荐章迭委，唯恐后时。至有北省谏官始三日以补衮举公自代，时未之有也。由是一上而登甲科。同升名者，皆闻公之声华而未面，榜下，跂踵迭足相押，于万众中争望见之。公幼不饮酒，不茹薰血，清入神骨，皎如冰珪，咸疑仙鹤云鸾，降为人瑞，澹然无隅，洁而不染。始也同门生或就而亲焉，则貌温言厉，煦然而和，潜皆动魄而敬慕之。

《旧传》："收以仲兄假未登第，久之不从乡赋。开成末，假擢第；是冬，收之长安，明年，一举登第，年才二十六。"《新传》略同。《永乐大典》引《苏州府志》："杨收，会昌元年登第。"②又元刊本《新编排印增广事类氏族大全》丁集《金印朝天》条："杨收字藏之，与王铎、薛逢同年，唐咸通中拜相。"③是年知贡举为礼部侍郎柳璟，同年及第可考者有崔岘、薛逢、沈询、王铎、李蟾、谈铢、康僚、谢防、苗绅。

久而归宁江南，东诸侯挹公之名，皆虚上馆以俟之。故丞相汝南公时在华州，先迟于客馆，劳无苦外，延入州，引于内阁，独设二榻，问公匡济之术。公抑谦而谢，久而不已。后对榻高话达旦，汝南得之心服，如饵玉膏，饱不能已。

故丞相汝南公为周墀，杜牧《唐故东川节度使检校右仆射兼御史大夫赠司徒周公（墀）墓志铭》："武宗即位，以疾辞，出为工部侍郎、华州刺史。……李太尉德裕伺公纤失，四年不得，知愈治不可盖抑，迁公江西观察使。"④《旧唐书·周墀传》："武宗即位，出为华州刺史、镇国军潼关防御等使，改鄂州刺史。"⑤郁贤皓先生《唐刺史考全编》卷三系周墀为华州刺史在开成五年至会昌三年。杨收及第为会昌元年，东归经过汝州亦当即在会昌元年。

① ［五代］孙光宪：《北梦琐言》卷一二，中华书局 2002 年版，第 249 页。
② ［清］徐松：《登科记考》卷二二引，中华书局 1984 年版，第 786 页。
③ 孟二冬：《登科记考补正》卷二二引，北京燕山出版社 2003 年版，第 877 页。
④ ［唐］杜牧：《樊川文集》卷七，上海古籍出版社 1978 年版，第 120 页。
⑤ 《旧唐书》卷一七八，中华书局 1975 年版，第 4571 页。

　　至于大梁,时太原王公尚书彦威在镇,素闻公学识深博,先未面,一见后,与之探讨。王公礼学经术该通,近古无比,著《曲台新礼》初成,尽以缃素全示。公详焉,因述礼意及曲台之本义。王公敬服,命哀简以谢。其为前辈推重如此。

　　《新唐书·王彦威传》:"俄检校礼部尚书,为忠武节度使。……徙节宣武,封北海县子。"①吴廷燮《唐方镇年表》、郁贤皓《唐刺史考全编》卷五五均系王彦威为宣武军节度使在开成五年至会昌五年。杨收自长安归宁苏州,经汝州再至汴州,当亦在会昌元年之当年。

　　王彦威经学及著《曲台新礼》的情况,《旧唐书·王彦威传》载:"王彦威,太原人。世儒家,少孤贫苦学,尤通《三礼》。无由自达,元和中游京师,求为太常散吏。卿知其书生,补充检讨官。彦威于礼阁掇拾自隋已来朝廷沿革、吉凶五礼,以类区分,成三十卷献之,号曰《元和新礼》,由是知名,特授太常博士。"②《新传》略同。《新唐书·礼乐志序》:"贞元中,太常礼院修撰王泾考次历代郊庙沿革之制及其工歌祝号,而图其坛屋陟降之序,为《郊祀录》十卷。元和十一年,秘书郎、修撰韦公肃又录开元已后礼文,损益为《礼阁新仪》三十卷。十三年,太常博士王彦威为《曲台新礼》三十卷,又采元和以来王公士民昏祭丧葬之礼为《续曲台礼》三十卷。呜呼,考其文记,可谓备矣,以之施于贞观、开元之间,亦可谓盛矣,而不能至三代之隆者,具其文而意不在焉,此所谓'礼乐为虚名'也哉!"③《唐会要》卷三七《五礼篇目》记载较详:"元和十三年八月。礼官王彦威。集开元二十一年已后至元和十三年五礼裁制敕格,为《曲台新礼》。上疏曰:'臣闻礼之所始及损益之文,布于前书,不敢悉数。开元中,命礼官大臣改撰新礼,五礼之仪始备。又按自开元二十一年已后,迄于圣朝,垂九十余年矣。法通沿革,礼有废兴,或后敕已更裁成,或当寺别禀诏命,贵从权变,以就便宜。又国家每有礼仪大事,则命礼官博士约旧为之损益,修撰仪注,以合时变,然后宣行。即臣今所集开元以后至元和十三年奏定仪制,不惟与古礼有异,与开元仪礼已自不同矣。又检修礼官故事,每详定仪制讫,则约文为之礼科,以移责于百司,又约之以供备,然后礼事毕举。礼科者,名数之总。与仪注相扶而行者也,阙一不可。臣今所集,备礼科之单复,具供给之司存,欲使谒者赞引之徒,官长辟除之吏,开卷尽在,按文易征。其他五礼之仪式,或旧仪所不载,而与新创不同者,莫不次第编录。窃以圣朝典礼,于元和中集录,又曲台者,实礼之义疏,故名曰《元和曲台新礼》,并目录勒成三十卷,谨诣光顺门奉表以闻,伏乞裁下。'从之。"④王彦威《曲台新礼》的编纂,具有重大意义,正如王羽所言:"王彦威编修《曲台礼》,其实是对于已行之礼有关的案牍的编类,这在唐代国家礼书编撰乃至学术发展史上是一个具有里程碑意义的事件,标志着礼书的案牍化正式形成,也标志着仪注之学和礼书编撰之学正式分途。"⑤

　　按,墓志这里的记载,时间有所差池。盖王彦威著《曲台新礼》完成于宪宗元和十三年为礼官时,距杨收归宁之会昌元年已达二十三年之久。是时王彦威出镇宣武,盖以前所著之《曲台新礼》以示杨收并与之讨论则可,而称"著《曲台新礼》初成"则在时间上不合。或为王彦威所撰之《续曲台礼》,待考。有关《曲台新礼》,宋人陈振孙《直斋书录解题》卷六载:"《续曲台礼》三十卷。唐太常博士太原王彦威撰。元和十三年,尝献《曲台新礼》三十卷,至长庆中,又自元和之末次第编录,下及公卿、士庶婚姻丧祭之礼,并目录为三十卷。通前为六十一卷。案此惟续书,而亦无目录,全

①　《新唐书》卷一六四,中华书局1975年版,第5058页。
②　《旧唐书》卷一五七,中华书局1975年版,第4154页。
③　《新唐书》卷一一,中华书局1975年版,第309页。
④　[宋]王溥:《唐会要》卷三七,上海古籍出版社1991年版,第783—784页。
⑤　王羽:《论中晚唐国家礼书编撰的新动向对宋代的影响——以〈元和曲台新礼〉、〈中兴礼书〉为中心》,《学术研究》2008年第6期。

书则未之见也。《馆阁书目》亦无之。文宗朝,彦威仕为尚书节度使。"①王彦威的这部书,对于以后各朝的礼书编纂产生了巨大影响。宋叶宗鲁《中兴礼书续编序》:"元和郅隆,礼官所续《曲台新礼》,自长庆以后莫不次第编录,是以朝仪国范,粲然复振。然则圣明继述,上以挥一代之典章,下以垂万世之法式,载之简策,倘或未备。……谨或采摭,续成八十卷。"②

有关"曲台"之本义,《汉书·儒林传·孟卿》:"(后)仓说《礼》数万言,号曰《后氏曲台记》。"颜师古注引服虔曰:"在曲台校书著记,因以为名。"③盖本谓著述校书为曲台,而溯其源又因后仓说《礼》,故王彦威《曲台新礼》,特指《礼》学著述。

过淮南,今江陵司徒杜公在镇,一见唯恐失之,遽请为节度推官,授秘书省校书郎。杜公入判度支,旋平章大政,皆以公佐理。

《旧传》:"时发为润州从事,因家金陵。收得第东归,路由淮右,故相司徒杜悰镇扬州,延收署节度推官,奏授校书郎。悰领度支,以收为巡官。悰罢相镇东蜀,奏授掌书记,得协律郎。"《新传》:"明年,擢进士,杜悰表署淮南推官。"

杜公出镇东蜀,表掌书奏。转协律郎,后移镇西川,复以为观察判官。时公季弟严在东川,佐故丞相汝南公幕。汝南未几薨于镇,杜公复邀置在西蜀。时公伯兄仲兄皆已在台省,公与季弟奉板舆在丞相幕中,入则并辔归侍,出则合食公堂,荣庆之盛,举世无比。

《旧传》:"悰罢相镇东蜀,奏授掌书记,得协律郎。悰移镇西川,复管记室。宰相马植奏授渭南尉,充集贤校理,改监察御史。收辞曰:'仆兄弟进退以义。顷仲兄假乡赋未第,收不出衡门。今假从事侯府,仆不忍先为御史。相公必欲振恤孤生,俟仆禀兄旨命可也。'马公嘉之。收即密达意于西蜀杜公,愿复为参佐,悰即表为节度判官。马公乃以收弟严为渭南尉、集贤校理,代收之任。周墀罢相,镇东蜀,表严为掌书记。墀至镇而卒,悰乃辟严为观察判官。兄弟同幕,为两使判官,时人荣之。俄而假自浙西观察判官入为监察御史,收亦自西川入为监察。兄弟并居宪府,特为新例。"《新传》略同。

入拜监察御史,转太常博士。

《旧传》:"裴休作相,以收深于礼学,用为太常博士。时收弟严亦自扬州从事入为监察。"《新传》:"以详礼学改太常博士,而严亦自扬州召为监察御使。收因建言:'汉制,总群官而听曰省,分务而专治曰寺。太常,分务专治者也,所以藏天子之旗常。今旗常因车饰隶太仆,非是。'"

为太学博士前,杨收曾为集贤校理。《唐会要》卷六四《集贤院》:"大中五年正月,校理杨收逢侍御史冯缄与三院退朝入台,收不为之却,乃追捕仆人笞之。时宰臣大学士马植论奏,始著令。三馆学士不避行台,自植始也。"④

丁太夫人忧,公天性至孝,殆不胜哀。始生七年,锺濠州府君之丧,不食五日,昼夜哭不绝声,目赤不开,泪胶其睑。人畏其遂将失明,欲傅之药,则曰:"安有无天而忍视日月乎?得瞽为幸。"长孙夫人博通经史,志尚真寂,一章一句,皆教导之。公始孤,得经史之文于夫人之训,求经史之意于伯仲之诲,然天资悟达,盖生而知之。

《旧传》:"收长六尺二寸,广颡秀目,寡言笑,方于事上,博闻强记。初家寄浔阳,甚贫,收七岁丧父,居丧有如成人,而长孙夫人知书,亲自教授。"

① [宋]陈振孙:《直斋书录解题》卷六,上海古籍出版社1987年版,第183页。
② 《续修四库全书》第823册,第473页。
③ 《汉书》卷八八,中华书局1962年版,第3615页。
④ [宋]王溥:《唐会要》卷六四,上海古籍出版社1991年版,第1324页。

服既除，故丞相魏国崔公镇淮南，奏在幕中，授检校尚书司勋员外郎，征入西台为侍御史，迁职方员外郎，改司勋员外判盐铁案。除长安县令，拜吏部员外郎。

《旧传》："寻丁母丧，归苏州。既除，崔珙罢相，镇淮南，以收为观察支使。入为侍御史，改职方员外郎，分司东都。宰相夏侯孜领度支，用收为判官。罢职，改司勋员外郎、长安令。"《新传》："未及行，以母丧免。服除，从淮南崔铉府为支使。还，拜侍御史。夏侯孜以宰相领度支，引判度支案。迁长安令。"二传记载，一为崔珙，一为崔铉。检《唐刺史考全编》卷一二三《扬州》，崔珙没有镇淮南的经历。而崔铉则于大中九年至咸通三年镇淮南。《旧唐书·崔铉传》："（大中）九年，检校司徒、扬州大都督长史，进封魏国公、淮南节度使。……咸通初，移镇襄州。"①《新唐书·崔铉传》："出为淮南节度使。……居九年，……咸通初，徙山南东道、荆南二镇。"②《全唐文》卷七九有《崔铉淮南节度平章事制》。

《唐诗纪事》卷六〇《崔澹》条："大中末，崔铉自平章事镇淮海，杨收为支使，收状云：'前时里巷，初迎避马之威；今日藩垣，便仰问牛之代。'澹之词也。澹终于吏部侍郎。"③

未几召入内廷为学士，兼尚书库部郎中，知制诰，迁中书舍人。旋授尚书兵部侍郎，充承旨学士。

《旧传》："秩满，改吏部员外郎。上言先人未葬，旅殡毗陵，拟迁卜于河南之偃师，请兄弟自往。从之。及葬，东周会葬者千人。时故府杜悰、夏侯孜皆在洛，二公联荐收于执政。宰相令狐绹用收为翰林学士，以库部郎中知制诰，正拜中书舍人，赐金紫，转兵部侍郎、学士承旨。"《新传》稍略。《翰苑群书》上《重修承旨学士壁记》："［相］杨收，咸通二年四月十八日自吏部员外郎充。其月二十一日加库部郎中，依前充。七月八日，加知知诰。十月十六日，三殿召对，赐紫。三年二月二十日，特恩迁中书舍人充。九月二十三日，加承旨。其月二十六日，迁兵部侍郎充，兼知制诰。四年五月七日，以本官同中书门下平章事。"④岑仲勉云："按，令狐绹之出镇河中，杜悰之相，旧、新《唐书》虽有不同，然收入翰林时固悰执政而绹居外也，传文不尽信。"⑤

杨收家族为翰林学士者，先后有四人。《山堂肆考》卷《两世四学士》条："唐杨收字藏之，与子巨、弟严、严子注两世四人为翰林学士。"⑥

恩意日隆，未周星拜银青光禄大夫、中书侍郎同中书门下平章事，俄加金紫光禄大夫，改门下侍郎。

《翰苑群书》上《重修承旨学士壁记》："［相］杨收，……迁兵部侍郎充，兼知制诰。（咸通）四年五月七日，以本官同中书门下平章事。"⑦按，懿宗有《授杨收平章事制》："翰林学士承旨、朝议大夫、守尚书兵部侍郎、知制诰、上柱国、赐紫金鱼袋杨收，……可守本官同中书门下平章事。"⑧《新唐书·懿宗纪》、《宰相表》载杨收入相在咸通四年五月己巳，即五月七日，与《壁记》合。《通鉴》载于五月戊辰，则稍有不同。杨收作相，与宦官杨玄价有关，《资治通鉴》记载："五月戊辰，以翰林学士承旨兵部侍郎杨收同平章事。收，发之弟也。与左军中尉杨玄价叙同宗相结，故得为相。"⑨

① 《旧唐书》卷一六三，中华书局1975年版，第4262页。
② 《新唐书》卷一六〇，中华书局1975年版，第4975页。
③ ［宋］计有功：《唐诗纪事》卷六〇，上海古籍出版社1987年版，第912页。
④ 岑仲勉：《郎官石柱题名新考订》（外三种），上海古籍出版社1984年版，第354页。
⑤ 岑仲勉：《郎官石柱题名新考订》（外三种），上海古籍出版社1984年版，第354页。
⑥ ［明］彭大翼：《山堂肆考》卷八二，影印《四库全书》本第975册，第541页。
⑦ 岑仲勉：《郎官石柱题名新考订》（外三种），上海古籍出版社1984年版，第354页。
⑧ 《全唐文》卷八三，上海古籍出版社1990年版，第379页。
⑨ 《资治通鉴》卷二五〇，中华书局1956年版，第8104页。

薛逢《和杨收作相》诗:“阙下憧憧车马尘,沈浮相次宦游身。须知金印朝天客,同是沙堤避路人。威凤偶时因瑞圣,应龙无水漫通神。立门不是趋时客,始向穷途学问津。”[①]然杨收对于薛逢并未多加眷顾,《新唐书·薛逢传》载:“出为巴州刺史。而杨收、王铎同牒署第,收辅政,逢有诗微辞讥讪,收衔之,复斥蓬、绵二州刺史。收罢,以太常少卿召还,历给事中。铎为宰相,逢又以诗訾铎,铎怒,中外亦鄙逢褊傲,故不见齿。”[②]宋晁公武《郡斋读书志》云:“《薛逢歌诗》二卷。右唐薛逢陶臣也,河东人。会昌元年进士,终秘书监。逢持论鲠切,以谋略高自标显。与杨收、王铎同年登第,而逢文艺最优,收作相,逢有诗云:‘谁知金印朝天客,同是沙堤避路人。’铎作相,逢又有诗云:‘昨日鸿毛万钧重,今朝山岳一毫轻。’二人皆怒,故不见齿。”[③]

时圣主留心政事,求理意切,喜得新相,虽旧人皆在列,独属目焉。公于理道相业,军国之机,出于天资,人之所难,析若斤斧,内有刀尺,外无锋芒,落笔如神,率皆破的。时也南蛮攻陷邕交,官军屡有败失,征发挽运,远迩艰虞。上意切在攻讨,督战益急,公奏于江西建置镇南军以统之,稍减北兵,独以洪虔等州强弩三万人皆劲卒锐师,习于土风,始至邕南,大破蛮寝,奔北袭窜,如山摧地陷,煞戮数十万,威声大振,驿骑以闻,上大喜,嘉公之谋,阶升特进,拜尚书右仆射,依前门下侍郎平章事。既而自推忠正,体国意深,颇露真刚,善善恶恶,稍渐分白,始为亵近者之所疑矣。

《旧传》:“收以交址未复,南蛮扰乱,请治军江西,以壮出岭之师。乃于洪州置镇南军,屯兵积粟,以饷南海。天子嘉之,进位尚书右仆射、太清太微宫使、弘文馆大学士、晋阳县男、食邑三百户。收居位稍务华靡,颇为名辈所讥。而门吏僮奴,倚为奸利。时杨玄价弟兄掌机务,招来方镇之赂,屡有请托,收不能尽从。玄价以为背己,由是倾之。”《新传》:“始,南蛮自大中以来,火邕州,掠交趾,调华人往屯,涉氛瘴死者十七,战无功,蛮势益张。收议豫章募士三万,置镇南军以拒蛮。悉教蹋张,战必注满,蛮不能支。又峙食泛舟饷南海。天子嘉其功,进尚书右仆射,封晋阳县男。既益贵,稍自盛满,为夸侈,门吏童客倚为奸。中尉杨玄价得君,而收与之厚,收之相,玄价实左右之;乃招四方赇饷数千诿收,不能从,玄价以负己,大恚,阴加毁短。知政凡五年。”

时有侍从大臣上议宗祧如汉匡衡事,上未之许,而下其事。公以为非礼,因独上疏,恳陈所议,上以公居宰辅,当与百寮定议,不膺独疏,由是不悦,后数日罢相,出为宣州观察使。

《旧传》:“八年十月,罢知政事,检校工部尚书,出为宣歙观察使。”《新传》:“知政凡五年,罢为宣歙观察使,不敢当两使禀料,但受刺史俸,留公藏钱七百万。”《新唐书·宰相表》:七年“十月壬申,收检校工部尚书、宣歙观察使”。与《旧传》异。又据《资治通鉴》记载:“冬十月甲申,以门下侍郎同平章事杨收为宣歙观察使。收性侈靡,门吏僮奴多倚为奸利,杨玄价兄弟受方镇之赂,屡有请托,收不能尽从,玄价怒,以为叛己,故出之。”[④]

未期月,重贬端州司马。又明年,徙于驩州。方理舟抵日南,三月望薨于端溪,享年五十有五。海内士人惨然相吊。

《旧传》:“韦保衡作相,又发收阴事,言前用严谍为江西节度,纳赂百万。明年八月,贬为端州司马,寻尽削官封,长流驩州。又令内养郭全穆赍诏赐死。九年三月十五日,全穆追及之,宣诏讫,收谓全穆曰:‘收为宰相无状,得死为幸。心所悲者,弟兄沦丧将尽,只有弟严一人,以奉先人之祀。予欲昧死上尘天听,可容一刻之命,以俟秉笔乎?’全穆许之。收自书曰:‘臣畎亩下才,谬当委任。

① 《全唐诗》卷五四八,第6331页。
② 《新唐书》卷二〇三,中华书局1975年版,第5793—5794页。
③ 孙猛:《郡斋读书志校证》卷一八,上海古籍出版社1990年版,第915页。
④ 《资治通鉴》卷二五〇,中华书局1956年版,第8115页。

心乖报国,罪积弥天;特举朝章,赐之显戮。臣诚悲诚感,顿首死罪。臣出自寒门,旁无势援,幸逢休运,累污清资。圣奖曲流,遂叨重任。上不能罄输臣节,以答宠光;下不能回避祸胎,以延俊义。苟利尸素,频历岁时,果至圣朝,难宽大典。诚知一死未塞深愆,固不合将泉壤之词,上尘大听。伏乞陛下哀臣愚蠢,稍缓雷霆。臣顷蒙擢在台衡,不敢令弟严守官阙下,旋蒙圣造,令刺浙东。所有罪愆,是臣自负,伏乞圣慈,贷严微命。臣血属皆幼,更无近亲,只有弟严,才力尪悴。家族所恃,在严一人,俾存殁曲全,在陛下弘覆。臣无任魂魄望恩之至。'全穆复奏,懿宗愍然宥严。判官硃侃、常澥、阎均、族人杨公庆、严季实、杨全益、何师玄、李孟勋、马全祐、李羽、王彦复等,皆配流岭表。"《新传》略同。按,杨收罢相贬死,其招权纳贿或有其实,故成为被贬的导火线,而称韦保衡陷害,则与史实不合。说详下文"申论"。

杨收之死,又有为路岩所陷之说,《宋稗类钞》记载:"唐路岩为相,密奏:'应臣下有罪应赐死,皆令死者剔取结喉三寸以进,验其实。'至是岩死,乃自罹其酷,行刑之处,乃杨收死所。盖收为岩所陷者。"[1]录之存参。

公夫人京兆韦氏,封韩国夫人。父审规,皇寿州刺史兼御史中丞,赠左散骑常侍。族望高华,缨绥百世。

新出土杨收夫人《故韩国夫人韦氏墓志铭并序》:"国夫人讳东真,其先自彭城徙京兆,从汉丞相扶阳侯七世至魏安城侯之胤,曰潜曰穆,始有东西眷之号。潜八世孙瑱在宇文周朝,以翦高齐第一勋封平齐公,即夫人六代祖也。曾大父讳澹,皇晋州临汾县主簿,赠给事中。王父讳渐,皇陵州刺史,赠太子少师。烈考讳审规,皇御史中丞,寿州刺史,赠左散骑常侍。韦氏之锺鼎轩裳,休功茂烈,世济其美,古无与邻。惟散骑府君畏忌盛大,敦尚谦约,不却悦来之贵,而高秉哲之规,故能以关中之华显,兼山东之仪范。则氏族之所贵者,吾首出于其间矣。"新出土《皇朝故中少尹检校尚书司封郎中兼侍御史柱国赐绯鱼袋韦府君墓志铭并序》,墓主韦询为韦东真之族侄,该志所述世系亦可与《韦东真墓志》参证:"韦氏出自轩辕,在夏后世封于豕韦,代为商伯。厥后因国命氏,遂为著族。周秦以降,源流益盛。洎西汉楚太傅孟自齐徙家京兆,至丞相贤及玄成,皆以德行文学著儿,为汉名臣。两汉以降,子孙繁昌,派散脉分,轩冕弈代。九代祖讳瑱,字世珍,《周史》有传,仕后周有平齐之勋,因封为平齐惠公,遂首立房。从曾祖府君讳澹,皇朝晋州临汾县主簿,赠大理卿。皇祖府君讳渐,皇朝陵州刺史,累赠太子少师。显考府君讳宗礼,皇任陕州观察判官、监察御史里行,赐绯鱼袋,赠著作郎。询即监察府君第四子也。"[2]

女仪妇道,为时表则,克尽孝敬,以奉尊嫜,鸾凤协德,和鸣喈喈。自居公丧,惊惶泣血,哀哭日夜,号不绝音,后数月竟殁于公丧侧。

新出土《故韩国夫人韦氏墓志铭并序》:"总是群懿,诞锺淑德,故夫人孝慈恭俭,冲顺柔明,得于生知,炯然异禀,令问既洽于闺壸,和鸣必俟于英贤。追筓而归我弘农公焉。以肃雍之姿,辅廊庙之器,宜乎正家道而昌帝国者矣。若乃动循法度,玄合典经,稽于四德,四德有融,纳于九族,九族咸义。信可以体坤厚而扬风教矣。惟弘农公用文雅通籍金门,以谟明登庸玉铉。敷演皇泽,涵泳颢元,理化浃于方夏,礼让兴于私室。实赖宜家之美,弼成匡国之志,故得赏延从爵,秩盛分封,象服交辉,鱼轩骈轨。既启邑而疏郡,洊朝天而开国。享有全福,祝无愧词,允所谓炳阴灵而称邦媛矣。惟夫人晚息晨妆,怡声下气,蠲洁苹藻之荐,周旋疏远之亲,仁诚必通,谦德弥劭。是宜保无疆之祚,叶偕老之荣。呜嘻!相国以道不苟合,忠不违难,谁为虺蜴,蠚我夔龙,屡降秩于方州,俄

① 刘永翔:《清波杂志校注》卷一〇,中华书局1994年版,第440页。校注并云:"杨收非路岩所陷,辉误也。"
② 西安市长安博物馆:《长安新出墓志》,文物出版社2011年版,第314页。

谴居于裔土,生民失望,天意难忱,竟罹无妄之冤,徒结有情之愤。呜呼哀哉!夫人所天,云圮触地,何容不胜,哀而几绝,称未亡而全礼,首戴剡木之栉,身被大丝之衣,施珍玩以奉佛,靡糠粃以接气。动思冥祐,誓不生还。一日即其子而命曰:承家事死之道,尔宜保其旧;积善流庆之报,庶可濯吾冤。有生必谢,吾奚独存于是?击心而嗥,一往不返。咸通十一年十月十二日薨于端州,实相国惟堂之次。"

男子五人,长曰鉴,至性孝悌,袭于门风,礼乐儒范,不学而至矣。次曰钜,曰锷,曰鏻,曰镐。

新出土《故韩国夫人韦氏墓志铭并序》:"嗣子五人,三人韦氏之自出,曰鉴,曰钜,曰镐。"《旧传》:"收子鉴、钜、鏻,皆登进士第。钜,乾宁初以尚书郎知制诰,召充翰林学士,拜中书舍人、户部侍郎,封晋阳男、食邑三百户。从昭宗东迁,为左散骑常侍,卒。鏻,登第后补集贤校理,蓝田尉。乾宁中,累迁尚书郎。"《新传》:"子钜、鏻。钜,乾宁初为翰林学士,从入洛,终散骑常侍。鏻至户部尚书。"《北梦琐言》卷一二《杨收不学仙》条:"收以秋为义,其房子以钜、鏻、镰、鉴为名。……尽有文学,登高第,号曰修竹杨家,与静恭诸杨,比于华盛。"[1]

女子四人,长女嫁进士张恽,今为连州桂阳县尉员外同正。余未笄。

新出土《故韩国夫人韦氏墓志铭并序》:"女子四人,长适高平张恽,三人未笄,皆以纯之性,罹创钜之酷,迨将毁灭者终日,不茹盐酪者五年,虔写佛经,率刺肌血,积垢成痾,旁侧路人,有以知缵丕范而昭世嗣者不疑矣。"

公昆弟四人,率用文华,声光友睦,次第取殊科,赫奕当代。

杨收兄弟四人都进士及第。杨发大和四年及第,杨假开成五年及第,杨收会昌元年及第,杨严会昌四年及第。说详下文"申论"部分。

公生而才智有异,二昆奇之,尝私曰:我家汉代四世五公,历魏晋及隋,蔚有光耀,将绍继者,其在此子乎!

杨氏家族是自汉代以后源远流长的高门士族,汉代的"四世五公"指赤泉严侯杨喜、赤泉定侯杨敷、安平敬侯杨敞、安平侯杨谭、太尉杨震。

公既登台辅,器局恢弘,能断大事,当轴奉公,不顾细忌。已为近臣侧目,公犹不悟,日就月将,罙其深矣,至于是而无怨,乃曰:萧长蒨有师资之重,陈仲举居太傅之尊,犹不克免,我生平为善,尚不蒙报,况不为善,其能免乎?

这里所谓"近臣侧目",应指其得罪了宦官。《旧传》:"收居位稍务华靡,颇为名辈所讥。而门吏僮奴,倚为奸利。时杨玄价弟兄掌机务,招来方镇之赂,屡有请托,收不能尽从。玄价以为背己,由是倾之。八年十月,罢知政事,检校工部尚书,出为宣歙观察使。"

公玉季自服公丧,衔哀茹毒,昼夜啜泣,过时衣服不除,恒如在丧纪,进状乞解官亲奉丧事,会有恩制自浔阳移官汝海,爰自沅江,迎护丧榇,抵于汝洛,果蒙皇泽,昭洗克复,官勋爵秩,一以还之。

杨收得罪,其弟杨严亦被贬谪,《旧传》:"兄收作相,封章请外职,拜越州刺史、御史中丞、浙东团练观察使。收罢相贬官,严坐贬邵州刺史。收得雪,严量移吉王傅。"《新传》:"收知政,请补外,拜浙东观察使。收贬,严亦斥为邵州刺史,徙吉王傅。"而墓志称"会有恩制自浔阳移官汝海",为史传所未载。

新出土《故韩国夫人韦氏墓志铭并序》:"今相国司空公实夫人之从子也。降神叶庆,入梦济时,代天而物被清风,布惠而俗跻寿域。追鲁姑公义之重,怀萧公垂露之法,且痛疹瘁,本于谗邪,

---

①　[五代]孙光宪:《北梦琐言》卷一二,中华书局 2002 年版,第 249 页。

是用闻天,焕然昭雪。"是昭雪杨收之冤者,为当时宰相韦保衡。

舍人抚视诸孤,且慰且号,哀哀衔恤,克用咸通十四年二月廿五日,与韩国夫人同归窆于河南府巩县巩川乡桥西村用古法祔于先公侍郎墓左,礼也。

新出土《故韩国夫人韦氏墓志铭并序》:"先是相国爱弟中书舍人渭水东道观察中丞公,亦坐贬中,至是自澧阳移佐临汝,因得护二輀由湘南归于伊洛,乘桴绝蒹,飞帆怒涛,缠历周星,跋涉万里,非友爱熏动于夷貊,哀敬感通于神明,则何以远集旧封,永叶吉卜。于戏,微司空相国之恩涤,未克返葬;微舍人中丞之诚义,莫或宁止。则夫人所谓善庆濯冤之报者,岂虚也哉!即以咸通十四年二月廿五日葬我小君合祔相国于巩县,从先茔兆次,礼也。"

《旧传》云:"改吏部员外郎。上言先人未葬,旅殡毗陵,拟迁卜于河南之偃师,请兄弟自往。从之。及葬,东周会葬者千人。"所言之先人即杨收之父杨遗直,本来遗直旅殡于毗陵,在杨收为吏部员外郎时,迁葬于河南府巩川乡桥西村。故而至咸通十四年杨收葬昭雪后即葬于杨遗直墓之侧。

二、申 论

(一)家 族

杨氏家族具有源流长的历史,尤其是由汉到唐的中古时期,经历了整合和分化的复杂过程。杨收先世,在隋朝以前,具有两个最显赫的高峰,一是汉代所产生的五侯四公,墓志称其为"汉太尉廿二代孙,隋越公素之仍孙也","公生而才智有异,二昆奇之,尝私曰,我家汉代四世五公,历魏晋及隋,蔚有光耀,将绍继者,其在此子乎"!杨氏家族是自汉代以后源远流长的高门士族,汉代的"四世五公"指赤泉严侯杨喜、赤泉定侯杨敷、安平敬侯杨敞、安平侯杨谭、太尉杨震。隋代越国公杨素则是当朝最为鼎赫的人物,杨收为其"仍孙"即七代孙,这在唐代仍然重视士族风尚的情况下,杨收的家世仍然在高门士族的行列。

但杨收一族,自其高祖以下,官位并不高,墓志称:"高祖讳悟虚,登制策极谏科,授杭州钱唐令,终朔州司马。曾祖讳幼烈,官至宁州司马。祖妣河南于氏。皇祖讳藏器,邠州三水县丞。娶伯舅日用之女,是生皇考讳遗直。贞元中献封章,拜婺州兰溪县丞,转濠州录事参军,累赠尚书工部侍郎。"杨收在《自书表》中所言"臣出自寒门,旁无势援,幸逢休运,累污清资"当即指高祖以下无登高位者而言[1]。而墓志所载其家世变迁,称扬汉代之四世五公和隋朝之越国公杨素,则是唐代重视传统望族声望和社会影响的具体表现。

杨氏冯翊一系在唐末杨收之时,得到了振兴,这表现在这一族系在科举与政治方面都进入了唐朝统治集团的核心,故而和中唐以后的另外几个家族并称。宋人钱易《南部新书》卷乙于杨氏靖恭、新昌、修行三房自唐至宋的世家传承作了大略的记述:

> 杨氏于靖恭一房犹盛,汝士、虞卿、汉公、鲁士也。虞卿生知退,知退生堪,堪生承休,承休生岩,岩生郁,郁生章。章,太平兴国八年成名,近为谏议大夫,知广州,卒。堪为翰林承旨学士,随僖皇幸蜀,真在中和院。承休自刑部员外郎使浙右,值多难,水陆相阻,遂不归。岩侍行,十六矣,我曾祖武肃辟之幕下。先人承袭,岩已为丞相。及叔父西上,岩以图籍入觐,卒于

---

[1] [唐]尹璞:《题杨收相公宅》诗:"祸福从来路不遥,偶然平地上烟霄。烟霄未稳还平地,门对孤峰占寂寥。"注:"《抒情录》作江遵诗云:'倚仗从来事不遥,无何平地起青霄。烟才到青霄还平地,门对古槐空寂寥。'与此小异。"(《全唐诗》卷五一七,第5909页)所谓"偶然平地起青霄"即指杨收家境贫寒,旁无势援,而自致宰相事。

秀州,年八十余。今刑部郎中直集贤院侃,亦岩之第三子郾孙也,蟪之子。司封员外郎蜕,即岩第三子郾之子。郾入京为员外郎分司,判西台,卒。侃,端拱二年成名。蜕,淳化三年登科。修行即四季也,发、假、收、岩。履道即凭、冰、凝也。新昌即於陵也。后涉入相,即修行房也。制下之日,母氏垂泣不悦,以收故也。①

　　修行坊本名移华坊,武则天时避讳改为修行坊。此坊在长安朱雀门街东第四街。这里居住达官贵人颇多,有赠太子少保郑宣、工部尚书李建、宰相贬端州司马杨收、赠凉州都督右威卫大将军睦王傅尉迟胜、吏部尚书同中书门下平章事刘晏等。② 其时官僚显贵常于修行坊建造林亭,以供游览,并待宾客。《旧唐书·尉迟胜传》云:"胜乃于京师修行里盛饰林亭,以待宾客,好事者多访之。"③中晚唐诗人有不少诗作描述了此坊的大体环境。顾非熊《夏日会修行段将军宅》:"爱君书院静,莎覆藓阶浓。连穗古藤暗,领雏幽鸟重。樽前迎远客,林杪见晴峰。谁谓朱门内,云山满座逢。"④姚合《题刑部马员外修行里南街新居》:"帝里谁无宅,青山只属君。闲窗连竹色,幽砌上苔文。远近高低树,东西南北云。朝朝常独见,免被四邻分。"⑤刘得仁《初夏题段郎中修行里南园》:"高人游息处,与此曲池连。密树才春后,深山在目前。远峰初绝雨,片石欲生烟。数有僧来宿,应缘静好禅。"⑥杨收一系的宅第就坐落在此坊,《长安志》卷八载:"崔(端)州司马杨收宅。收兄发、假,弟严皆显贵,号修行杨家,与靖恭诸杨相比。"⑦《北梦琐言》卷一二《杨收不学仙》条:"唐相国杨收,……号曰修竹杨家,与静恭诸杨,比于华盛。"⑧

杨震以后至杨收一系:

震—(八世)—结—继—晖—恩—均—暄—敷—素—玄奖—积善—悟虚—幼烈—藏器—遗直—收

杨收族系:

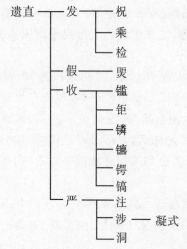

图三　杨收世系表

① [宋]钱易:《南部新书》卷乙,中华书局 2002 年版,第 12 页。
② 参李健超:《增订唐两京城坊考》卷三,三秦出版社 2006 年版,第 140—141 页。
③ 《旧唐书》卷一四四,中华书局 1975 年版,第 3925 页。
④ 《全唐诗》卷五〇九,第 5782 页。
⑤ 《全唐诗》卷四九九,第 5678 页。
⑥ 《全唐诗》卷五四四,第 6296 页。
⑦ [宋]宋敏求:《长安志》卷八,《宋元方志丛刊》本,第 119 页。
⑧ [五代]孙光宪:《北梦琐言》卷一二,中华书局 2002 年版,第 249 页。

(二)婚　姻

因为杨收和其大人韦东真墓志同时出土,为我们研究其婚姻情况提供了很多的信息。首先,杨氏和韦氏联姻,是唐代政治格局的重要方面。陈寅恪先生在20世纪50年代就写了《记唐代李武韦杨婚姻集团》一文,对于唐代初期李武韦杨的婚姻集团作出了精辟的论述。他认为唐代自高宗初年至玄宗末年一百多年间,可以"视为一牢固之复合团体,李武为其核心,韦杨助之粘合",而这一格局在婚姻组成方面具有明显的表现:"此李武韦杨四大家族最高统治集团之组成实由于婚姻之关系。"最后在时间上得出结论:"此一集团武曌创组于大帝之初,杨玉环结束于明皇之末者也。"①然而,自安史之乱以后,李武韦杨婚姻集团在政治上作为核心之关系虽不复存在,而杨氏家族和韦氏家族的婚姻仍然为社会所认同和重视,杨收与韦东真的婚姻就是晚唐时典型的事例。《杨收墓志》云:

> 公夫人京兆韦氏,封韩国夫人。父审规,皇寿州刺史兼御史中丞,赠左散骑常侍,族望高华,缨绥百世,女仪妇道,为时表则,克尽孝敬,以奉尊嫜,鸾凤协德,和鸣嗈嗈。

《韦东真墓志》云:

> 从汉丞相扶阳侯七世至魏安城侯之胤,曰潜曰穆,始有东西眷之号。潜八世孙瑱在宇文周朝,以翦高齐第一勋封平齐公,即夫人六代祖也。曾大父讳澹,皇晋州临汾县主簿,赠给事中。王父讳渐,皇陵州刺史,赠太子少师。烈考讳审规,皇御史中丞,寿州刺史,赠左散骑常侍。韦氏之锺鼎轩裳,休功茂烈,世济其美,古无与邻。惟散骑府君畏忌盛大,敦尚谦约,不却傥来之贵,而高秉哲之规,故能以关中之华显,兼山东之仪范。则氏族之所贵者。吾首出于其间矣。

"族望高华,缨绥百世","锺鼎轩裳,休功茂烈,世济其美,古无与邻"是对韦氏家族鼎盛于唐的概括。值得注意的是,从安史之乱一直到晚唐时期,韦氏在政治舞台上一直还有着举足轻重的地位。为了与初盛唐时期对比起见,我们将唐代韦氏宰相罗列如表一所示。

表一　唐代韦氏宰相

序号	姓名	房系	朝代	出处
1	韦承庆	小逍遥公房	武后	宰相世系表
2	韦弘敏	平齐公房	武后	宰相世系表
3	韦方直	韦氏	武后	宰相世系表
4	韦待价	逍遥公房	武后	宰相世系表
5	韦方质	东眷韦氏	武后	宰相世系表
6	韦思谦	襄阳韦氏	武后	宰相世系表
7	韦嗣立	小逍遥公房	武后、中宗	宰相世系表
8	韦巨源	郧公房	武后、中宗	宰相世系表
9	韦安石	郧公房	武后、中宗、睿宗	宰相世系表
10	韦温	驸马房	中宗、殇帝	宰相世系表
11	韦见素	南皮公房	玄宗	宰相世系表
12	韦执谊	东眷龙门公房	顺宗、宪宗	宰相世系表

---

① 陈寅恪:《金明馆丛稿初编》,上海古籍出版社1980年版,第237—263页。

续　表

序号	姓名	房系	朝代	出处
13	韦贯之	逍遥公房	宪宗	宰相世系表
14	韦处厚	逍遥公房	文宗	宰相世系表
15	韦保衡	平齐公房	懿宗	宰相世系表
16	韦昭度	京兆韦氏	僖宗	宰相世系表
17	韦贻范	京兆韦氏	昭宗	宰相世系表

　　以上统计结果表明，韦氏宰相武后时即有九位，占了绝对多数，故陈寅恪称武则天用李武韦杨作为政治集团以统治天下，是颇为精辟的。但这一格局玄宗时已发生变化，因为玄宗即位之前，朝廷就发生过韦氏和太平公主之乱，因而任用韦氏在玄宗朝就远非武后朝可比。但韦氏毕竟是唐代极为显赫的大族，故而中晚唐仍在政治舞台上占有重要地位。这就是玄宗以后也还有六位宰相。

　　新出土杨收夫人《韦东真墓志》，就记载了当时宰相韦保衡是她的从子，也正是如此，才在杨收的平反过程中使上一把力："今相国司空公实夫人之从子也。降神叶庆，入梦济时，代天而物被清风，布惠而俗跻寿域。追鲁姑公义之重，怀萧公垂露之法，且痛殄瘁，本于谗邪，是用闻天，焕然昭雪。先是相国爱弟中书舍人溵水东道观察中丞公，亦坐贬中，至是自澧阳移佐临汝，因得护二榇由湘南归于伊洛，乘槎绝兼，飞帆怒涛，缠历周星，跋涉万里，非友爱熏动于夷貊，哀敬感通于神明，则何以远集旧封，永叶吉卜。于戏，微司空相国之恩涤，未克返葬；微舍人中丞之诚义，莫或宁止。则夫人所谓善庆濯冤之报者，岂虚也哉！"从这一点上来说，韦杨联姻，一直到晚唐时，还是具有一定的政治影响的，并不是像陈寅恪先生所说到了杨贵妃死后就结束了。

　　杨收之兄杨发女还嫁与韦东真之族侄，新出土《皇朝故中少尹检校尚书司封郎中兼侍御史柱国赐绯鱼袋韦府君墓志铭并序》，墓主韦询是韦东真之族侄，志云："询婚弘农杨氏，即故广南尚书发第三女，妻甚贤明，其夫困病，杨氏博求医药，无不必至。厥疾不瘳，得非命乎？"[1]

　　我们还可举出安史之乱以后韦杨联姻的实例，如韦应物之女嫁与杨凌。新出土丘丹撰《唐故尚书左司郎中苏州刺史京兆韦君（应物）墓志铭并序》："长女适大理评事杨凌。"[2]又新出土《唐故监察御史里行河东节度判官赐绯鱼袋韦府君（庆复）墓志》，题撰人为："外生前乡贡进士杨敬之撰。"志云："杨氏甥小子敬之实闻太夫人及公夫人之词，遂刻于石。"[3]按，韦庆复为韦应物之子，则杨敬之是韦应物外甥。韦应物有《送杨氏女》诗："永日方戚戚，出行复悠悠。女子今有行，大江溯轻舟。尔辈苦无恃，抚念益慈柔。幼为长所育，两别泣不休。对此结中肠，义往难复留。自小阙内训，事姑贻我忧。赖兹托令门，任恤庶无尤。贫俭诚所尚，资从岂待周。孝恭遵妇道，容止顺其猷。别离在今晨，见尔当何秋。居闲始自遣，临感忽难收。归来视幼女，零泪缘缨流。"[4]

　　杨氏族人联姻的家族，以当时的望族为主，如杨发娶元氏之女为妻，新出土杨发所撰《唐故衢州刺史徐公夫人晋陵县君河南元氏墓志》，题署："子婿湖南观察推官、试秘书省校书郎杨发述。"[5]

①　西安市长安博物馆：《长安新出墓志》，文物出版社 2001 年版，第 314 页。
②　《文汇报》2007 年 11 月 4 日第 8 版。
③　《文汇报》2007 年 11 月 4 日第 8 版。
④　陶敏、李德辉：《韦应物集校注》卷四，上海古籍出版社 1998 年版，第 265 页。
⑤　吴钢：《全唐文补遗·千唐志斋新藏专辑》，三秦出版社 2006 年版，第 359 页。

杨发之女嫁与裴氏,新出土杨收所撰《唐故泗州团练判官殿中侍御史内供奉裴君(诰)夫人弘农杨氏墓志》:"夫人杨氏,岭南节度使、检校左散骑常侍、御史大夫公讳发之长女也。"①裴诰为唐代宰相裴遵庆之孙,陕虢观察使裴向之子。新出土裴格所撰《唐故朝议大夫检校左散骑常侍河南少尹上柱国赐紫金鱼袋裴公(谣)墓铭并序》:"妣弘农杨氏,公即故广州节度使发之外孙也。"②裴谣为裴遵庆曾孙,裴向之孙,裴告之子。

(三)科 举

《杨收墓志》云:"公昆弟四人,率用文华,声光友睦,次第取殊科,赫弈当代。"说明杨收兄弟四人都进士及第,在当时颇著声华。《旧传》:"发,字至之,太和四年登进士第,又以书判拔萃,释褐校书郎、湖南观察推官。""假,字仁之,进士擢第。故相郑覃刺华州,署为从事。""严,字凛之,会昌四年进士擢第。是岁仆射王起典贡部,选士三十人,严与杨知至、窦缄、源重、郑朴五人试文合格,物议以子弟非之,起覆奏。武宗敕曰:'杨严一人可及第,余四人落下。'"是兄弟四人都登进士科,在当代是非常显赫之事。杨收家族进士登第及知举者,为晚唐显赫之家。我们还可以根据传世文献将杨收兄弟及杨收后裔及第者进行考察,借以说明晚唐名门望族科举与政治的关系。

表二　杨收家族科第出身情况

年　　号	公元	姓名	科举身份	出处	备注
大和四年	830	杨发	进士	《唐才子传》	
开成五年	840	杨假	进士	《旧唐书·杨收传》	
会昌元年	841	杨收	进士	《旧唐书·杨收传》	
会昌四年	844	杨严	进士	《旧唐书·杨收传》	
大中元年	847	杨乘	进士	《永乐大典》引《苏州府志》	杨收子
乾符二年	875	杨涉	进士	《旧唐书·杨收传》	杨严子
广明元年	880	杨钜	进士	《永乐大典》引《苏州府志》	杨收子
中和二年	882	杨注	进士	《旧唐书·杨收传》	杨严子
乾宁元年	894	杨涉	知贡举	《登科记考》	杨严子
乾宁三年	896	杨镳	进士	《旧唐书·杨收传》	杨收子
天祐元年	904	杨涉	知贡举	《唐摭言》	杨严子
乾化二年	912	杨涉	知贡举	《册府元龟》	杨严子

《北梦琐言》卷一二《杨收不学仙》条:"父直,为兰溪县主簿,生四子:发、假、收、严。皆登进士第。收即大拜,发以下皆至丞郎。发以春为义,其房子以枳以乘为名。假以夏为义,其房子以㬎为名。收以秋为义,其房子以钜、镳、镰、鉴为名。严以冬为义,其房子以注、涉、洞为名。尽有文学,登高第,号曰修竹杨家,与静恭诸杨,比于华盛。"③宋人钱易《南部新书》卷乙于杨氏靖恭、新昌、修行三房自唐至宋的世家传承作了大略的记述:"杨氏于静恭一房犹盛,汝士、虞卿、汉公、鲁士也。

---

① 吴钢:《全唐文补遗》第八辑,三秦出版社 1994—2007 年版,第 205 页。
② 吴钢:《全唐文补遗》第八辑,三秦出版社 1994—2007 年版,第 234 页。
③ [五代]孙光宪:《北梦琐言》卷一二,中华书局 2002 年版,第 249 页。

虞卿生知退，知退生堪，堪生承休，承休生岩，岩生郁，郁生罩。罩，太平兴国八年成名，近为谏议大夫，知广州，卒。堪为翰林承旨学士，随僖皇幸蜀，真在中和院。承休自刑部员外郎使浙或，值多难，水陆相阻，遂不归。岩侍行，十六矣，我曾祖武肃辟之幕下。先人承袭，岩已为丞相。及叔父西上，岩以图籍入觐，卒于秀州，年八十余。今刑部郎中直集贤院侃，亦岩之第三子郾孙也，蟒之子。司封员外郎蜕，即岩第三子郾之子。郾入京为员外郎分司，判西台，卒。侃，端拱二年成名。蜕，淳化三年登科。修行即四季也，发、假、收、岩。履道即凭、冰、凝也。新昌即於陵也。后涉入相，即修行房也。制下之日，母氏垂泣不悦，以收故也。"①杨氏修行一房一直到五代时仍然活跃于科场和政治舞台之上。故《全唐诗话》卷五《司空图》条引《五代史阙文》还有对于杨涉的记载："按梁室大臣，乃至有如敬翔、李振、杜晓、杨涉等，皆唐朝旧族，本以忠义立身，重侯累将，三百余年。一旦委质朱梁，其甚者，赞成弑逆。惟图以清直避世，终身不仕梁祖，故《梁史》拾图小瑕以泯大节者，良有以夫！"②

（四）贬　死

因为杨收一生复杂的遭遇，传世文献的记载多有歧异。新出土的《杨收墓志》因为尊体之故，对于相关的负面事实也多加隐讳，这方面就要通过出土文献和传世文献的对比印证，才能逐渐得出接近于事实的结论。这在杨收贬死以及与此相关的昭雪问题上表现得最为突出。张应桥《唐杨收及妻韦东真墓志研究》③和毛阳光《晚唐宰相杨收及其妻韦东真墓志发微》④两篇文章，在杨收仕宦的研究方面颇多致力，具有一定的创合，但二文既论点不同，也还没有把相关的问题研究清楚，故本文结合二位先生的论点，加以个人的体会，以阐述杨收仕宦中的几个问题。

1. 贬死

《杨收墓志》记载了杨收罢相后贬死的过程："拜尚书右仆射，依前门下侍郎平章事。既而自推忠正，体国意深，颇露真刚，善善恶恶，稍渐分白，始为亵近者之所疑矣。时有侍从大臣上议宗祧如汉匡衡事，上未之许，而下其事。公以为非礼，因独上疏，恳陈所议，上以公居宰辅，当与百寮定议，不膺独疏，由是不悦，后数日罢相，出为宣州观察使。未期月，重贬端州司马。又明年，徙于骧州。方理舟抵日南，三月望薨于端溪。"这里对于贬死的原因，主要是说杨收议宗祧之事，不合懿宗皇帝之议而贬死。而揆之史传和制文，则不尽相同。如《旧传》：

> 韦保衡作相，又发收阴事，言前用严谖为江西节度，纳赂百万。明年八月，贬为端州司马，寻尽削官封，长流骧州。又令内养郭全穆赍诏赐死。

《新传》：

> 韦保衡又劾收前用严谖为江西节度使，受谢百万，及它隐盗。明年，贬端州司马。吏具大舟以须，收不从，曰："方谪去，可乎？"以二小舸趋官。又明年，流骧州，俄诏内养追赐死。收得诏，谢曰："辅政无状，固宜死。今独一弟严以奉先人之祀，使者能假须史使秉笔乎？"使者从之。

懿宗《贬杨收端州司马制》：

> 始以文章，选在宥密，才历二岁，擢升台衡。谓其发自寒门，必有操守，行孤贞之道报国，用恭俭之理化时，夙夜励精，以酬恩遇。而乃贪默为业，沟壑难盈，逞其私怀，盗我名器，以官

①　[宋]钱易：《南部新书》卷乙，中华书局 2002 年版，第 16 页。
②　[宋]尤袤：《全唐诗话》卷五，《历代诗话》本，中华书局 1981 年版，第 209 页。
③　《洛阳理工学院学报》2011 年第 2 期。
④　《唐史论丛》第一四辑，三秦出版社 2012 年版，第 89—102 页。

常为货利之径,持僭侈为暴横之资。田产遍于四海,台榭拟于中禁,而又结连奸党,听任憸人。险诈千端,回邪万状,欺罔弥甚,顾虑蔑闻。谓日月之照临,或所隐漏;意天地之奸慝,可以包容。殊不知过既不悛,尊无以违。去岁验其事迹,未忍揭扬,委以察廉,冀塞怨咎。时闻缙绅之内,物论喧然,班列之中,怨讼未息。朕以宽恕驭下,仁闵为心,中外臣寮,悉明此志。负我既甚,其法何如? 窜于退陬,式示严宪。尔惟自弃,无或尤人。①

懿宗《杨收长流驩州制》:

> 起自孤寒,猥承委任,罔思报效,惟恣奸欺。心每挟邪,言常近利。江西置节制之额,务在虚兵;浙右创造船之名,便其盗用。两地推覆,按验分明,岂可尚佐专城,犹居仕籍,俾投荒裔,用塞怨尤。中外臣寮,各体朕意。②

懿宗《赐杨收自尽敕》:

> 驩州流人杨收,谬承奖擢,任以台衡。志每构其贪叨,迹颇章于黩货,欺天罔上,罪不可赦。俾其全生,是为妄贷,宜令内养郭全穆所在赐自尽。③

懿宗《严譔赐自尽敕》亦涉及杨收之事:

> 又因榷使罔奏阙庭,欲以资财用为排却。杨收既当极典(阙)严刑,将令肃振朝纲,贵免紊乱邦宪。④

钱易《南部新书》卷甲:

> 曹确、杨收、徐商、路岩同秉政,外有嘲之曰:“确确无余事,钱财揔被收。商人都不管,货略几时休。”⑤

从以上各种材料看,杨收贬死,似乎是杨收招权纳贿,由严譔事发,加以宰相韦保衡落井下石,致使杨收罢相后短时间内,先贬宣歙观察使,再贬端州司马,更长流于驩州,并令内养郭全穆所在赐自尽。

针对这样的情况,张应桥与毛阳光的观点并不一致,张氏以为“说杨收性奢华纳贿纯属捏造”,而毛氏则以为应实有其事,故成为其被贬死的导火线。今按,韦保衡是杨收夫人韦东真之从子,同为入相时间与《旧唐书》所记发杨收阴事亦不合,故知《旧唐书》记载或有错误。首先,据新出土杨收夫人《故韩国夫人韦氏墓志铭并序》记载,韦保衡是其从子,加以杨收之案,亦由韦保衡得到昭雪,故其不至于在杨收罢相后发其阴事,致使被流端州。其次,《旧传》记载韦保衡作相发杨收阴事,收明年八月贬端州司马。考《新唐书·宰相表》,韦保衡作相在咸通十一年四月丙午,以翰林学旨承旨、兵部侍郎、驸马都尉的身份同中书门下平章事。《翰苑群书》上《重修承旨学壁记》记载其入相时间在咸通十一年四月二十五,与“丙午”仅相差一日。知诸书所记大差可靠。懿宗《贬杨收端州司马制》:“宣歙观察使检校工部尚书宣州刺史兼御史大夫杨收,……可守端州司马员外置同正员。”⑥综上所考,杨收之贬端州司马,与韦保衡没有关系。

那么,杨收被贬的主要原因是什么呢? 这也还要从墓志中找线索。墓志说杨收为相后,“善善恶恶,稍渐分白,始为褒近者之所疑矣。时有侍从大臣上议宗祧如汉匡衡事,上未之许,而下其事。公以为非礼,因独上疏,恳陈所议,上以公居宰辅,当与百寮定议,不膺独疏,由是不悦,后数日罢

---

① 《全唐文》卷八三,上海古籍出版社 1990 年版,第 381 页。
② 《全唐文》卷八三,上海古籍出版社 1990 年版,第 381 页。
③ 《全唐文》卷八四,上海古籍出版社 1990 年版,第 386 页。
④ 《全唐文》卷八四,上海古籍出版社 1990 年版,第 386 页。
⑤ [宋]钱易:《南部新书》卷甲,中华书局 2002 年版,第 3 页。
⑥ 《全唐文》卷八三,上海古籍出版社 1990 年版,第 381 页。

相，出为宣州观察使"，则"为亵近者所疑"和因议宗祧事为懿宗所不悦，为两个重要原因，但"亵近者"为谁？议宗祧的背景是什么，墓志并没有说明，故而还要从传世史料中寻找答案。

先从第一个问题来看，《韦东真墓志》称："相国以道不苟合，忠不违难，谁为虺蜴，蠚我夔龙，屡降秩于方州，俄遣居于裔土，生民失望，天意难忱，竟罹无妄之冤，徒结有情之愤。""谁为虺蜴，蠚我夔龙"似乎有难言之隐，这里的"虺蜴"《杨收墓志》所说的"亵近者"。而考之史传，这个"亵近者"应该就是杨玄价。《旧传》："时杨玄价弟兄掌机务，招来方镇之赂，屡有请托，收不能尽从。玄价以为背己，由是倾之。"《新传》略同。也就是说，杨收在当时得罪了杨玄价，而宦官杨氏家族是唐代后期著名的权阉家族，自杨志廉以来，已有多人在担任过神策军中尉、枢密使之要职，如杨复恭、杨钦义、杨玄价、杨玄略、杨玄翼、杨复光等。杨玄价在当时的显赫地位，还可以从新出土的《杨玄价夫人党氏墓志铭》中窥见一斑①。孙光宪《北梦琐言》卷九《杨相收报杨元价》条还记载了这样一件事："唐杨相国收，贬死岭外。于时郑愚尚书镇南海，忽一日，客将报云：'杨相公在客次，欲见郑尚书。'八座惊骇，以弘农近有后命，安得此来？乃接延之。杨相国曰：'某为军容使杨玄价所谮，不幸遭害。今已得请于上帝赐阴兵以复仇，欲托尚书宴犒，兼借钱十万缗。'荥阳诺之，唯钱辞以军府事多，许其半。杨相曰：'非铜钱也。烧时幸勿着地。'荥阳曰：'若此则固得遵副。'从容间长揖而灭。荥阳令于北郊具酒馔素钱以祭之，杨相犹子有典寿阳者，见相国乘白马，臂朱弓，捻彤矢，有朱衣天吏控马，谓之曰：'上帝许我仇杀杨玄价。我射著其脚，必死也。'俄而杨中尉暴染脚疾而殂。蜀毛文锡司徒先德前潮牧龟范，曾趋事郑尚书，熟详其事。愚于毛氏子闻之。"②这样的因果报应之事，虽是孙光宪得自口耳相传之结果，没有信实的文献作证，但也可见在当时官僚间相传的杨收被贬死之由是杨玄价所谮的结果。

再看第二个问题，即议宗祧之事。根据墓志之意，如同汉代匡衡事。匡衡在西汉元帝时为相，在皇帝议论是事恢复宗庙的时候，匡衡主张撤销宗庙。故西汉一代，宗庙之议变化很大。《汉书·韦贤传赞》引用班彪之语说："汉承亡秦绝学之后，祖宗之制因时施宜。自元、成后学者蕃滋，贡禹毁宗庙，匡衡改郊兆，何武定三公，后皆数复，故纷纷不定。何者？礼文缺微，古今异制，各为一家，未易可偏定也。"③则是当时有罢宗庙之议，懿宗下群僚合议而杨收单独上疏得罪了懿宗，故而有罢相之事。考察《杨收墓志》的铭文有"奏疏引经，宗祧大事。理宜据古，勿容轻议"，则杨收是主张古制而不加更改的，独上疏的目的是勿容轻议，而这与懿宗下其事相违。再看懿宗遗诏中有"朕只事九庙，君临四海"之语，则杨收之议与懿宗之意并不矛盾，故而懿宗不悦主要在于杨收独自上疏的武断之举。故杨收被贬的两个原因，相较而言，得罪宦官杨玄价应该是最深层的原因。④

2. 昭雪

杨收贬死后三年，至咸通十四年朝廷又有昭雪之举。杨收夫妇的两方墓志中都有所记载，《杨收墓志》载："公玉季自服公丧，衔哀茹毒，昼夜啜泣，过时衣服不除，恒如在丧纪，进状乞解官亲奉丧事，会有恩制自浔阳移官汝海，爰自沅江，迎护丧梓，抵于汝洛，果蒙皇泽，昭洗克复，官勋爵秩，一以还之。"玉季即是杨收之弟杨严，其迎护丧梓抵于汝洛时，得到昭雪的诏书。《韦东真墓志》记载昭雪事件更为详尽："今相国司空公实夫人之从子也。降神叶庆，入梦济时，代天而物被清风，布惠而俗跻寿域。追鲁姑公义之重，怀萧公垂露之法，且痛殄瘁，本于谗邪，是用闻天，焕然昭雪。先

---

① 有关唐代权阉杨玄价夫人墓志情况，可参杜文玉《唐代权阉杨玄价夫人党氏墓志铭考略》，《唐史论丛》第一四辑，第44—51页；《唐代权阉杨氏家族考》，《98'法门寺唐文化国际学术讨论会论文集》，陕西人民出版社2000年版，第370—376页。

② ［五代］孙光宪：《北梦琐言》卷九，中华书局2002年版，第185页。

③ 《汉书》卷七三，中华书局1962年版，第3130页。

④ 参毛阳光：《晚唐宰相杨收及其妻韦东真墓志发微》，《唐史论丛》第一四辑，三秦出版社2012年版，第96—97页。

是相国爱弟中书舍人㳂水东道观察中丞公,亦坐贬中,至是自澧阳移佐临汝,因得护二柩由湘南归于伊洛,乘槎绝瀸,飞帆怒涛,缠历周星,跋涉万里,非友爱熏动于夷貊,哀敬感通于神明,则何以远集旧封,永叶吉卜。于戏,微司空相国之恩涤,未克返葬;微舍人中丞之诚义,莫或宁止。则夫人所谓善庆濯冤之报者,岂虚也哉!"其顺序是先得到昭雪,而后由其弟杨严护丧返葬。而其昭雪主要在于韦东真从子韦保衡的帮助。

(五)学 术

杨收还是一位擅长于礼学,并对于中晚唐礼学发展具有一定推动作用的人物。其贡献表现在两个方面:一是与礼学家王彦威切磋《曲台新礼》。墓志云:"至于大梁,时太原王公尚书彦威在镇,素闻公学识深博,先未面,一见后,与之探讨。王公礼学经术该通,近古无比,著《曲台新礼》初成,尽以缃袠全示。公详焉,因述礼意及曲台之本义。王公敬服,命衰简以谢。其为前辈推重如此。"王彦威撰著《曲台新礼》的具体情况,可参上文"笺证"部分。但杨收与王彦威切磋礼学的情况,并不见于他书之记载,故而详情也不得而知。二是议宗祧事的过程中得罪了皇帝。墓志云:"时有侍从大臣上议宗祧如汉匡衡事,上未之许,而下其事。公以为非礼,因独上疏,恳陈所议,上以公居宰辅,当与百寮定议,不膺独疏,由是不悦,后数日罢相,出为宣州观察使。未期月,重贬端州司马。又明年,徙于骧州。"有关礼学的两个方面,一是因礼学而得名,一是因国礼学而被贬,对于杨收命运来说,都是忧戚相关之事。《唐才子传·杨发传》论杨发、杨收兄弟礼乐之学云:"论曰:礼乐之学,何世无之?周罗睺,虎将也,而能不失事旧主之仪。杨发,健吏也,而能抗改作神主之议。杨收博学精辨,其议音律之变与旗常之藏,诚不谬于古。然运丁叔季,制行出处皆不能尽合中道,位愈高则祸愈大。古称知礼乐之情者能作,知礼乐之文者能述,夫皆知礼乐之文者欤。"[①]

(六)文 学

1. 杨收的文学成就

杨收是晚唐时期重要的文学家,墓志对其文学才能即有所记载。志云:"公未龀喜学,一览无遗,五行俱下,洎丱而贯通百家,傍精六艺,至于礼仪乐律,星算卜祝,靡不究穷奥妙。宿儒老生,唇腐齿脱,洎星翁乐师辈,皆见而心服,自以为不可偕。为儿时已有章句传咏于江南,为闻人矣。以伯仲未捷,誓不议乡赋,尚积廿年涵泳,霑渍于文学百家之说。"这一段记载,我们可以用史传作印证,《旧传》云:

> 十三,略通诸经义,善于文咏,吴人呼为"神童"。兄发戏令咏蛙,即曰:"兔边分玉树,龙底耀铜仪。会当同鼓吹,不复问官私。"又令咏笔,仍赋钻字,即曰:"虽匪囊中物,何坚不可钻。一朝操政事,定使冠三端。"每良辰美景,吴人造门观神童,请为诗什,观者压败其藩。收嘲曰:"尔幸无羸角,何用触吾藩。若是升堂者,还应自得门。"

《新传》所记事与《旧传》略同,并言另外一件事:

> 洨阳耕得古钟,高尺余,收扣之,曰:"此姑洗角也。"既劚拭,有刻在两栾,果然。尝言:"琴通黄钟、姑洗、无射三均,侧出诸调,由罗苇附灌木然。"时有安沇者,世称善琴,且知音。收问:"五弦外,其二云何?"沇曰:"世谓周文、武二王所加者。"收曰:"能为《文王操》乎?"沇即以黄钟为宫而奏之,以少商应大弦,收曰:"止!如子之言,少商,武弦也。且文世安得武声乎?"沇大惊,因问乐意,收曰:"乐亡久矣。上古祀天地宗庙,皆不用商。周人歌大吕、舞《云门》以俟天

---

① 傅璇琮:《唐才子传校笺》第三册,中华书局 1987—1992 年版,第 217 页。

神,歌太蔟、舞《咸池》以俟地祇。大吕、黄钟之合,阳声之首。而《云门》,黄帝乐也;《咸池》,尧乐也。不敢用黄钟,而以太蔟次之。然则祭天者,圜钟为宫,黄钟为角,太蔟为徵,姑洗为羽;祭地者,函钟为宫,太蔟为角,姑洗为徵,南吕为羽。讫不用商及二少。盖商声刚而二少声下,所以取其正、裁其繁也。汉祭天则用商,而宗庙不用,谓鬼神畏商之刚。西京诸儒惑圜钟、函钟之说,故其自受命,郊祀、宗庙乐,唯用黄钟一均。章帝时,太常丞鲍业始旋十二宫。夫旋宫以七声为均,均,言韵也,古无韵字,犹言一韵声也。始以某律为宫,某律为商,某律为角,某律为徵,某律为羽,某律少宫,某律少徵,亦曰变,曰比。一均成则五声为之节族,此旋宫也。"乃取律次之以示浣。浣时七十余,以为未始闻,而收未冠也。

杨收是当时的文学家,少年时即擅长于作诗,但其诗大多散佚无存,《全唐诗》收其诗三首,本于《旧唐书·杨收传》所载。《全唐文》又录杨收文二篇,即《与安浣论乐义》及《乞贷弟严死罪疏》。新出土文献中有杨收文一篇,即杨收为其侄女撰的墓志,裴诰为唐代宰相裴遵庆之孙,陕虢观察使裴向之子。这篇墓志文字简短,故先抄录于下。《唐故泗州团练判官殿中侍御史内供奉裴君(诰)夫人弘农杨氏墓志》:

> 夫人杨氏,岭南节度使、检校左散骑常侍、御史大夫公讳发之长女也。既笄,适于泗州团练判官、殿中侍御史内供奉河东裴君诰,丞相仆射公讳遵庆之孙,陕虢观察使常侍公讳向之第七子。其世谍门德,茂实懿行,备于前志。夫人四德齐备,六姻表式。神襟超晤,仁爱渊敏。总集高妙,臻于全德。辅佐君子,宜人宜家。天不祐善,既婺其生,复夺其寿。大中庚午岁夏,裴君殁于泗滨。夫人号奉辇袯,葬于洛师。提其孤,归上京。后五年岁在癸酉,以疾逝于新昌里第,享年卅七。权窆于都城之东。咸通六年,殿内之元昆御史大夫公薨位,夫人之子卫尉主簿昕,启引以东。其年九月壬寅,祔于先君之墓。叔父特进、右仆射、兼门下侍郎收,识其日于贞石,悲且铭云:
>
> 睦睦令仪,潭渟眺清。不俾昌大,竟伤其生。有洛之原,四序之中。郁郁佳气,贤人之封。①

杨收为其侄女作志,因其侄女寿命短促,只活了三十七岁,加以可书之事迹甚少,故而杨收在以下几个方面下功夫:一是杨氏和裴诰世系的叙写,二是杨氏妇德的评价,三是杨氏卒葬的说明,四是自己和杨氏的关系。墓志虽仅有283字,但各方面的交代非常清楚。同时叙述的文字用散体,评价的文字用骈体,亦在文字上富于变化。

2. 杨收家族的文学成就

杨收一族,以文学传家,族人均有文才,今有诗文传世者尚有杨发和杨乘、杨钜、杨检、杨凝式四人:

(1)杨发。杨收之兄。《唐才子传》卷七《杨发传》:"发,大和四年礼部侍郎郑澣下第二人及第。工诗,亦当时声韵之伟者。略举一篇《宿黄花馆》云:'孤馆萧条槐叶稀,暮蝉声隔水声微。年年为客路长在,日日送人身未归。何处离鸿迷浦月,谁家愁妇捣寒衣。夜深不卧帘犹卷,数点残萤入户飞。'俱浏亮清新,颇惊凡听。恨其出处事迹不得而知也。有诗传世尚多。"②杨发诗现存14首,其中13首载于《全唐诗》卷五一七,有《南溪书院》、《春完醉醒闲卧小斋》、《与诸公池上待月》、《檐雀》、《残花》、《山泉》、《秋晚日少陵原游山泉之什》、《秋晴独立南亭》、《宿黄花馆》、《南野逢田客》、《东斋夜宴酬绍之起居见赠》、《玩残花》。童养年《全唐诗续补遗》卷九又据《舆地纪胜》辑得《和李

---

① 吴钢:《全唐文补遗》第八辑,三秦出版社1994—2007年版,第205页。
② 傅璇琮:《唐才子传校笺》第三册,中华书局1990年版,第211—216页。

卫公漳浦驿留题》一首。如《南溪书院》诗:"茅屋住来久,山深不置门。草生垂井口,花发接篱根。入院将雏鸟,攀罗抱子猿。曾逢异人说,风景似桃源。"①描写清幽的环境,如同世外桃源,久住的茅屋、垂草的井口、篱边的野花、院中的雏鸟、攀上的子猿,表现的都是闲逸的环境,足以怡养心怀。又如前引《唐才子传》所载《宿黄花馆》诗,描写了诗人长年离家在外,秋夜不寐的孤馆寂寥,捕捉的风景是稀疏的槐叶、离群的孤鸿、数点的残萤,暮蝉的啼鸣、捣衣的砧声,无一不是表现客居的愁绪。《全闽诗话》卷一《李德裕》条:"盘陀岭,梁山岭也,丛薄崎峻,盘桓可十里,入潮、广道也。岭有巡检司在焉,汉南越曰'蒲葵关'。唐大中十二载,岭南节度使杨发诗:'南尽封陲见好山,苍苍松桂类商颜。谁怜后夜思乡处,白草黄茅旧汉关。'按唐李卫公德裕贬岭南,《次漳浦驿诗》:'嵩少心期杳莫攀,好山聊复一开颜。明朝便是南荒路,更上层楼望故关。'发移镇南海,道出漳浦,寓止驿楼,闻卫公旧题,寻访不得,翌日得本于士人,爱饬驿吏,更属其诗。发诗盖次李韵也。"②

　　杨发现存文章 5 篇,其中《全唐文》收录 4 篇,即《太阳合朔不亏赋》(以"圣德元通,阳精通照"为韵)、《大音希声赋》(以"希则能大,物理之常"为韵)、《庆云抱日赋》(以"云日晖映,精彩相耀"为韵)、《加谥追尊改主重题议》。新出土文章 1 篇,即杨发为其岳母元氏撰写《唐故衢州刺史徐公夫人晋陵县君河南元氏墓志》,载于《全唐文补遗·千唐志斋新藏专辑》。现存的 5 篇文章,兼具三种文体,说明杨发是诗文兼擅,众体皆备的。

　　杜牧《唐故平卢军节度巡官陇西李府君墓志铭》:"因集国朝已来类于古诗得若干首,编为三卷,目为《唐诗》,为序以导其志。居江南,秀人张知实、萧寘、韩乂、崔寿、宋邢、杨发、王广,皆趋君交之,后皆得进士第,有名声官职。"③宋岳珂《宝真斋法书赞》卷六《许浑乌丝栏诗真迹》载《送杨发东归一首》:"江花半落燕雏飞,同客长安今独归。一纸乡书报兄弟,还家羞着别时衣。"④林嵩《周朴诗集序》称:"闽之廉问杨公发李公诲,中朝重德,羽翼词人,奇君之诗,召而不往。"⑤是杨发与诗人颇有交往之证。杨检撰《唐故岭南节度使右常侍杨公(发)女子书墓志》:"府君名重于时,德□于世。子书之请姊皆托华胄,如户部侍郎、翰林学士刘公承雍五朝达,皆子书之姊婿。"⑥刘承雍为著名诗人刘禹锡之子,所娶应为杨发之女,故可推知杨发与刘禹锡、刘承雍父子亦关系密切。

　　(2)杨乘。杨发之子。《旧传》称:"乘,亦登进士第,有俊才,尤能为歌诗,历显职。"杨乘及第在大中元年,见《永乐大典》引《苏州府志》⑦。杨乘是应在当时是颇有影响的诗人。杨乘存诗 5 首,载于《全唐诗》卷五一七。杨乘在当时很有诗名,诗人赵嘏作《成名年献座主仆射兼呈同年》:"贾嵩词赋相如手,杨乘歌篇李白身。除却今年仙侣外,堂堂又见两三春。"⑧他存留的五首诗中,有三首是书事体,其中两首是古体诗,都堪称佳制。即《甲子岁书事》《南徐春日怀古》《吴中书事》《建邺怀古》《榜句》。唐人张为《诗人主客图》特别标举《甲子岁书事》诗,并列杨乘为"广大教化主"之上入室者。《唐诗纪事》卷六五《张为》条:"为作《诗人主客图》,序曰:若主人门下,处其客者以法度一则也。以白居易为广大教化主,上入室杨乘,入室张祐、羊士谔、元稹,升堂卢仝、顾况、沈亚之;及门费冠卿、皇甫松、殷尧藩、施肩吾、周元范、祝元膺、徐凝、朱可名、陈标、童翰卿。"⑨王梦鸥《唐〈诗

---

① 《全唐诗》卷五一七,第 5904 页。
② [清]郑方坤:《全闽诗话》卷一,福建人民出版社 2006 年版,第 15 页。
③ [唐]杜牧:《樊川文集》卷九,上海古籍出版社,第 137 页。
④ [宋]岳珂:《宝真斋法书赞》卷六,影印《四库全书》本第 813 册,第 632 页。
⑤ 《全唐文》卷八二九,上海古籍出版社 1990 年版,第 3875 页。
⑥ 周绍良:《唐代墓志汇编》,上海古籍出版社 1992 年版,第 2491 页。
⑦ [清]徐松:《登科记考》卷二二,中华书局 1984 年版,第 809 页。
⑧ 《全唐诗》卷五四九,第 6359 页。
⑨ [宋]计有功:《唐诗纪事》卷六五,上海古籍出版社 1987 年版,第 976 页。

人主客图〉试析》称:"稽之林嵩序文,谓周朴在闽甚得福州观察使杨发之赏识。《北梦琐言》卷十二谓杨乘即杨发之次子。张为于长沙病愈之日,正当杨发廉问福州之时,疑即以此因缘,《甲子岁书事》先受知于周朴,遂亦受张为所共赏。"①

再如《吴中书事》诗,也是七律中的名作:"十万人家天堑东,管弦台榭满春风。名归范蠡五湖上,国破西施一笑中。香径自生兰叶小,响廊深映月华空。尊前多暇但怀古,尽日愁吟谁与同。"②清人黄叔灿则对其《吴中书事》诗进行了较为详细的分析:"'十万人家',生齿不可谓不繁,封疆不可谓不广;'天堑东'即子胥所谓'三江环之,民无所移。有吴则无越,有越则无吴者'也。君兹土者,宜如何忧勤,如何惕励,乃至于'管弦台榭满春风',其尚可与图治哉?于是而'名归范蠡',范蠡者,越臣也;'国破西施',西施者,越女也。祸则吴当之,利则越收之。有由然矣。'五湖上',写范蠡之得名在功成身退,为千古人臣贪恋爵禄者戒;'一笑中',写西施之破国在惑志丧心,为千古人君晏安鸩毒者戒。以上写往年。以下写今日:虽'香径尚存',屡廊犹在,然兰叶自生而已矣。月华深映而已矣。试问'管弦台榭'其果可为治国之真否耶?殆不得不动怀古之心而费我愁吟也已。"③

总体而言,杨乘现存的五首诗,"从诗题看,《甲子岁书事》和《吴中书事》题为'书事',《南徐春日怀古》和《建邺怀古》名为'怀古'。从内容看,'书事'中亦有'怀古','怀古'中亦有'书事'。而《榜句》者,则贴于布告栏上的诗句也。从诗体看,《甲子岁书事》和《南徐春日怀古》乃五古,《吴中书事》为七律,其他一为七绝,一为断句。从写作地点看,有长安(今陕西西安)、南徐(今江苏镇江)、吴中(今江苏吴县一带)、建邺(今江苏南京)。从风格看,两首五古均由慷慨雄浑转为悲凉落寞,七律则流利明朗,有乐天、梦得之风,七绝浅显平淡,亦深得元白'元和体'小说之髓。平心而论,其诗品尚能入流。尤其是其中《吴中书事》一首,置于刘禹锡、杜牧、许浑集中,亦堪称佳作"。④杨乘亦擅长文章,新出土墓志中有杨乘所撰《唐故泗州团练判官朝议郎试秘书省秘书郎柱国裴君(诰)墓志铭并序》⑤,志称"君夫人惟乘之姊氏",知裴诰是杨乘的姊夫。

(3)杨钜。杨收次子。《全唐文》收其所撰《唐御史里行虞鼎墓志铭》,载虞鼎生于会昌元年九月九日,卒于同光元年十月十六日,葬于其年十月十八日。志述虞鼎遇黄巢起义的过程以及以后对其影响,行文颇富变化:"乾符二年。黄巢寇饶州。公出御之。战甚力。贼益至。势不能支。城遂陷。公及刘郑二马衔出奔。夜宿芝山祠。梦神曰。一马之前。锦然之田。逢禾即止。遇旱即迁。既觉。莫喻其意。次日。道由余干政新乡。马爪石而伏。公登山祷曰。天其或者欲谋居此乎。马乃起。腾至锦田早禾源。与梦适符。遂家焉。公遭时艰。不克居其乡。因见山水清秀。泊田宅为休老计。闻人道国事升降消息。即喟然长叹。不食竟日。无事与山翁野老相往返。历历谈桑麻事。意泊如也。"在现存唐末五代的墓志当中,属于文学性较强的佳作。又《宣和书谱》卷四收杨钜《赠瘴光草书诗序》:"习而无性者,其失也俗;性而无习者,其失也狂。羲之七子,独献之能嗣其学。则知用此以求古人。庶几天下书眼同一网纽耳。"⑥参之《全唐诗》所收吴融《赠瘴光上人草书歌》,贯休《瘴光大师草书歌》,张颜《赠瘴光》残句,司空图《瘴赠光》残句,罗隐《送瘴光大师》,陆希声《寄瘴光上人》,知当其时杨钜、吴融等人同作诗,以成一组,最后由杨钜作序。此为杨

---

① 王梦鸥:《传统文学论集》,台北时代出版公司1987年版,第210页。

② 《全唐诗》卷五一七,第5908页。

③ 转引自《唐诗汇评》,浙江教育出版社1995年版,第2320页。

④ 陈才智:《元白诗派研究》,社会科学文献出版社2007年版,第103—104页。有关杨乘诗歌的情况,可参赵目珍:《〈诗人主客图〉白派弟子杨乘考论》,《华中师范大学研究生学报》2010年第2期。

⑤ 乔栋、李献奇、史家珍:《洛阳新出土墓志续编》,科学出版社2008年版,第259页。

⑥ [宋]佚名:《宣和书谱》卷四。按此文《全唐文》失收,见陈尚君:《全唐文补编》卷九一,中华书局2005年版,第1111页。

钜与唐末诗人吴融、司空图、贯休、罗隐、陆希声等诗歌唱和还往之一证。

（4）杨检。杨发之子。《唐代墓志汇编》收有杨检撰杨发女墓志，《唐故岭南节度使右常侍杨公女子书墓志》："□□讳芸，字子书，隋越国公素之裔。显考公常□□□讳发第七女。"文中描述子书作为文史兼通的才女形象，用了下面的一段话："自童年则不随稚辈戏游，端默静虑，有成人量。不甚赏丝竹，寡玩好，诸兄所习史氏经籍、子籍文选，必从授之，览不再绎，尽得理义。勤于习学，巧于女功。"①

（5）杨凝式。杨严之孙，杨涉之子。字景度，号虚白，华阴人。凝式富有文藻，并工草书，大为时辈所推。唐昭宗时登进士第。梁开平初中，为殿中侍御史，礼部员外郎，改考功员外郎。后唐同光初，以比部郎中知制诰，改给事事，史馆修撰。明宗立，拜中书舍人。长兴中，历右散骑常侍，工、礼、户三侍郎，改秘书监。清泰初，迁兵部侍郎。晋天福中，迁太子宾客，寻除礼部尚书致仕。汉乾祐中，历少傅、少师。周广顺中，以尚书右仆射臻仕。显德初，改左仆射，太子太保。年八十二薨于洛阳。新、旧《五代史》均有传。

杨凝式以诗与书著称于世，《旧五代史》本传称："凝式长于歌诗，善于笔札，洛川寺观蓝墙粉壁之上，题纪殆遍。时人以其纵诞，有风子之号焉。"②宋张世南《游宦纪闻》称："凝式虽历仕五代，以心疾闲居，故时人目以'风子'。其笔迹遒放，宗师欧阳询与颜真卿，而加以纵逸。既久居洛，多遨游佛道祠，遇山水胜概，辄流连赏咏。有垣墙圭缺处，顾视引笔，且吟且书，若与神会，率宝护之。……其所题后，或真或草，或不可原诘。而论者，谓其书自颜中书后，一人而已。"③《洛阳缙绅旧闻记》卷一《少师佯狂》条："杨少师凝式，正史有传。博通经籍，能文工书，其笔力健，自成一家体。襟量恢廓，居常自负，既不登大用，多佯狂以自秽。（时班行潜目之为杨风子）在洛多游僧寺道观，遇水石松竹清凉幽胜之地，必逍遥畅适，吟咏忘归，故寺观墙壁之上，笔迹多满，僧道等护而宝之。院僧有少师未留题咏之处，必先粉饰其壁，洁其下，俟其至。若入院见其壁上光洁可爱，即箕踞顾视，似若发狂，引笔挥洒，且吟且书，笔与神会，书其壁尽方罢，略无倦怠之色。游客睹之，无不叹赏。"④

杨凝式诗以诙谐清丽著称，《游宦纪闻》又称："凝式诗什，亦多杂以恢谐。……然凝式诗句自佳，及至洛后，以诗赠从恩云。其题壁有'院似禅心静，花如觉性圆。自然知了义，争官学神仙'，清丽可喜也。"⑤他的诗和书往往取材于同一对象，这就是洛阳的佛道祠。然总体而言，他的书名大于诗名。杨凝式诗，《全唐诗》卷七一五存《题壁》、《赠张全义》、《题怀素酒狂帖后》3首，及残诗《归洛寄尹张从恩，时蝗适至》、《洛阳》；卷八八六收其《雪晴》1首。童养年《全唐诗续补遗》卷一〇补其《上张相》1首。陈尚君《全唐诗续拾》卷一二又补其《起居帖》1首。总计存诗包括残句共7首。

杨凝式亦长于文，《全唐文》卷八五八收其《料度斋宫事件奏》、《韭花帖》、《大唐故天下兵马都元帅尚父吴越国王谥武肃神道碑铭并序》3篇。《唐文拾遗》卷四七收其《西京置留台省奏》1篇。《全唐文补编》又收杨凝式《卢鸿草常十志图跋》、《夏热帖》、《华岳题名》、《书精舍老尼壁》4篇。新出土有《张季澄墓志》，题署："门吏太中大夫守兵部尚书柱国赐紫金鱼袋致仕弘农杨凝式撰。"⑥《唐礼部尚书致仕赠太子少保赵郡李公（德休）墓志铭并序》，题署："朝散大夫守右散骑常侍柱国赐紫金鱼袋杨凝式撰。"⑦其所撰碑志文，"行文流畅，语言质朴无华，于平淡中寄无限哀思，实乃一篇难

---

① 周绍良：《唐代墓志汇编》，上海古籍出版社1992年版，第2491页。
② 《旧五代史》卷一二八，中华书局1976年版，第1684—1685页。
③ ［宋］张世南：《游宦纪闻》卷一〇，中华书局1981年版，第88—89页。
④ ［宋］张齐贤：《洛阳缙绅旧闻记》卷一，《知不足斋丛书》本，第5页。
⑤ ［宋］张世南：《游宦纪闻》卷一〇，中华书局1981年版，第89页。
⑥ 《洛阳新获墓志》，文物出版社1996年版，第135页。
⑦ 《耕耘论丛（一）》，科学出版社1999年版，第171—172页。

得的人物传记。杨凝式所撰诗文传世不多,该文甚为珍贵。"①

(七)墓志撰者

《杨收墓志》的撰者是晚唐政坛和文坛的重要人物裴坦,因此通过他与这篇墓志关系的考察,可以了解到晚唐时期政治、社会和文学方面的诸多信息。

1. 裴坦与杨收家族人物墓志的撰写

《杨收墓志》题署:"东都留守东都畿汝州都防御使银青光禄大夫检校刑部尚书兼判东都尚书省事御史大夫裴坦撰。"即为咸通十四年撰志时官职。又志云:"坦早与公伯仲游友,遂皆兄余而加敬焉。以愚尝铭广州之墓详实,乃与其孤鉴等议文志,而哀号泣余而请,固谢不敢当。使者往复四三,讫让不获,又以世系历官行事功状而至,是何敢辞!"据《新唐书·裴坦传》:"裴坦,字知进。……坦及进士第,沈传师表置宣州观察府,召拜左拾遗、史馆修撰。历楚州刺史。令狐绹当国,荐为职方郎中,知制诰。……再进礼部侍郎,拜江西观察使、华州刺史。召为中书侍郎、同中书门下平章事,不数月卒。坦性简俭,子娶杨收女,赍具多饰金玉,坦命撤去,曰:'乱我家法。'世清其概。"②其为东都留守为史传所缺载,郁贤皓先生《唐刺史考全编》亦载尚未考出,可以增补。

志云:"以愚尝铭广州之墓详实。"铭广州之墓是指裴坦尝为杨发撰写墓志铭。据《旧唐书·宣宗纪》:大中十二年正月,"以太中大夫、福州刺史、御史中丞、上柱国、赐紫金鱼袋杨发检校右散骑常侍、广州刺史、御史大夫、充岭南东道节度观察处置等使"。③《唐代墓志汇编》收有杨检撰杨发女墓志,《唐故岭南节度使右常侍杨公女子书墓志》:"□□讳芸,字子书,隋越国公素之裔。显考公常□□□讳发第七女。……府君名重于时,德□于世。子书之请姊皆托华胄,如户部侍郎、翰林学士刘公承雍五朝达,皆子书之姊婿。"④然裴坦所撰之杨发墓志铭,今已不传于世。

2. 有关杨收嫁女于裴坦子的考察

需要进一步申述的是,史传记载杨收嫁裴坦子的事情,《新唐书·裴坦传》:"坦性简俭,子娶杨收女,赍具多饰金玉,坦命撤去,曰:'乱我家法。'世清其概。"⑤《资治通鉴》咸通十年二月记载:"初,尚书右丞裴坦子娶收女,资送甚盛,器用饰以犀玉。坦见之,怒曰:'破我家矣!'立命坏之。已而收竟以贿败。"⑥《北梦琐言》卷九《裴杨操尚》条记载:"唐杨收、段文昌皆以孤进贵为宰相,率爱奢侈。杨相女适裴坦长子,嫁资丰厚,什器多用金银。坦尚俭,闻之不乐。一日,与国号及儿女辈到新妇院,台上用碟盛果实。杨欣然,视碟予内乃卧鱼犀,坦盛怒遽推倒茶台,拂袖而出,乃曰:'破我家也。'他日收果以纳赂竟至不令,宜哉。"⑦张应桥曾辨正说:"长期以来人们对此深信不疑,是坐实杨收生活奢华、纳赂贪财的有力证据。裴坦成了人们心目中清廉的代表,而杨收则成了性爱奢华、纳贿贪婪之徒,并由此导致了其政治上的失败,断送了性命。但是,这些记载却与志无证,实属杜撰。杨收夫妇俩合墓志均明言他们有四个女儿,长女嫁高平进士张恽,余三女皆未婚嫁。所以

① 李春敏:《五代后唐杨凝式撰〈李德休墓志〉考释》,载《耕耘论丛(一)》,科学出版社1999年版,第174页。
② 《新唐书》卷一八二,中华书局1975年版,第5375—5376页。
③ 《旧唐书》卷一八,中华书局1975年版,第642页。
④ 周绍良:《唐代墓志汇编》,上海古籍出版社1992年版,第2491页。
⑤ 《新唐书》卷一八二,中华书局1975年版,第5376页。
⑥ 《资治通鉴》卷二五一,中华书局1956年版,第8140页。
⑦ [五代]孙光宪:《北梦琐言》卷九,中华书局2002年版,第202页。

杨氏夫妇生前或下葬前,杨、裴两家根本没有姻亲关系。况且裴坦为杨收撰墓志的第二年即乾符元年(公元 874 年)五月去世,即使在这一年零三个月的时间内两家联姻,此时杨氏家道中落,'赍具多饰金玉'恐怕不现实。即使在这一年多时间内,杨、裴两家联姻,且'赍具多饰金玉',也与故去的杨收无关。所以,说杨收性奢华纳贿纯属捏造,进而把杨收的悲剧归咎其贪贿,没有实据。"①按,张氏所辨裴坦没有嫁女于裴坦,论点是成立的,但由此推论出史传"说杨收性奢华纳贿纯属捏造,进而把杨收的悲剧归咎其贪贿,没有实据",则又甚为武断。这一方面,毛阳光从另一个层面加以反驳说:"从杨收被贬的数道诏敕来看,即使有杨玄价、韦保衡的排挤、陷害,有政敌的诬陷、罗织的成分,但杨收被贬死的罪名就是其招财纳贿,结党营私。如果杨收自身没有任何问题,这些罪名恐怕不是轻易能杜撰出来的,正是由于杨收这方面的不检点使之成为政敌打击的口实。虽然之后杨收被平反昭雪,但由于相关史料的缺乏,并不能说明杨收没有贪腐的行为。"②作为唐代史料加以补充者,还有《卢氏杂说》记载崔安潜到杨收家作客,"见厅馆铺陈华焕,左右执事皆双鬟珠翠,崔公不乐。饮馔及水陆之珍。台盘前置一香炉,烟出成楼阁之状。崔别闻一香气,似非烟炉及珠翠所有者。心异之,时时四顾,终不谕香气。移时,杨曰:'相公意似别有所瞩?'崔公曰:'某觉一香气异常酷烈。'杨顾左右,令于厅东间阁子内缕金案上,取一白角碟子,盛一漆球子。呈崔公曰:'此是罽宾国香。'崔大奇之"。③　这也是杨收生活奢华的一条佐证史料。

3.裴坦对于杨收形象的塑造

《杨收墓志》长达两千八百余字,堪称唐代墓志中的鸿篇巨制。这篇墓志将杨收塑造成突出的政治精英和文化精英合而为一的形象,这一形象贯穿杨收的一生,而且在各个阶段也有变化。这样的形象塑造,在墓志文学的演变过程中,具有一定的典范意义。

首先,墓志塑造了杨收的神童形象。墓志记载杨收自从学到进士及第的过程,写得惟妙惟肖:

公未龀喜学,一览无遗,五行俱下,洎丱而贯通百家,傍精六艺,至于礼仪乐律,星算卜祝,靡不究穷奥妙。宿儒老生,唇腐齿脱,洎星翁乐师辈,皆见而心服,自以为不可偕。为儿时,已有章句传咏于江南,为闻人矣。以伯仲未捷,誓不议乡赋,尚积廿年涵泳,霑渍于文学百家之说。洎伯氏仲氏各登高科,后公乃跃而喜曰:吾今而后,知不免矣。亦犹谢文靖在江东之旨,时人莫可量也。将随计吏,以乡先生书至,有司阅公名且喜。未至京师,群公卿士交口称赞,荐章迭委,唯恐后时。至有北省谏官始三日以补衮举公自代,时未之有也。由是一上而登甲科。同升名者,皆闻公之声华而未面,榜下,跂踵迭足相押,于万众中争望见之。公幼不饮酒,不茹薰血,清入神骨,皎如冰珪,咸疑仙鹤云鸾,降为人瑞,澹然无隅,洁而不染。始也,同门生或就而亲焉,则貌温言厉,煦然而和,潜皆动魄而敬慕之。

杨收童年就擅长学术和文学,传诵于江南,产生了一定社会影响。以其才能本该及早应进士试,但他又从家族长幼孝悌伦理考虑,不随乡计,而让其兄长先举进士,待诸兄长及第之后,方一举登第。值得注意的是墓志中这样的几句话:"公幼不饮酒,不茹薰血,清入神骨,皎如冰珪,咸疑仙鹤云鸾,降为人瑞,澹然无隅,洁而不染。始也,同门生或就而亲焉,则貌温言厉,煦然而和,潜皆动魄而敬慕之。"这是一个令人神往羡慕的人物,晚唐社会对于像杨收这样的新及第进士如此尊重,也说明当时重科举和重文才的社会风气。而这些文字也并不完全是裴坦对于杨收形象的拔高,因

---

①　张应桥:《唐杨收及妻韦东真墓志研究》,《洛阳理工学院学报》2011 年第 2 期。

②　杜文玉:《唐史论丛》第一四辑,三秦出版社 2012 年版,第 100 页。

③　[宋]李昉:《太平广记》卷二三七,中华书局 1981 年版,第 1825 页。

为我们比照传世文献的记载，就会对于这种现象有着充分的理解。《旧唐书·杨收传》云："十三，略通诸经义，善于文咏，吴人呼为'神童'。兄发戏令咏蛙，即曰：'兔边分玉树，龙底耀铜仪。会当同鼓吹，不复问官私。'又令咏笔，仍赋钻字，即曰：'虽匪囊中物，何坚不可钻。一朝操政事，定使冠三端。'每良辰美景，吴人造门观神童，请为诗什，观者压败其藩。收嘲曰：'尔幸无赢角，何用触吾藩。若是升堂者，还应自得门。'"杨收及第前后的这种情况，我们还可以通新出土的《姚合墓志》加以印证，以表现中晚唐时期的社会风习："少就书识圣人旨，行止无违道，动必中礼。元和中，以进士随贡来京师，就春闱试，而能诗，声振辇下。为诗脱俗韵，如洗尘滓，旨义必辅教化，学诗者望门而趋，若奔洙泗然。数岁登第。"①尽管姚合在及第之前曾经有三次下第的经历，但及第之年的所为仍赢得了社会的尊重。杨收作为神童，加以孝悌，能一举及第，社会影响当然会比姚合更为广泛，这也是裴坦撰写《杨收墓志》得以渲染的基础。

其次，对杨收学术声望的描写。墓志叙述杨收及第后，当朝名臣延揽礼聘的情况，有这样一段文字：

> 久而归宁江南，东诸侯挹公之名，皆虚上馆以俟之。故丞相汝南公时在华州，先迟于客馆，劳无苦外，延入州，引于内阁，独设二榻，问公匡济之术。公抑谦而谢，久而不已。后对榻高话达旦，汝南得之心服，如饵玉膏，饱不能已。至于大梁，时太原王公尚书彦威在镇，素闻公学识深博，先未面，一见后，与之探讨。王公礼学经术该通，近古无比，著《曲台新礼》初成，尽以缃裹全示。公详焉，因述礼意及曲台之本义。王公敬服，命衷简以谢。其为前辈推重如此。

对于这段文字，陆扬先生曾作分析说："这即便包含历史的真实性，也是裴坦对杨收形象的一种再造，目的是从历史记忆的角度将杨收凝固为裴坦所认同的这个清流群体的象征，其存在居于尘世的众生之上。这是依靠'文'的价值观来建立新的社会秩序的努力。这种努力并非只留于文字，晚唐的现实让我们看到这种努力的实质性成果。……也显示在晚唐特殊的文化下，杨收这样的人物在声望上拥有的相对独立性。"②这里尤其值得注意的是，杨收受到王彦威的重视而探讨《曲台新礼》，说明对于杨收经术的看重。在杨收身上，家族、经术和科举已经合而为一，在晚唐士大夫中最具典型意义。

最后，对杨收孝道的描写。墓志云："丁太夫人忧，公天性至孝，殆不胜哀。始生七年，锺濠州府君之丧，不食五日，昼夜哭不绝声，目赤不开，泪胶其睑。人畏其遂将失明，欲傅之药，则曰：'安有无天而忍视日月乎？得瞽为幸。'长孙夫人博通经史，志尚真寂，一章一句，皆教导之。公始孤，得经史之文于夫人之训，求经史之意于伯仲之诲，然天资悟达，盖生而知之。"杨收早孤，童年时教育主要得之于母亲和伯兄之教诲，墓志中特地表彰这一点，并突出杨收成长的特殊性，也表现了七岁而孤的杨收成为神童在当时的社会是非常难能可贵的。尽管唐代墓志在描写墓主丁忧方面也都在突出其尽孝的情况，但像杨收这样七岁丧父而尽孝的细节，加以后来母教与兄诲而使之成为神童的情况，在墓志的人物形象表现上还是极为突出的。

综合以上三个方面看，裴坦撰写的《杨收墓志》在叙述和表彰这样的政治人物功绩时，重视其整体形象的塑造，以突出其作为政治精英和文化精英所应具备的个人素质和社会影响。因而这篇墓志在墓志文体的人物塑造方面也具有一定的典范意义。

（作者单位：浙江大学中文系）

---

① 《姚合墓志》拓片图版，载于《书法丛刊》2009年第1期。
② 陆扬：《论唐五代社会与政治中的词臣与词臣家族》，《北京大学学报》2013年第4期。

垂杨深院李师师:宋代诗词研究的一个特定视角

黄启方

内容提要:李师师是北宋后期的名妓,因其特殊的身份与当时皇帝宋徽宗,以及著名文人周邦彦、晁冲之都有很大的牵连,进而影响到相关的文学创作。由周邦彦的《少年游》引出对李师师和周邦彦关系的探讨,我们可以厘清宋代文献记载歧异,并尽量还其本来面目;对李师师与晁冲之关系的梳理,更可对于晁冲之的生平具有新的认识,对其《都下追感往昔》诗具有新的理解;宋代的正史、杂史、笔记有关李师师记载的考察,有助于认识李师师的真实情况和有关传说的迭变。

关键词:李师师;宋徽宗;周邦彦;晁冲之;《师师令》

一、前言:从周邦彦的《少年游》词谈起

北宋后期的大词人周邦彦(1056—1121),有一阕被清代谭献评为"丽极而清,清极而婉"的词作《少年游》,周邦彦的《少年游》词是这么写的:

> 并刀如水,吴盐似雪,纤手破新橙。锦幄初温,兽香不断,相对坐调笙。低声问向谁行宿,城上已三更。马滑霜浓,不如休去,直是少人行。

即使只从词面看,这都是一阕充满依恋、调笑、浪漫的作品。但因为曾经被解为牵涉作者和当时皇帝宋徽宗及汴京名妓李师师间的三角恋情,而引发讨论。宋徽宗和李师师的私情,后来被载入《大宋宣和遗事》中,又被《水浒传》的作者采用,在一百二十回本《水浒传》的第七十二回、七十三回、第八十一回都出现,李师师还成了浪子燕青的结义盟姊。一直到清代初年,有名的文人陈维崧(1625—1682),还写了一阕《师师令》词:

> 宣和天子,爱微行坊市。有人潜隐小屏红,低唱道香橙纤指。夜半无人莺语脆。正绿窗风细。如今往事消沉矣。怅暮云千里。含情试问旧倡楼,奈门巷条条相似。头白居人随意指。道斜阳边是。

虽然王国维曾在《清真先生遗事》中提出辨正,可是已故的名历史小说家高阳(许晏骈)还是用"少年游"为名,写了一部小说,敷衍了三角恋情的传说。这就是因为南宋张端义(1179—?)在《贵耳集》卷下的记载而产生的回响:

> 道君幸李师师家,偶周邦彦先在焉,知道君至,遂匿于床下;道君自携新橙一颗云:"江南初进来",遂与师师谑语。邦彦悉闻之,隐括成《少年游》。……李师师因歌此词,道君问谁作?李师师奏云:"周邦彦词"。道君大怒,坐朝宣谕蔡京云:"开封府有监税周邦彦者,闻课额不登,如何京尹不按发来?"蔡京罔知所以,奏云:"容臣退朝呼京尹叩问,续得复奏。"京尹至,蔡以御前圣旨谕之。京尹云:"惟周邦彦课额增美。"蔡云:"上意如此,只得迁就将上。"得旨:"周

邦彦职事废弛，可日下押出国门。"隔一二日，道君复幸李师师家，不见李师师；问其家，知送周监税。道君方以邦彦出国门为喜，既至不遇，坐久，至更初李始归，愁眉泪睫，憔悴可掬。道君大怒云："尔去那里去？"李奏："臣妾万死，知周邦彦得罪，押出国门，略致一杯相别，不知官家来。"道君问："曾有词否？"李奏云："有《兰陵王》词。"今"柳阴直"者是也。道君云："唱一遍看。"李奏云："容臣妾奉一杯，歌此词为官家寿。"曲终，道君大喜，复召为大晟乐正，后官至大晟乐府待制。邦彦以词行，当时皆称美成词，殊不知美成文笔大有可观，作《汴都赋》，如笺奏杂著皆是杰作，可惜以词掩其它文也。当时李师师家有二邦彦，一周美成，一李士美，皆为道君狎客。士美因而为宰相。吁！君臣遇合于倡优下贱之家，国之安危治乱，可想而知也。

"道君"就是宋徽宗，徽宗于政和七年（1117）四月受道篆册为"教主道君皇帝"。"增羡"是超征的意思。周邦彦的《兰陵王·柳阴直》词，或解为"客中送客"，或认为自己离京。诗无达诂，不妨其为好词。《贵耳集》三卷，下卷完成于南宋理宗淳祐八年（1248），上距周邦彦之卒才一百二十八年，而所记如此，故亦有信之者。然实情究竟如何，则必须厘清之，以还其真相。

二、李师师与周邦彦

《贵耳集》所述周邦彦事迹，必须辨明，因此，首先应对周邦彦生平有概要认识。

周邦彦字美成，自号清真居士，钱塘人。兹据学者研究结果，述其生平经历大要如下：

仁宗嘉祐元年（1056）生。一岁。

神宗元丰二年（1079）二十四岁。入京为太学生。（薛瑞生《周邦彦别传》附年表系于去年冬，下简称"薛表"。）

六年（1083）二十八岁。七月，进《汴都赋》，自诸生命为"太学正"。（薛表：去年春为太学外舍生，明年三月献赋，除太学正。）

哲宗元祐二年（1087）三十二岁。庐州教授。（薛表系于明年三月。）

八年（1093）三十八岁。春二月，溧水令。

绍圣四年（1097）四十二岁。还朝为国子主簿。（薛表系于绍圣元年四十岁时。）

元符元年（1098）四十三岁。六月召对，重进《汴都赋》，除秘书省正字。哲宗崩，徽宗继位，时年十九岁。

徽宗建中靖国元年（1101）四十六岁。迁校书郎。（薛表系于去年初。）

大观元年（1107）五十二岁。此后六年间历考功员外郎、卫尉宗正少卿兼议礼局检讨。

政和元年（1111）五十六岁。迁卫尉卿，以直龙图阁知河中府。徽宗留之，欲使毕礼事。徽宗始微行，时三十岁。

政和二年（1112）五十七岁。出知隆德府。

政和五年（1115）六十岁。徙知明州。（薛表系于明年六月。）

政和六年（1116）六十一岁。入朝为秘书监（薛表系于明年上半年），进徽猷阁待制，提举大晟府。（薛书否定提举大晟府事。）

重和元年（1118）六十三岁。出知真定府。改顺昌府。（薛表系于明年春。）

宣和二年（1120）六十五岁。徙知处州。（薛表系于明年春夏间，赴任途中卒。）罢为提举南京（河南商丘）鸿庆宫。方腊反，居睦州、杭州、扬州。

宣和三年（1121）六十六岁。正月至南京，卒于鸿庆宫斋厅，赠宣奉大夫。

据此，则与《贵耳集》所述颇有出入。故王国维《清真先生遗事》质疑说：

张端义《贵耳集》所记美成与李师师事，尤失实。徽宗微行，始于政和而极于宣和。政和元年，先生已五十六岁，官至列卿，应无冶游之事。所云"开封府监税"亦非卿监侍从所为。至大晟乐正与大晟乐府待制，宋时亦无此官也。

自政和元年徽宗开始微行至宣和三年周邦彦之卒，前后十二年中，周邦彦大部分时间不在京师。又有须补充说明者，据《宋史·职官志·太常寺》（卷一六四）载：徽宗崇宁四年八月置大晟乐府，以大司乐、典乐为长贰，次曰大乐令、主簿、协律郎；工有乐正、舞师；以内省近侍官提举。所以周邦彦是以秘书监、徽猷阁待制而提举大晟府。张端义误以为大晟府乐正，是贬周邦彦为乐工矣！

王国维除对张端义所记提出辨正外，并以为"周密《浩然斋雅谈》所记《少年游》词及《六丑》事，失实与《贵耳集》同；且师师未尝入宫，亦见于《三朝北盟会编》"。

按：周密（1232—1298）字公谨，号草窗，南宋吴兴人。较张端义晚五十余年。所著《浩然斋雅谈》共三卷，卷下二十六则，俱为词话。王国维所举即在下卷，全文引录如下：

宣和中，李师师以能歌舞称，时周邦彦为太学生，每游其家。一夕值祐陵临幸，仓卒隐去。既而赋小词，所谓"并刀如水，吴盐胜雪"者，盖纪此夕事也。未几李被宣唤，遂歌于上前。问谁所为，则以邦彦对。于是遂与解褐，自此通显。既而朝廷赐酺，师师又歌《大酺》《六丑》二解；上顾教坊使袁绹问；绹曰："此起居舍人、新知潞州周邦彦作也。"问六丑之义，莫能对。急召邦彦问之；对曰："此犯六调，皆声之美者，然绝难歌。昔高阳氏有子六人，才而丑，故以比之。"上喜，意将留行，且以近者祥瑞沓至，将使播之乐府。命蔡元长微叩之。邦彦云："某老矣！颇悔少作。"会起居郎张果与之不咸，廉知邦彦尝于亲王席上作小词赠舞鬟云："歌席上、无赖是横波，宝髻玲珑欹玉燕，绣巾柔腻掩香罗。何况会婆娑。无个事，因甚敛双蛾。浅淡梳妆疑是画，惺忪言语胜闻歌。好处是情多。"为蔡道其事。上知之，由是得罪。师师后入中，封瀛国夫人。朱希真有诗云："解唱阳关别调声，前朝惟有李夫人。"即其人也。

周密的记事，一开始说"宣和中"；宣和是宋徽宗的第六个年号，共七年（1119—1125），而周邦彦即卒于宣和三年，周密却说周邦彦是太学生。记中"祐陵"指徽宗。《大酺·对宿烟收》一阕咏春雨。《六丑·正单衣试酒》一阕咏落花，均为周邦彦名作。周邦彦精于音律，故得提举大晟府。他对"六丑"的解释，自是成理，但与李师师又何干系？蔡元长就是蔡京，张果生平事迹无可考。所引小词尚见于邦彦词集中，即《望江南》，唯上片结句作"人好自宜多"，下片结句作"何况会婆娑"。此词题为"咏妓"，亦与张果所说舞媛不符。而周密称李师师"后入中，封瀛国夫人"者，或是后来《宣和遗事》册李明妃所本。周密所记，前后有牴牾者，当不可信。又王国维所举《三朝北盟会编》是南宋徐梦莘所撰，其卷三十确曾提到李师师：

（靖康元年正月十二日）尚书省直取金银指挥奏，圣□：仰聂山、何□、周懿文、李光，只金直。取杨球、张补、姜尧臣、李宗保、张师贤、宋辉、李宗振、董库下项逐家金银于元丰库送纳。赵元奴、李师师、王仲端曾经祗应倡优之家，并萧管袁陶，武震、史彦、蒋翊三人，筑球郭老娘逐人家财籍没。并内侍省官、道官、乐官，曾经入内医官、辇官、幕士、忠佐，并应曾特赐金带、许系金带人，并行陈纳。若敢狥情隐庇，并转为藏匿之家，许日下自首，如违并行军法，诸色人所隐藏之物以半充赏。

这是宋钦宗所下的一道追讨徽宗曾经赏赐的各种人物的金银钱财，其中李师师和赵元奴，都是曾经应召的"倡优之家"，都必须把当初获得的金银物品全部"陈纳"。南宋初人所撰《靖康要录》卷一有同样的记载："靖康元年正月十二日，御笔将赵元奴、李师师、王仲端，及曾祗应倡优之家，并袁陶、武震、史彦、蒋翊、郭老娘逐人家财籍没。"所谓"籍没"，就是充公。王国维以此证明李师师并不在宫内。又，周密所引朱希真诗一联，朱希真即朱敦儒（1081—1159），南宋初词家，有词集《樵歌》。据《全宋诗》,其存诗仅九首,周密所引列为"断句"。两句之意,盖谓李师师之遭遇与一般之阳关离别不同。朱希真有无此作,亦难确定。

三、李师师与晁冲之

有关李师师的记载,最早的应该是张邦基的《墨庄漫录》。《墨庄漫录》卷八载:

> 晁无咎和李桓双头牡丹有云:"二乔新获吴宫怯,双隗初临晋帐羞。月地故应相伴语,风前各是一般愁。"政和间,汴都平康之盛,而李师师、崔念月,二妓名著一时。时晁冲之叔用,每会饮多召侑席,其后十许年再来京师,二人尚在而声名溢于中国,李生者门第尤峻。叔用追往昔,成二诗以示江子之。其一云:"少年使酒来京华,纵步曾游小小家。看舞霓裳羽衣曲,听歌玉树后庭花。门侵杨柳垂珠箔,窗对樱桃卷碧纱。坐客半惊随逝水,吾人星散落天涯。"其二云:"春风踏月过章华,青鸟双邀阿母家。系马柳低当户叶,迎人桃出隔墙花。檠深钗暖云侵脸,臂薄衫寒玉照纱。莫作一生惆怅事,邻州不在海西涯。"靖康中,李生与同辈赵元奴及筑球吹笛袁陶、武震辈例籍其家。李生流落来浙中,士大夫犹邀之以听其歌,然憔悴无复向来之态矣。

而明代陶宗仪《说郛》卷六十八上引张邦基《汴都平康记》则于前引文句后又有张邦基之"又识"一段云:

> 一云:李生慷慨飞扬,有丈夫气,以侠名倾一时,号飞将军。每客退,焚香啜茗,萧然自如,人靡得而窥之也。邦基又识。

《说郛》所引张邦基《汴都平康记》,仅此一则,而张邦基之《汴都平康记》已不传。清人吴景旭所撰《历代诗话》卷四十六"双头牡丹"条下引北宋末许颛《彦周诗话》后注云:"《汴都平康记》载晁无咎双头牡丹诗:'二乔新获吴宫怯,双隗初临晋帐羞。'"应是由《说郛》转引者,以今通行本《彦周诗话》无此记事也。又《四库全书》张邦基《墨庄漫录》提要云:

> "《墨庄漫录》十卷,宋张邦基撰。邦基字子贤,高邮人,仕履未详。自称宣和癸卯在吴中见朱勔所采太湖鼋山石;又称绍兴十八年见赵不弃除侍郎。则南北宋间人也。"

细核《墨庄漫录》一书所记,多为宋徽宗时事,其明确交代时间者除提要所举外,又如:

"崇宁三年(1104),邦基伯父文简公宾老,而伯父倪老后除内相……"(卷一)

"政和壬辰(二年,1112)春,予侍亲在郡,……"(卷九)

"政和丙申岁(六年,1116),先君为真州教官,……"(卷十)

"政和丙申年,予尝令造竹器,……"(卷一)

"政和丁酉,予侍亲在真州,……"(卷七)

"宣和戊戌(重和元年,1118)冬,予道由颍昌之汝坟驿,……"(卷五)

"宣和中,予在京相蓝,……"(卷四)

"宣和乙巳(七年,1125)十二月四日,夜读公(包拯)奏录节出,……"(卷四)

"靖康改元(1126)正月,王将明死。……七月,开封差人擒之,……时予适在二郡,皆见之。"(卷四)

"建炎改元(1127)冬,予闲居扬州里庐,……"(卷二)

书中记事,以绍兴十八年(1148)除宗室赵不弃侍郎一则为最晚。据南宋周淙《乾道临安志》卷三,赵不弃于绍兴十七年八月十四日以右中奉大夫权工部侍郎除敷文阁待制知临安府,十八年六月十九日除工部侍郎。则张邦基所记应是亲历。又邦基自称"伯父文简公宾老",考《宋史》卷三五一"张康国"传云:"字宾老,扬州人。(崇宁)二年为中书舍人。徽宗知其能词章,不试而命迁翰林学士。三年,进承旨,拜尚书左丞,而以其兄康伯代为学士。"与邦基所述合,则其伯父为张康国。邦基又曾自述云:"邦基从伯康孙字曼老。"(《墨庄漫录》卷五)考北宋名臣苏颂(1020—1101)有《彭城县君钱氏墓志铭》(《苏魏公文集》卷六十二),称张康伯有兄弟四人,依次为康伯、康孙、康道、康广。又据秦观《芝室记》(《淮海集》卷三十八)有"倪老名康伯,曼老名节孙(应为康孙),冲老名康道",则张康伯兄弟俱为邦基之堂伯叔,张康国则张邦基之伯父。邦基之父名不详,政和丙申(六年,1116)任真州教授;邦基有兄字子章,于宣和间与孙觌同为兵部郎官,其后出知无为军。张康国者,在徽宗朝因蔡京之助仕至知枢密院事,后与蔡京失和,一日暴卒,时为崇宁三年三月,年五十四(1050—1104),谥文简。张康国助蔡京定元祐党人名,其死疑为中毒。又《四库提要》称邦基为高邮人者,应为扬州。

张邦基与其父之生卒年虽无可考,然其伯父张康国比周邦彦只长六岁,则其父年龄略可推测。张邦基《墨庄漫录》所记多宋徽宗时事,又撰有《汴都平康记》,则其对李师师之相关记载,如所记"李生流落来浙中,士大夫犹邀之以听其歌,然憔悴无复向来之态矣。"称李师师流落"来浙中"云云,似其亲见口吻;虽以其"又识"云云,亦是听闻而来,但以年代同时,应较可信,而全未及周邦彦,周邦彦非寻常官员,如与李师师有私情,张邦基岂能一无所悉?则周邦彦与李师师之间似全无瓜葛。张邦基所述李师师于靖康间被籍之事,已见前文引证而可信;其余相关人与诗,试更加诠说如下:

张邦基所提人物晁补之(1053—1110)是晁冲之之从兄,晁冲之与江端本子之,都是《江西诗社宗派图》中诗人。晁补之《鸡肋集》卷十八有《次韵李柜双头牡丹》诗,全诗八句,张邦基取其中间两联。晁补之于哲宗元符二年闰九月因党籍被贬在信州任监酒税,当时李柜是信州知州,新移牡丹,约补之赏花,故晁补之为作诗,诗作于元符三年(1100)暮春。诗中"二乔"指三国时大小乔,"双隗"用晋文公娶季隗而以叔隗妻赵衰事,本为姊妹典故,此以比牡丹。然此又与于李师师何关?据南宋末刘学箕《方是闲居士小稿》下卷有《贺新郎》代黄端夫作词,题为《白牡丹》。自注云:"京师妓李师师也。画者曲尽其妙。输棋者赋之。"则是刘学箕与黄端夫等人观李师师画像,而画者能"曲尽其妙",则李师师有"白牡丹"之号。

张邦基所引晁冲之诗,题为《都下追感往昔因成二首》。晁冲之之生平,以刘克庄《江西诗派总序·晁冲之》下所引晁冲之同门生喻汝砺所作《具茨集序》为最详。喻汝砺于序中云:"予曩游都城,与晁用道为同门生,后三十六年,识其子公武于涪陵,又二年,见之于武信(遂州)。爱其辩博英峙,辞藻蔼如也,因与之善,初不知其为用道子也。……方绍圣初,天下伟异豪爽绝特之士,离谗放逐,晁氏群从多在党中,叔用于是飘然遗形,逝而去之,……"晁用道就是晁冲之,公武就是晁公武。此序据喻汝砺于序末所记时间为"绍兴十一年九月五日"。考喻汝砺字迪儒,四川仁寿人,应是崇宁二年(1103)进士。政和二年(1112)知阆中县,迁祠部员外郎;钦宗靖康二年(1127)三月,金人推出张邦昌伪楚时,喻汝砺不肯接受,辞去祠部员外郎而归隐,以"扪膝先生"著名一时。是年五月,高宗立,喻汝励赴行在,复为祠部员外郎;因母老乞归省亲,建炎元年(1127)六月,命为四川抚谕,二年三月勒停;其后于绍兴元年(1131)七月以朝奉郎知果州(四川阆中),五年,以右朝请郎知普州(在四川),九年八月由原右朝奉大夫知夔州路提典刑狱、行驾部员外郎。十年二月以驾部郎中直秘阁知遂宁府,八月改潼川府路转运副使。十一年九月庚戌(十五)罢为主管台州崇道观,十三年(1142)四月卒于直秘阁主管台州崇道观任上。则此序写于其罢官前十日。而晁公武于十年四月己亥井度以左朝请大夫权川陕安抚司参议官兼权四川转运使时,即应井度之辟为属官,于喻汝砺尚为高层官僚。若以绍兴十一年上溯三十八年,则为崇宁二年(1103),是喻汝砺游都城而与晁冲之同学之时也,盖当年有贡举事。或二人于崇宁元年秋后在京为同门生,准备应举;次年汝励及第而冲之失意,其后汝励旅宦异地,二人遂未通音讯,且冲之又改字。再就汝励序文所称"方绍圣初,天下伟异豪爽绝特之士,离谗放逐,晁氏群从多在党中,叔用于是飘然遗形,逝而去之"。绍圣仅四年,其元年为甲戌(1094),以去年元祐八年九月太皇太后高氏崩,十月,十八岁的哲宗亲政,十二月恢复章惇、吕惠卿官,政局丕变。明年四月改元绍圣,累贬苏轼、苏辙、秦观,罢范淳仁,尽复王氏新法,七月,追夺司马光等谥,贬吕大防等官。绍圣二年正月十日,晁补之自知齐州降南京通判,九月又降为亳州。味喻汝砺之意,晁冲之在绍圣元年见苏轼等人一再贬斥,知政局已坏,于是飘然隐于具茨山;及徽宗即位,改元建中靖国,新旧并进,冲之亦返京师,欲应科举,遂与喻汝砺为同门生。今存冲之诗作有《积善堂诗并序》,据其序文,大观改元(1107)秋,冲之"时以事自昭德来徐";"昭德"系指晁氏在汴京居第在"昭德坊",已成晁氏之代称;或晁冲之于建中靖国、崇宁间为应举而返京后即暂留京师,故与同为开封人之江子之兄弟多有唱和往来,且于大观、政和间,又与吕本中往还,其间并有纵游平康召李师师侑席事。

四、晁冲之《都下追感往昔》诗试解

张邦基云:"政和间,汴都平康之盛,而李师师、雀念月,二妓名著一时。时晁冲之叔用,每会饮多召侑席。"则晁冲之之与李师师之往来极为频繁,何以《贵耳集》无一语及之?张邦基又云:"其后十许年再来京师,二人尚在而声名溢于中国,李生者门第尤峻。"晁冲之因而有《都下追感往昔因成二首》之作。晁冲之自绍圣元年避党祸远离京师隐居具茨山,又于崇宁初返京应试,再据以下所引资料,则其于大观、政和间在京与友朋聚会频繁:

吕本中《师友杂记》:"晁冲之叔用,……大观后,予至京师,始与游,相与如兄弟也。……大观、政和间,予客京师,叔用日来相招,如不能往,即再遣人问讯。"按:吕本中作《江西诗社宗派图》,以叔用列图中。据此记,知二人交往之概况。

曾敏行《独醒杂志》卷四:"政和间,置大晟乐府,建立长属。时晁冲之叔用作梅词以见蔡攸,攸持以白其父曰:'今日于乐府中得一人';元长览之,即除大晟丞。词中云:'无情燕子怕春寒,常失佳期,惟有南来塞雁,年年长占时'。以为燕、雁与梅不相关,而挽入用之,故见笔力。"按,置大晟乐府在崇宁四年。又据《宋史·乐志四》(卷一二九),蔡攸于政和末提举大晟府。政和有七年,而周邦彦于政和六年提举大晟府,政和八年(重和元年)出知顺昌府,蔡攸或即接周邦彦任。蔡攸曾奏举田为任典乐,其荐晁冲之或有可能。所引词《汉宫春》调,或以为系李邴汉老所作(唐圭璋《宋词互见考》失录),亦有争议,且以喻汝砺在序文中所述冲之之为人,冲之绝非甘于以诗名者,既飘然远举,岂能又受羁縻,况由蔡京、蔡攸父子之荐者乎!故除《独醒杂志》有此记载外,则均谓"屡荐不应"(明凌迪知《万姓统谱》)、"廷议将欲用之,竟不起"(清康熙《御选宋诗》卷一)、"诸公谋欲用之,高挹不顾"(清吴之振《宋诗钞》卷三十二)云。再者,于此亦可见晁冲之在崇宁二年后即留居京师,故荐举者再三。唯大晟乐府之官属并无"大晟丞",曾敏行所记不符。

南宋朱弁《风月堂诗话》下:"政和戊戌(八年,1118)三月雪,昭德诸晁皆赋,以《晋书·五行志》著为大异,颇艰于落笔。独晁冲之叔用用王维《雪图》事云:'从此断疑摩诘画,雪中自合有芭蕉。'人称其工。"按:王维《袁安卧雪图》画,沈括以为"得心应手,意到便成,故造理入神,迥得天意,此难可与俗人论也"。释惠洪云:"雪里芭蕉失寒暑。"

《曲洧旧闻》卷六:"政和间,常子然、谢任伯、江子我同访晁伯宇及其弟叔用于昭德之第,因观梁萧子显《古今同姓名录》见有王敦四、王莽二、董卓三;子我曰:本朝有两,一在太宗时,见于登科记,官不甚显。叔用曰:'以此诸人聚于一时,则奈何?'伯宇曰:'无害,吾有九张良足以制之。'座上无不大笑。子房至有九人,同其姓名而世莫知,可见今人读书比古人少也。"按:常璩字子然,官监察御史；谢克家字任伯，宣和七年任给事中，靖康二年为吏部侍郎兼太子宾客，南度后任礼部尚书、参知政事。江端友字子我，江端本子之兄。据《建炎以来系年要录》卷七："隐居京城东郊，躬耕蔬食，素有高行。蔡京欲辟之，不能致。靖康初上书论事，后用吴敏荐授官，至是召用。"时在建炎元年七月辛卯。以承务郎诸王府赞读试尚书兵部员外郎。端友卒于绍兴四年三月，时为"祠部员外郎兼权太常少卿主管温州神主"，无妻子，死于雁荡山（同书卷七十四）。江端友尝寓居桐庐县芦茨源，自号七里先生。（《浙江通志》卷四十九）政和共七年，此不知何时。

南宋胡仔《渔隐丛话》后集卷三十六引《诗说隽永》："晁冲之叔用乐府最知名，诗少见于世。政和末，先公为御史，朱深明为郎官，其《谢先公寄茶兼简深明》诗曰：'谏议茶犹寄，郎官迹已疏。斜封三道印，不奉一行书。□远长安去，终临顾渚居。大江清见底，为问渴如何。'"按：此为胡仔举晁叔用诗以反证《诗说隽永》所称晁叔用"诗少见于世"之说。胡仔父胡舜陟（1083—1143）为大观三年（1109）进士，曾两任监察御史。朱深明不详。

清徐乾学《资治通鉴后编》卷一百："（宣和元年九月丙寅）方京病笃，人谓其必死，独晁冲之谓陆宰曰：'未死也！彼败坏国家至此，若使晏然死牖下，备极哀荣，岂复有天道哉！'已而果愈。"（此据陆游《家世旧闻》）按：晁叔用《陆元钧宰寄日注茶》诗，有"更烦小陆分日注，密封细字漫奴送"之语，则其与陆宰确有交往，且交情不菲。陆宰（1088—1148）是陆佃之子、陆游之父，宣和元年三十二岁，而晁叔用于诗中自称"老夫"而称陆宰"小陆"；陆佃六子而宰行五，故"小陆"之称应是双关，然既自称"老夫"，则较陆宰应长十岁以上。设其时冲之四十二岁，则绍圣初约二十五岁，崇宁初约三十四岁，政和初约四十四岁。由晁叔用之严厉批判蔡京，益可证其不可能接受蔡京、蔡攸父子之推荐而出任大晟乐府官僚。

据以上所引文献，则晁叔用或在大观、政和之间都在京师，而其后至宣和初仍在京，且李师师"尚在而声名溢于中国，李生者门第尤峻"。门第尤峻者，盖已为徽宗所幸矣！若然，则李师师者，名著汴都平康已十许年矣！

晁冲之于"十许年"后重返京师，见李师师声名犹盛，且"门第尤峻"，必是感慨万端，遂有《都下追感往昔因成二首》之作：

> 少年使酒走京华，纵步曾游小小家。看舞霓裳羽衣曲，听歌玉树后庭花。
> 门侵杨柳垂珠箔，窗对樱桃卷碧纱。坐客半惊随逝水，主人星散落天涯。

> 春风踏月过章华，青鸟双邀阿母家。系马柳低当户叶，迎人桃出隔墙花。
> 鬓深钗暖云侵脸，臂薄衫寒玉映纱。莫作一生惆怅事，邻州不在海西涯。

第一首"少年"盖泛说昔年。"苏小小"是南齐时钱塘名歌妓，历代文人多有歌咏，此以代指李师师。中四句既写李师师居处风光，又说李师师之能舞善歌。结两句说重来再聚之感触，当时坐上主客，星散流落，更非少年矣！第二首进一步写与李师师之绸缪，五六两句尤为婉曲传神，十四字说尽李师师之娇美动人！以上皆"追"往事，而今时移势易，因避祸一再离京，旧情难续，徒增无限惆怅。盖晁冲之所隐之具茨山，在新郑西南四十里，属开封府管辖，与京师犹如邻州，其实并非远在海涯，竟使藕断而丝不连，此情可待，徒成追忆而已！

晁冲之有《汉宫春》一词，其下片云：

> 回首旧游如梦，记踏青鞲饮，拾翠狂游。无端彩云易散，覆水难收。风流未老，拚千金，重入扬州。应又是，当年载酒，依前名占青楼。

写的是类似的感慨。晁冲之生平，虽张剑撰有《晁冲之年谱》，仍有待更作探索，以求确认。

五、李师师记事之迭变

李师师事迹,除前文所引张邦基《墨庄漫录》、徐梦莘《三朝北盟会编》及周密《浩然斋雅谈》之记述外,又见于下列文献,兹引录并略作说明,以见李师师记事之迭变:

宋孟元老《东京梦华录·京瓦伎艺》(卷五):"崇观以来,在京瓦肆技艺:张廷叟孟子书主张;小唱李师师、徐婆惜、封宜奴、孙三四等,诚其角者。"按:据是书自序云:"仆从先人宦游南北,崇宁癸未到京师。……仆数十年烂赏迭游,莫知厌足,一旦兵火,靖康丙午之明年,出京南来,避地江左。……绍兴丁卯岁除日幽兰居士东京孟元老序。"崇宁癸未为二年(1103),靖康丙午之明年即靖康二年(1127),绍兴丁卯为绍兴十七年。则孟元老与张邦基为同时人。据所记,则李师师于崇宁后已以歌唱名角闻于京师,冲之崇宁初返京时若三十余岁,或此时已有征歌逐舞之事。

南宋李心传《建炎以来系年要录》(卷六十八):"(绍兴三年九月乙卯)湖南转运副使李弼孺罢。先是本路安抚使折彦质奏,弼孺与之有旧隙,请罢去。诏弼孺移江西。时湖寇充斥,弼孺闻命不行,遍檄诸州,有敢应副帅五月庚申司者,当职官枷项送狱。御史常同言,弼孺趣操卑污,顷年尝认倡人李师师为姑,诣事朱勔,赃污狼籍,今又公违诏旨,占护钱粮,意望败事。故弼孺遂罢。"按:官僚而拜倡人为姑,所图者无非名位,则李师师或真有影响力者。

南宋郭象《睽车志一》:"宣和间林灵素希世宠幸,数召入禁中,赐坐便殿。一日灵素倏起趋阶下曰:'九华安妃且至,玉清上真也。'有顷果中宫至,灵素再拜殿下,继又曰:'神霄某夫人来。'已而果有贵嫔继至者,灵素曰:'在仙班中,与臣等列,礼不当拜。'长揖而坐。俄忽腭视,喑曰:'是间何乃有妖魅气耶!'时露台妓李师师者出入宫禁,言讫而师师至。灵素怒目攘袂,亟起取御炉火箸,逐而击之。内侍救□得免。灵素曰:'若杀此人,其尸无狐尾者,臣甘罔上之诛。'上笑而不从。"按:林灵素温州人,初学佛,又为道士,于政和六年赐号通真达灵先生,宣和二年春斥归田里,通判江端本廉得其居处过制罪,徙置处州死。(见《宋史·方伎传》卷四六二)。

南宋张端义《贵耳集》卷下:"道君北狩,在五国城(哈尔滨南)或在韩州(近四平市),凡有小小凶吉丧祭节序,北国必有赐赍,一赐必要一谢表,北国集成一帙,刊在榷场中,博易四五十年,士大夫皆有之。余曾见一本,更有李师师小传同行于时。"

南宋刘克庄(1187—1269)《后村集十八》:"汴都角妓郜六、李师师,多见前辈杂记。郜即蔡奴也。……师师著名宣和,入至掖庭。顷见郑左司子敬云:'汪端明家有李师师传',欲借抄不果。刘屏山诗云:'辇毂繁华事可伤,师师垂老过湖湘。缕衣檀板无颜色,一曲当年动帝王。'亦前人感慨杜秋娘、梨园弟子之类。"按:郑寅字子敬,南宋理宗端平初任左司郎中。汪端明指汪应辰,字圣锡,绍兴五年(1135)状元,仕至吏部尚书、端明殿学士,系郑寅外祖。郑寅为郑侨子,藏书极富,若其外祖家有《李师师传》,则《贵耳集》所言亦可信。而刘屏山"师师垂老过湖湘"之语,盖有所据乎!所引刘屏山诗,见所作《汴京书事》;刘克庄所称"入自掖庭"与郭象所称"露台妓"意义相类,盖谓奉召入内庭也。又,徐培均《秦少游年谱长编》于元祐六年下曾引《李师师外传》云:"李师师者,汴京东二厢永庆坊染局匠王寅之女也,……寅怜其女,乃为舍身宝光寺,……为佛弟子者,俗呼为师,故名之曰师师。"然未作出处交代,姑录供参考.

元人所编《宣和遗事》记李师师事,自宣和五年七月徽宗由高俅、杨戬陪同微行至"金线巷"初识李师师起。称李师师已有"结发之婿"贾奕;宣和六年初,"册李师师做李明妃,改金线巷唤做小御街";宣和七年十二月徽宗禅位后,钦宗"将李明妃废为庶人。在后流落湖湘间,为商人所得,因自赋诗云:'辇毂繁华事可伤,师师垂老过湖湘。缕衫檀板无颜色,一曲当年动帝王'"。按:据今人曹济平考,《宣和遗事》乃节录《续宋中兴编年资治通鉴》、《九朝编年备要》、《宾退录》、《钱塘遗事》、《建炎中兴记》等若干书中相关资料而来,然李师师册李明妃事,别无所见,即所记自赋之诗,实为南宋学者刘子翚(号屏山,1101—1147)所作。刘屏山与张邦基时间相近,其后宋末方回《桐江续集》卷二十之《俳体戏书二首》之二:"世变茫茫不可期,珊瑚作婢捣黄糜。八千里有假附子,二十年无生荔枝。司马梦述苏小小,屏山诗痛李师师。止应骨朽心犹在,倒海难湔万古愁。"

按:宋时司马槱才仲,初在洛下,昼寝,梦一美姝牵帷而歌曰:"妾本钱唐江上住,花落花开、不管流年度。燕子衔将春色去。纱窗几阵黄梅雨。"才仲爱其词,因询曲名;云是《黄金缕》。后五年,才仲以苏子瞻荐应制举中等,遂为钱塘幕官,为秦少章道其事。少章为续其后词云:"斜插犀梳云半吐。檀板轻敲、唱彻黄金缕。梦断彩云无觅处。夜凉明月生南浦。"顷之复梦美姝迎笑曰:"夙愿谐矣!"遂与同寝。自是每夕必来。才仲为同采谈之,咸曰:"公廨后有苏小小墓,得无妖乎?"不逾年而才仲得疾,所乘游舫舣泊河塘,柂工遽见才仲携一丽人登舟,即前喏之,声断火起舟尾,仓忙走报其衙,则才仲死而家人已恸哭矣!

明顾起元《说略》卷九:"李师师东京角妓也,住金线巷,色艺冠绝。徽宗自政和后多微行,乘小轿子往来师师家。宣和六年(1124)册师师为李明妃,改金线巷为小御街。金兵至,李明妃废为庶人,流落湖湘,为商人所得。见《宣和遗事》。"

明陈耀文《天中记》卷二十:"李师师京都名妓也,见宠于宋徽宗,而私与周邦彦美成昵甚。一日,正与宴洽,而报上遽至。周狼狈匿床下。上于座中出新橘食之,周遂潜为度曲以咏其事。异日师师歌之,上知而大怒,出周外任。师师往饯之,及归,离索未解,泪光尚莹莹也。上适至,因问之。李不敢隐,具以状对,遂复周官云。"

明胡应麟《少室山房笔丛·正集》《庄岳委谈》云:"杨用修《词品》云:'《瓮天脞语》'载:'宋江潜至李师师家题一词于壁云:'天南地北,问乾坤何处,可容狂客? 借得山东烟水寨,来买凤城春色。翠袖围香,鲛绡笼玉,一笑千金值。神仙体态,薄幸如何销得。□□想芦叶滩头,蓼花汀畔,皓月空凝碧。六六雁行连八九,只待金鸡消息。义胆包天,忠肝盖地,四海无人识。闲愁万种,醉乡一夜头白。'小词盛于宋,而剧贼亦工如此。'按此即水浒词,杨谓瓮天,或有别据,第以江尝入洛,则太愦愦也。"(词见《水浒传》七十二回)

清《御选历代诗余》卷一百十六引南宋陈鹄《耆旧续闻》:"美成至汴,主角妓李师师家,为赋《洛阳春》,师师欲委身而未能也。一夕徽幸师师家,美成仓卒不能出,匿复壁间,遂制《少年游》以记其事,徽宗知而遣发之。师师饯送,美成复作《兰陵王·咏柳》词,有'长亭路,年去岁来,应折柔条过千尺'之句。师师归而歌之,闻于徽宗,即留为大晟府待制。"按:今传周邦彦《片玉词》,未见用《洛阳春》调之作。

清吴之振《宋诗钞》晁冲之《具茨集钞》:"晁冲之字叔用,初字用道,举进士,与陵阳喻汝砺为同门生。少年豪华自放,挟轻肥,游帝京,狎官妓李师师,缠头以千万,酒船歌板,宾从杂沓,声艳一时。《都下追感往昔因成二首》:'少年使酒走京华,纵步曾游小小家。看舞霓裳羽衣曲,听歌玉树后庭花。门侵杨柳垂珠箔,窗对樱桃卷碧纱。坐客半惊随逝水,主人星散落天涯。''春风踏月过章华,青鸟双邀阿母家。系马柳低当户叶,迎人桃出隔墙花。鬟深钗暖云侵脸,臂薄衫寒玉映纱。莫作一生惆怅事,邻州不在海西涯。'"

以上所举,大抵明人撰著,多依据宋元以来各家记载又敷衍之,且亦取《宣和遗事》所述,是亦足资闲谈者。此外,下引诗人讽咏,亦可见世人对李师师事之观感。

明杨基《眉庵集》卷十一:《登宋宫故基》:"上皇宫殿壁参差,嗟我来登见废基。尽道河边金线柳,腰肢犹似李师师。"

明李濂辑《汴京遗迹志》引李梦杨《观灯行》："宋家累叶全盛帝，宽大实皆称令主。百姓牛马遍阡陌，太仓米粟忧红腐。宣和以来遂多事，呜呼烂费如沙土。海石江花涌国门，离宫别殿谁能数。群臣谀佞只自计，天下骚然始怨苦。正月十四十五间，有勅大驾观鳌山。万金为一灯，万灯为一山。用尽工匠力，不破君王颜。此时上御宣德门，乐动帘开见至尊。奔星忽经于御榻，明月初上堆金盆。倾城呼噪声动地，可怜今夜鳌山戏。窈冥幻巧百怪聚，金蛾翠管堪垂泪。借问幸臣谁，云是李师师，外有蔡京与蔡攸。夹楼锦幄罗公侯，丞相之幄当前头。奚儿腰带控紫骝，如花少女擎彩球。但闻楼上呼楼下，黄帕笼盘赐玉羞。月高鸣鞭至尊起，幄中环佩如流水。争道齐驱辇路窄，寺桥窈窕尘埃白。火树龙灯又一时，千光万焰天为赤。常言晏安成祸基，从来乐极还生悲。君看二帝蒙尘日，数月东京荒蒺藜。"

清沈嘉辙等《南宋杂事诗》卷六："筑球吹笛共流离，中瓦钩阑又此时。檀板一声双泪落，无人知是李师师。"

清陈维崧《迦陵词·师师令（汴京访李师师故巷）》：

　　宣和天子，爱微行坊市。有人潜隐小屏红。低唱道香橙纤指。夜半无人莺语脆。正绿窗风细。　　如今往事消沉矣。怅暮云千里，含情试问旧倡楼，奈门巷条条相似。头白居人随意指，道斜阳边是。

《木兰花慢（汴京城内有李师师巷，经过感赋）》：

　　是东京旧迹，愁漠漠，雨丝丝。怅赵宋繁华，樊楼语笑，总被风吹凄其。剩勾栏在，照绿窗曾挂月如规。今日颓垣废井，当年舞榭歌基。　　师师雪貌玉为肌。玩月赏花时，惹君王夜幸，香橙暗擘，腻笋潜携。谁知小屏风，从有周郎低唱断肠词。一代春娇寂寞，半城夜火参差。

陈维崧（1625—1682）为清初人，据第二阕词题，则当时汴京城内犹有"李师师巷"，四百年前名妓，有此遭际，岂偶然哉！

六、余论：李师师与《师师令》

李师师应确有其人，故《三朝北盟会编》、《建炎以来系年要录》等较严谨之历史著作均曾提及，且有官僚认为姑母之例，则其得徽宗之宠幸亦真有其事。然李师师本汴京一角妓，因貌美擅唱小曲而受狎客青睐，晁冲之固为其中代表，而所作诗有"鬓深钗暖"、"臂薄衫寒"之语，则其与李师师之交情非比寻常。李师师后又得徽宗怜爱，遂牵引出与周邦彦间之公案，以周邦彦之精于音乐，且曾任提举大晟乐府，亦易被附会也。李师师因歌艺应召掖庭，已见史籍；而南宋周密《浩然斋雅谈》有封"瀛国夫人"之记事，遂起元人《宣和遗事》册贵妃之说，自是无稽之谈。而李师师最后归宿，或在被籍没后先到浙中，后又流落湖湘，终为商人妇也。然师师为人究竟如何，则张邦基所称"一云李生慷慨飞扬，有丈夫气，以侠名倾一时，号飞将军。每客退，焚香啜茗，萧然自如，人靡得而窥之也"或可略窥，此《水浒传》作者所以有师师义助梁山好汉之铺排，盖非寻常女子也。

再者，词牌《师师令》，与李师师究竟有无关涉？清代徐釚《词苑丛谈》卷一有云：

　　《师师令》因张子野所制新词赠妓李师师得名也。词云："香钿宝珥，拂菱花如水，学妆皆道称时宜，粉色有、天然春意，蜀彩衣长胜未起，纵乱霞垂地。都城池苑夸桃李。问东风何似，不须回扇障清歌，唇一点、小于朱蕊。正值残英和月坠。寄此情千里。"

按，四库全书《词林万选》提要云：

　　其中时有评注俱极疏漏，如晏几道《生查子》云："看遍颍州花，不似师师好。"注曰："此李师师也。"虽与颍州不合，然几道死靖康之难，得见李师师犹可言也，又秦观《一丛花》题下注曰："师师，子野、小山、淮海词中皆见，岂即李师师乎！"考师师得幸徽宗，虽不能确详其年月，然刘翚《汴京书事》诗曰："辇毂繁华事可伤，师师垂老过湖湘。缕衣檀板无颜色，一曲当年动帝王。"则南渡以后，师师流落楚南，尚追随歌席。计其盛时，必在宣、政之间。张先登天圣八年进士，为仁宗时人，苏轼为作莺莺燕燕之句，时已八十余矣；秦观则于哲宗绍圣初业已南窜，后即卒于藤州，未尝北返，何由得见师师？"

提要所疑，盖欲否定《词林万选》为明代杨慎所作。按：张先卒于元丰元年（1078），时已八十九岁。苏轼为作莺莺燕燕诗时，为八十五岁，尚纳妾，故知杭州陈襄使苏轼作诗讽之。秦观于元丰八年及第后即外任，至元祐五年五月始回朝任官。秦观卒于元符三年（1100）。徐培均《秦少游年谱长编》系《一丛花》于元祐六年，且引张邦基所记以为时间悬隔二十年，盖非同一师师。至于晏小山，则夏承焘《晏同叔年谱》"徽宗大观元年"下推测小山年龄有云："殆与程颐同年辈，虽卒年无从确定，然以《碧鸡漫志》卷二为蔡京作词事推之，至早不至前于元符、崇宁间蔡京得势时，则无疑也。"按程颐卒于大观元年（1107）；又南宋王灼《碧鸡漫志》卷二云：

> 叔原年未至乞身，退居京城赐第，不践诸贵之门。蔡京重九、冬至日遣客求长短句，欣然两为作《鹧鸪天》（按"九日悲秋"、"晓日迎长"二阕）……竟无一语及蔡者。

按：蔡京于哲宗元符元年春始为翰林学士承旨，三年冬免；徽宗即位（1101）之十一月，复召任；崇宁元年（1102）七月拜相。夏氏之意，叔原"欣然"为蔡京两作词，应在蔡京得势前，即晏几道不可能卒于元符初。《宋诗纪事》称晏几道于靖康初（1126）官河北，与妻死难。然不知所据。1997年，涂木水据《东南晏氏家谱》，订晏几道生于仁宗宝元元年（1038），卒徽宗大观四年（1110），七十三岁。（见袁行霈主编《中国文学史》第六章附注 6），则《宋诗纪事》之说不确。又夏氏有附按云："或以小山词《生查子》'看遍颍川花，不似师师好'、'醉后莫思家，借取师师宿'句，疑叔原及见宣和李师师。案此说非是。张子野词已有《师师令》调，《淮海词·一丛花》亦有'年时今夜见师师'句，明非宣和李师师。唐人孙棨《北里志》，记平康妓有李师师，知师师乃妓通名，犹古不止一西施也。"据新确定叔原卒年，参以前述晁冲之相关数据，则叔原有可能知道汴京名妓李师师，夏氏取"宣和李师师"以别于张先元丰、秦观元祐时之师师。然《说郛》本《北里志》所记唐平康妓并无李师师，或系"王苏苏"之误。再者，徽宗微行会李师师时为三十岁，然则李师师之年龄如何？前引诸书唯《水浒传》八十一回有线索可资参考；八十一回叙燕青为求得见徽宗，不得已与李师师结为姊弟；燕青二十五岁，较李师师小二岁，而时为宣和四年（1122），前一年周邦彦卒，六十六岁，则较李师师大四十岁，而李师师又小于晁冲之二十三岁。又如据此上推李师师生年则为绍圣元年，则至大观、政和间正十七八岁妙年，又小于徽宗仅十二岁，此所以能得至尊欢心也。徽宗逊位时，李师师三十二岁，靖康籍没，命运陡变，避难浙中，仍操旧生涯，但已"樵悴无复向来之态矣"！其后又流落湖湘，嫁为商人妇以终。虽不免小说家言或流于揣度，姑妄听之说之，所以勉强释疑也。草成此文，不能无感。戏以两绝句作结：

> 师师雅号飞将军，白牡丹花更动人。
> 流落湖湘无颜色，当年一曲动至尊。

> 当年一曲动京师，闻道册封李贵妃。
> 马滑霜浓周提举？氄深钗暖晁冲之！

2013 年 10 月 6 日黄启方再校读于心隐居

郑侠《流民图》事件与相关诗歌探微

林宜陵

内容提要：宋代党争激烈，无论新党还是旧党成员，都认为自己是为国为民的正义一方，情况纷繁复杂。就郑侠《流民图》事件着眼，可以从特定的角度看待党争的症结所在。郑侠是王安石器重的人才，更因其一次谎称军情紧急并冒死上谏，王安石认为值得重视。郑侠《流民图》事件促使新法排除掉不激进的成员，进入更急功的境界。由于新法之施行，虽由神宗主导，旨在国富兵强，但与百姓之现实安定亦有暂时性冲突。借由史事与诗文互证以了解此一问题所在，可以更客观之立场了解复杂的党争议题。因此，我们先厘清郑侠《流民图》事件的史实记载，了解此事件对于当时政局的影响以及宋神宗的处理态度，再辅以郑侠本人及苏轼、王安石的作品，以阐明宋诗议论时事的文学表现，从而进一步理解这些议论朝政的文章对朝廷造成怎样的冲击，进而改变宋代的诗歌风格走向。

关键词：郑侠；《流民图》；王安石变法；新旧党争；宋诗走向

一、前　言

宋仁宗因为无嗣继承皇位，抱养其父宋真宗兄长的孙子养在宫中，在仁宗驾崩时，使得立为宋英宗，宋英宗要即位时，太后（仁宗皇后）有意继前朝刘太后（真宗皇后）方式垂帘听政，全赖韩琦力保，英宗才得以顺利亲政。但是英宗驾崩后，在诸皇子之中，韩琦是最反对宋神宗即位的，神宗继承皇位后对韩琦这位三朝功臣，虽然封为丞相，却一切都问政于副丞相"王安石"，执意施行变法，因此韩琦愤而罢相。[①]

苏轼和苏辙兄弟与韩琦、欧阳修等人关系密切，苏辙还有千古流传的《上枢密韩太尉书》与韩琦是站在同一阵线反对新法的躁进，经过了神宗熙宁九年长时间的抗辩与论争，新法遇到的旱灾等天灾严厉的考验，加以郑侠书《流民图》虽使得新法暂停施行，王安石罢相，却因神宗听信吕惠卿等人言语，反遭下狱，更使得王安国遭罪，与晏几道等人遭连累。新法复行后在吕惠卿的主导下法令更加严峻。

郑侠《流民图》事件，一度曾是撼动熙宁变法的大事，本文就《流民图》事件探讨宋代党争所争之处，并以郑侠、王安石、苏轼诗作探讨不同立场的感受。

---

① ［清］毕沅著：《续资治通鉴》卷七三："（宋神宗）己亥，太傅兼侍中曾公亮卒，年八十。帝临哭，辍朝三日。赠太师、中书令。初谥忠献，礼官刘挚驳曰：'公居三事，不闻荐一士，安得为忠！家累千金，未尝济一物，安得为献！'众莫能夺，改谥宣靖。及葬，御篆其碑首曰'两朝顾命定策亚勋之碑'。公亮性吝啬，殖货至巨万。力荐王安石以间韩琦，持禄固宠，为世所讥。"记载了宋神宗感激曾公亮"力荐王安石以间韩琦"巩立帝位之功。

二、《流民图》事件

（一）郑侠生平与《流民图》事件

《宋史·郑侠传》所载郑侠生平，可以得到《流民图》事件的正史观点，以及有关郑侠和《流民图》事件的几个关节点。下面我们引用《宋史》（［元］脱脱等撰，中华书局 1985 年版，下同）并加以评论：

1. 郑侠本是王安石所重用的人

郑侠，字介夫，福州福清人。治平中，随父官江宁，闭户苦学。王安石知其名，邀与相见，称奖之。进士高第，调光州司法参军。安石居政府。凡所施行，民间不以为便。光有疑狱，侠谳议傅奏，安石悉如其请。侠感为知己，思欲尽忠。

这段记载中可见郑侠本受王安石提拔重用，用心治理光州，得到王安石认同，郑侠一心报答王安石知己之情，也可以看出郑侠对于民间疾苦的全心支持。

2. 郑侠对于新法的施行一开始即不认同

秩满，径入都。时初行试法之令，选人中式者超京官，安石欲使以是进，侠以未尝习法辞。三往见之，问以所闻。对曰："青苗、免役、保甲、市易数事，与边鄙用兵，在侠心不能无区区也。"安石不答。侠退不复见，但数以书言法之为民害者。久之，监安上门。安石虽不悦，犹使其子雱来，语以试法。方置修经局，又欲辟为检讨，更命其客黎东美谕意。

郑侠在新法施行初期即以一再上书反对，王安石三次前去请求协助新法施行，皆被拒绝。竟然"退不复见"，"青苗、免役、保甲、市易数事，与边鄙用兵，在侠心不能无区区也"。问题的争执处在于这些作为是王安石所欲争取的国家利益，却不是郑侠所认同的利于百姓。

3. 天旱不雨冒着欺君之罪，假称边情紧急，上《流民图》

是时，自熙宁六年七月不雨，至于七年之三月，人无生意。东北流民，每风沙霾曀，扶携塞道，羸瘠愁苦，身无完衣。并城民买麻糁麦麸，合米为糜，或茹木实草根，至身被锁械，而负瓦楬木，卖以偿官，累累不绝。侠知安石不可谏，悉绘所见为图，奏疏诣阁门，不纳。乃假称密急，发马递上之银台司。其略云："去年大蝗，秋冬亢旱，麦苗焦枯，五种不入，群情惧死；方春斩伐，竭泽而渔，草木鱼鳖，亦莫生遂。灾患之来，莫之或御。愿陛下开仓廪，赈贫乏，取有司掊克不道之政，一切罢去。冀下召和气，上应天心，延万姓垂死之命。今台谏充位，左右辅弼又皆贪猥近利，使夫抱道怀识之士，皆不欲与之言，陛下以爵禄名器，驾驭天下忠贤，而使人如此，甚非宗庙社稷之福也。窃闻南征北伐者，皆以其胜捷之势、山川之形，为图来献，料无一人以天下之民质妻鬻子，斩桑坏舍，流离逃散，遑遑不给之状上闻者。臣谨以逐日所见，绘成一图，但经眼目，已可涕泣。而况有甚于此者乎！如陛下行臣之言，十日不雨，即乞斩臣宣德门外，以正欺君之罪。"

其中所言"侠知安石不可谏"可见郑侠不止一次上谏王安石，但是为政目标不同，当然不为所用。写出郑侠假称军情紧急，运用违法的方法，越级上报，自知是欺君之罪，但为了百姓的生活，甘心自我牺牲，才得以让神宗看到百姓困苦的《流民图》。

4. 新法停止施行

疏奏，神宗反复观图，长吁数四，袖以入。是夕，寝不能寐。翌日，命开封体放免行钱，三司察市易，司农发常平仓，三卫具熙河所用兵，诸路上民物流散之故。青苗、免役权息追呼，方田、保甲并罢,凡十有八事。民间欢叫相贺。又下责躬诏求言。越三日,大雨,远近沾洽。辅臣入贺,帝示以侠所进图状,且责之,皆再拜谢。

神宗为此图所感动以至于"寝不能寐",第二天即特赦天下,罢除新法中与民争利的部分,并下诏责己,请求谏言。三日后果然下起大雨,群臣不知缘由,入朝恭贺,神宗拿出《流民图》与上状,责备了群臣。这进一步激起施行新法的官员反弹。

5. 王安石求去吕惠卿执政新法复行

安石上章求去,外间始知所行之由,群奸切齿,遂以侠付御史,治其擅发马递罪。吕惠卿、邓绾言于帝曰:"陛下数年以来,忘寐与食,成此美政,天下方被其赐;一旦用狂夫之言,罢废殆尽,岂不惜哉?"相与环泣于帝前,于是新法一切如故。安石去,惠卿执政。

王安石因此求去,"群奸切齿",因此将郑侠交付御史论过,将其归为狂夫之言,"相与环泣于帝前",神宗终是敌不过群臣之言,恢复新法,王安石因此罢相。

6. 郑侠上书攻击群臣,以谤讪之罪编管汀州

侠又上疏论之,仍取唐魏征、姚崇、宋璟、李林甫、卢杞传为两轴,题曰《正直君子邪曲小人事业图迹》。在位之臣暗合林甫辈而反于崇、璟者,各以其类,复为书献之。并言禁中有被甲、登殿等事。惠卿奏为谤讪,编管汀州。御史台吏杨忠信谓之曰:"御史缄默不言,而君上书不已,是言责在监门而台中无人也。"取怀中《名臣谏疏》二帙授侠曰:"以此为正人助。"惠卿暴其事,且嗾御史张琥并劾冯京为党与。侠行至太康,还对狱,狱成,惠卿议致之死。帝曰:"侠所言非为身也,忠诚亦可嘉,岂宜深罪?"但徙英州。

郑侠不因此而退缩,进一步以图直指吕惠卿等人有"被甲、登殿"危害君王之行,并累及郑侠亲友,欲致其死,幸得神宗阻止,贬至英州。由这段史书文字记载可以看出,此时宋神宗的朝廷,已非宋神宗所能主导,群臣的力量,确实足以牵制神宗。

6. 英州百姓敬之

既至,得僧屋将压者居之,英人无贫富贵贱皆加敬,争遣子弟从学,为筑室以迁。

更可看出郑侠是站在百姓的立场,所以百姓感念其德,纷纷命子弟追随求学。与新法站在国家朝廷利益上的基准点不同。

7. 哲宗元祐时得归,为泉州教授,元符年再窜。徽宗立得还故官,后又为蔡京所夺

哲宗立,始得归。苏轼、孙觉表言之,以为泉州教授。元符七年,再窜于英。徽宗立,赦之,仍还故官,又为蔡京所夺,自是不复出。布衣粝食,屏处田野,然一言一话,未尝忘君。宣和元年卒,年七十九。里人揭其闾为郑公坊,州县皆祀之于学。绍熙初,诏赠朝奉郎。官其孙嘉正为山阴尉。

郑侠在神宗驾崩后的遭遇,更可以看出君王对于变法的支持与否,哲宗初立时是高氏太皇太后(英宗皇后)垂帘之际,所以新法遭废除,徽宗虽特赦天下,还以官位,但是新党执政后,再次被夺去官位。"一言一话,未尝忘君"可以看出郑侠一生忧心国事之心。

(二)王安国与《流民图》事件的关联

1.《宋史·王安国传》的考察

郑侠《流民图》事件,另一位遭受重罪的是王安国,因此事被累及遭罪,《宋史·王安国传》中记载,我们可以有如下认识。

(1)王安国以文章称于世

王安国字平甫,安礼之弟也。幼敏悟,未尝从学,而文词天成。年十二,以所为诗、铭、论、

赋数十篇示人,语皆警拔,遂以文章称于世,士大夫交口誉之。于书无所不通,数举进士,又举茂材异等,有司考其所献序言为第一,以母丧不试,庐于墓三年。熙宁初,韩绛荐其材行,召试,赐及第,除西京国子教授。

据《宋史》这段记载,可以了解王安国以文章称于世,且仕途顺利。

(2)恨新法知人不明、聚敛太急尔

　　官满,至京师,上以安石故,赐对。帝曰:"卿学问通古今,以汉文帝为何如主?"对曰:"三代以后未有也。"帝曰:"但恨其才不能立法更制尔。"对曰:"文帝自代来,入未央宫,定变故俄顷呼吸间,恐无才者不能。至用贾谊言,待群臣有节,专务以德化民,海内兴于礼义,几致刑措,则又文帝加有才一等矣。"帝曰:"王猛佐符坚,以蕞尔国而令必行,今朕以天下之大,不能使人,何也?"曰:"猛教坚以峻刑法杀人,致秦祚不传世,今刻薄小人,必有以是误陛下者。愿顾以尧、舜、三代为法,则下岂有不从者乎。"又问:"卿兄秉政,外论谓何?"曰:"恨知人不明,聚敛太急尔。"帝默然不悦,由是别无恩命,止授崇文院校书,后改秘阁校理。屡以新法力谏安石,又质责曾布误其兄,深恶吕惠卿之奸。

这一段史事记载王安国对于宋神宗不卑不亢的态度,神宗自比为符坚,希望得到如王猛般的人才协助变法,可是王安国直言上谏辩驳汉文帝才是圣君,可见王安国也是站在人民利益的立场,与变法站在朝廷利益的立场不同。加上在神宗面前勇于批评王安石新法的问题在于"恨知人不明,聚敛太急尔"足以见得王安国的变法立场与对于变法人物都是无法认同的。

(3)愿兄远佞人

　　先是,安国教授西京,颇溺于声色,安石在相位,以书戒之曰:"宜放郑声。"安国复书曰:"亦愿兄远佞人。"惠卿衔之。及安石罢相,惠卿遂因郑侠事陷安国,坐夺官,放归田里。诏以谕安石,安石对使者泣下。既而复其官,命下而安国卒,年四十七。

因为对于变法的忧心,王安国一度"溺于声色",加以逃避,王安石以书信告示,王安国则回信,要王安石一定要远离吕惠卿,吕惠卿在王安石罢相之后,即以郑侠《流民图》事件为王安国所主使,夺去官位,并下诏谕知王安石,安石不能救亲弟,以至伤痛而泣。王安国也因忧愤而终。

2.《续资治通鉴》([清]毕沅著,《续资治通鉴》,世界书局1962年版)的考察

《续资治通鉴》中记载此事,多于《宋史》处:

(1)吕惠卿主导冯京与王安国被罢

　　庚子,是日冯京亦罢。初,郑侠劾吕惠卿奸邪,且荐冯京可用,并言禁中有人被甲登殿诟骂等事,惠卿奏为谤讪,令中丞邓绾、知制诰邓润甫治之,坐编管汀州。初,郑侠劾吕惠卿奸邪,且荐冯京可用……是日京与惠卿同在政府,议论多不合,而王安国素与侠善,惠卿欲并中之,乘间白帝曰:"侠书言青苗、助役、流民等事,此众所共知也。若禁中有人被甲登殿诟骂,侠安从知?盖侠前后所言,皆京使安国导之,乞追侠付狱穷治。"已而帝问京曰:"卿识郑侠乎?"对曰:"臣素未之识。"

在《流民图》事件中,吕惠卿真正要除去的还有冯京与王安国二人,将整件事件引导至为冯京主导王安国,王安国示意郑侠上书,以除去新党人物中与自己理念不同的人。但事实上冯京并不认识郑侠,所以吕惠卿更进一步称是经过王安国穿针引线的。

(2)王安国叹王安石"四海九州岛之怨悉归于己"

　　罢局时,遇安国于途,安国马上举鞭揖之曰:"君可谓独立不惧!"侠曰:"不意丞相为小人所误,一旦至此!"安国曰:"非也。吾兄自以为人臣不当避怨,四海九州岛之怨悉归于己,而后可为尽忠于国家。"侠曰:"未闻尧、舜在上,夔、契在下,而有四海九州岛之怨者。"

　　王安国也认同郑侠所称王安石"为小人所误"，感伤王安石将四海之怨自我承担，但是郑侠认为以宋神宗之英明与王安石之贤能，本不该让百姓有所怨言。

三、诗歌探微

　　郑侠在《同子忠上西楼》一诗中，写出对于新法施行所造成弊端的感伤：

> 偶因送客上西楼，共爱佳城枕海隅。雁翅人家千巷陌，犬牙商舶数汀洲。
>
> 风吹细雨兼秋净，云漏疏星带水流。独有单亲头早白，迢迢东望不胜愁。[①]

　　"犬牙商舶数汀洲"，这也是郑侠反对熙宁变法的原因，形容在变法制度下"商舶"之船都是犬牙，无论是商人或朝廷官员的船，都是来聚敛百姓财物的。但是有心上谏朝廷，却担心尊长担忧所以才说"独有单亲头早白"，才会"迢迢东望不胜愁"心中担忧不已。

　　《和荆公何处难忘酒》一诗：

> 何处难缄口，熙宁政失中。四方三面战，十室九家空。
>
> 见佞眸如水，闻忠耳似聋。君门深万里，安得此言通。[②]

直言写出熙宁变法，以国家荣耀为变法目标，四处兴战，虽然胜战连年，但是百姓却不能安于田里，生活困苦。

　　郑侠在《示女子》诗中直接说明了献《流民图》之后的遭遇。第一段先说明此女子为其女：

> 吾生鲜儿妇，汝次今居首。柔惠少语言，天性非娇揉。
>
> 女生必有适，二亲非终守。既嫁又他州，安能长相就。
>
> 幸然汝夫贤，纯淑真汝偶。出门天其夫，礼律其来久。

其女柔惠少言，嫁至他州，一切以夫为天。"汝次今居首"可知郑侠曾有儿女不幸夭折。第二段说明其女所嫁为郑侠妹之子：

> 汝姑吾之妹，姑夫为汝舅。事舅如事父，事姑如事母。
>
> 三者无所阙，汝则无大咎。门内有尊亲，门外有亲友。
>
> 岁时或馈助，祭祀合奔走。一一无间言，乃可逃父丑。
>
> 治家在勤俭，临财戒多取。诵经味其理，圣心良可究。
>
> 即事念慈和，无但劳吻味。善看育与瞻，二子吾珠错。

告诫女儿出嫁后必当用心侍奉姑舅，内外得宜、不要犯错、扶助亲友、认真祭祀、勤俭持家、教育二子，才可以不侮父亲教诲。第三段说明二人相隔遥远，忆及贬谪处境：

> 汝嫁既违乡，吾迁又远趣。东去十八程，西来二十九。
>
> 三四千里间，吾视堂犹牖。人生否与泰，正若夜随书。
>
> 但当道无亏，不愧载与覆。忆昨汝初生，时吾心有负。
>
> 以为臣事君，即是子事父。闺门有危难，谁不在悼疚。
>
> 推其爱父心，谁不得前剖。幸为男儿身，许国自结绶。
>
> 安能冷眼看，终不一开口。封章重十上，夫岂避鼎斧。
>
> 南州虽谴逐，万死蒙恩宥。行行出国门，母马吾徒步。
>
> 汝生未三月，正当时襁乳。雪片落鹅毛，霜檐悬冻溜。

———————————

①　[宋]郑侠:《西塘集》卷九,《景印文渊阁四库全书》第1117册,台北"商务印书馆"1983年版,第31页下。
②　[宋]郑侠:《西塘集》卷九,《景印文渊阁四库全书》第1117册,台北"商务印书馆"1983年版,第30页下。

　　汝母敛汝身,寒风裂双肘。驱驰仅逾时,粗粝不敢吐。

　　残春到贬所,岁卯俄及丑。

由女儿远嫁,与自己贬所相距遥遥,思及一片忠心献上《流民图》却遭贬谪一事,当时女儿刚出生,自己未能尽责照顾,以为事君当如父,所以不顾危难,以爱父之心,不避刑难,上书九重,因此被谴责英州,但是仍感念国君不杀之恩。被贬之时,正值寒冬,大雪纷飞,因女儿尚在襁褓之中,所以妻子抱着女儿乘马,郑侠徒步走至贬所,直至春天才到达。当时妻子以身体紧抱女儿怕其受冻,努力吃下粗食,为的就是哺育女儿。此段诗歌写出郑侠被贬时对于神宗的不怨,于恶劣天气下全家共同护卫的心境。第四段说明哲宗继位,高氏太皇太后垂帘听政,得到苏轼等人推为泉州:

　　汝时年十二,稍稍近针缕。是岁真龙跃,重明登九五。

　　湛恩被遐荒,渐渍到枯朽。拜命走亲庭,便道从海浦。

　　既见汝姑贤,汝乃吴氏妇。

"是岁真龙跃,重明登九五"指哲宗立,因苏轼、孙觉表言之,为泉州教授。至海边之地任职。第五段说明哲宗亲政,元符年间再被贬谪:

　　我乃缘他人,谴斥循其旧。人皆念再逐,道路或攒蹙。

　　我以臣子心,等视如荣授。人生无患难,愤励亦何有。

　　况兹寻前道,复见迎贤侯。旬月得相聚。天与幸诚厚。

　　君命不可缓,病已斯驰骤。南北出靡常,惟祈各宁寿。

　　举足念其身,行幽如白书。又当夙夜间,敬戒其君子。

　　神灵依正直,惟仁孝是佑。书信或往来,知汝无病苦。

　　为妇洎为母,皆不处人后。定当举家欢,相庆酌大斗。

　　胜彼泪滂沱,临期一杯缶。①

写哲宗元符七年,再窜于英。却不因再次远谪而有所埋怨,因为忠贞被贬,等同荣耀加身,要求子孙正直不二,以仁孝为佑。

　　郑侠诗歌中可看出其与友人相交,置生死于外的之情有《古交行》一诗:

　　大海有时竭,此心沥不干。厚地有时坼,此心无裂文。

　　持此以相照,百练青铜昏。用此心相惠,贝璧黄金盘。

　　觌面有余欢,背面无间言。德义以相高,庆誉以相先。

　　千古似一日,万里如同筵。此为金石交,谁与知者论。②

　　诗意所指为对于此事件遭受连累的朋友,道出为百姓奋战不变的情感。前四句写出与友相交此心忠贞,不因任何外在磨难更变。五至八句,写对友人直言进谏,用此心报答友人相交之情。九至十二句,写能得见面即深感欣慰,绝对不在背后说朋友的坏话。以德义结交朋友,有荣耀先由朋友居功。十三至十六句,写不因时间的久远有所更动,也不因距离的遥远感到生疏,这才是真正的朋友。此诗可以看出郑侠的处世态度,所以在《流民图》事件中正因为重视对于王安石的知交之情,所以想要力求补救,也是对于王安石罢相,王安国被放还故里的感触与心境。

　　王安石即说出对《流民图》事件累及王安国的痛心,《次韵答平甫》写出深沉的伤痛:

　　高蝉抱谷悲声切,新鸟争巢谇语忙。长树老阴欺夏日,晚花幽艳敌春阳。

---

① ［宋］郑侠:《西塘集》卷九,《景印文渊阁四库全书》第 1117 册,台北"商务印书馆"1983 年版,第 10 页下。
② ［宋］郑侠:《西塘集》卷九,《景印文渊阁四库全书》第 1117 册,台北"商务印书馆"1983 年版,第 14 页下。

云归山去当檐静,风过溪来满坐凉。物物此时皆可赋,悔予千里不相将。①

安石自比为饮清露的"高蝉",罢相之后只能"抱谷"而泣,吕惠卿等"新鸟"却在朝廷"争巢",谗言不断。三、四句写朝廷臣子蒙蔽君王,五、六句劝慰安国归来一切都可以归于平静,大自然中物物都值得欣赏,最终对于自己不能在朝中保护安国,感到悔恨,所以《宋史》中才会说对使者泣下。

苏轼在熙宁七年以后所写《董卓》诗,即指《流民图》事件的影响:

公业平时劝用儒,诸公何事起相图。只言天下无健者,岂信车中有布乎。②

此诗在讽刺王安石遭到吕惠卿、曾布背叛,如同董卓遭到吕布背叛史事③,所指即王安石亲弟被用罪一事。此诗不只是暗指王安石不任用真正的儒者,明确看出与郑侠《流民图》事件息息相关,特别是王安国被连累至下罪放还一事。

四、结　论

郑侠的《流民图》事件,代表的是宋朝开国以来重文人谏言的一大挫败,实质上等同于一次文字狱,埋下了日后乌台诗案的伏笔;代表熙宁变法的施行,已到达连宋神宗都无法喊停的处境,纵然地方反对声浪不断,但是丞相可以罢除,变法却无法停止。

这事件的影响所及,变法换了更激进改革的官员主导,促使元丰年间新法的施行,更到达雷厉风行的地步,在乌台诗案之后,北宋诗风更进一步走向江西诗派,重视格律、形式之美的艺术领域,不再轻易议论朝政。

郑侠实已知道原因,在《上皇帝论新法进流民图熙宁六年三月二十六日》中已说明新法确实使得北宋对外征战连年告捷。所以神宗与朝廷不见朝廷外百姓的困苦,仍然执意变法。

宋代熙宁变法所重基本上是国家强盛,边防巩固,是一种公共利益的追求,但是财富的拥有总量不变,朝廷税收增加,人力征召增加,自然百姓个人所拥有的私人财富减少,遇到天灾时必定无法因应,解决的办法只有国家中央救济。如果地方官员不尽责上报灾情,中央官员又掩盖灾情,自然无法发挥救济功用。

有关《流民图》事件中郑侠以诗歌说理,与记载史事,郑侠、王安石与苏轼以诗歌议论朝政,讽比新法,化为平淡的语言,都表达出宋诗的特色。

(说明:本文于2013年9月21日"中国宋代文学学会第八届年会暨宋代文学与宋城文化国际学术研讨会"报告)

(作者单位:台湾东吴大学人文社会学院中国文学系)

---

① [宋]王安石著,李璧笺注,高克勤点校:《王荆文公诗笺注》,上海古籍出版社2010年版,第892—893页。

② [宋]苏轼:《苏文忠公诗编注集成》卷一一,台北学生书局1967年版,第2087页。

③ 查慎行注此诗:"陆务观云:王性之谓东坡作王莽诗讥介甫云:人手功名事事新,又咏董卓云:岂信车中有布乎,盖讥介甫争市易事自相叛也,车中有布借吕布以指惠卿姓曾布,名其亲切如此。"(同上)

《汉语·华语抄略》札记

汪 维 辉

内容提要：2012 年在韩国刊布的《汉语》和《华语抄略》是两种新发现的朝鲜时代汉语教科书，为研究早期现代汉语和东北方言又提供了一份珍贵的第一手资料。本文简要介绍了它们的概况，重点讨论了三个问题：(1)其中数量丰富、不见或少见于他处的俗语的价值；(2)7 个东北方言词——捌搥(棒槌)/根子、哥兄、巴刺、不只(不子/否子)、扯常、打生、打伙儿；(3)韩国学者的整理本在录文、校勘、标点、词句理解等方面存在的问题。最后列举了笔者不能通解的二十多个疑难问题，质诸高明。

关键词：《汉语》；《华语抄略》；俗语；东北方言词；校勘、标点；早期现代汉语；朝鲜时代汉语教科书

朴在渊、朴彻庠、崔晶惠三位先生合著的《汉语·华语抄略》一书([韩]学古房 2012 年版)，刊布了两种新发现的朝鲜时代汉语教科书——《汉语》和《华语抄略》，为我们提供了又一份研究早期现代汉语和东北方言的可贵资料，令人欣喜。两书的性质跟韩国崇实大学藏《中华正音》很相近，收集了一批常用的词语、句子和俗语①。(朴在渊 2013)《汉语》包括两部分：1a－13b 是一句一句的俗语和句子，14a－35b 则是 42 段会话；《华语抄略》篇幅较短，实际上只有 1a－10a 共 19 面，都是俗语、句子和词语，没有会话。这两种教科书的一大特色是收录了不少俗语，有些是两书共有的，可以相互比勘。在同时期的朝鲜汉语教科书中，只有《华音撮要》后面所附的"日用行语"有点类似，有些内容也相同或相近，但是数量没有这么多。三位编著者不仅对两书作了细致的整理，包括录文、校勘、标点和注释，还写了两篇文章专门讨论其中的俗语，并对大部分俗语作了解释和考证，征引的资料相当丰富。这些工作为我们阅读和利用这份资料提供了便利，这是要向编著者表示由衷感谢的。笔者在研读过程中有一些心得和疑问，在此提出来向三位编著者和广大同行讨教。

一、俗　语

两书中收录的俗语数量颇丰，其中有一些在别的地方很少见到或者几乎从来没有见过，应该是流传于东北地区的群众口语，因此特别可贵。例如：

千丈河水知深浅，惟有人心难忖量。(《汉语》1a/p. 66)②

海水知深浅，人心难忖量。(《华语抄略》2b/p. 200)

睡觉的老虎踢起来，种的火钻起来。(《汉语》1b/p. 67)

网虽千口，不如一纲。(《汉语》2a/p. 70；《华语抄略》8a/p. 239)

---

① 本文所说的"俗语"是广义的，包括谚语、格言、歇后语、惯用语等。

② 1a 指影印本页码，p. 66 指录文部分的页码。下同。

孩儿利害爷娘吃骂，奴才利害主子吃骂。（《汉语》2a/p. 72）[①]

拿一个鱼，混（浑）一河水。（《汉语》2b/p. 73）

卖酒家不说酸。（《汉语》2b/p. 74）

树老花不老，人老心不老。（《汉语》3a/p. 74；《华语抄略》5b/p. 219）

六月里扇子不可借人——你热我也热。（《汉语》3a/p. 75）

只要自家饱，不管别人饿。（《汉语》3a/p. 76）

春田不下种，到秋那得收。（《汉语》3b/p. 76）

偷鸡的猫儿到底不改性。（《汉语》3b/p. 76）

阴天皮鼓打不响。（《汉语》3b/p. 77；《华语抄略》8a/p. 241）

蜂蜜吃咳（还）说苦。（《汉语》3b/p. 78）

冻不烤灯火，饿不吃猫饭。（《汉语》4a/p. 79）[②]

冻死不烤灯火，饿死不吃糟糠。（《华语抄略》6a/p. 223）

好话不出门，恶事传千里。（《汉语》4b/p. 81）

好话不出门，歹话行千里。（《华语抄略》5b/p. 220）

野路看着近，一时走不到。（《汉语》4b/p. 82）

天若改常不风则雨，人若改常不病则死。（《汉语》5a/p. 83）

人有贵贱，口无尊卑。（《汉语》5a/p. 84）

夜哭到明，明哭到夜，还不知那一个妈妈死了。（《汉语》5b/p. 85）

破的容易救的难，失的容易得的难。（《汉语》5b/p. 86）

王爷也有草鞋的亲戚。（《汉语》5b/p. 86）[③]

积功凡事成。（《汉语》5b/p. 86）

有君子嫌君子，无君子想君子。（《汉语》6b/p. 89）

为官者为名，为商者为利。（《汉语》6b/p. 89）

自手不折怎的支使人。（《汉语》7a/p. 93）

为己者多，为人者少。（《汉语》7b/p. 94）

蝴蝶儿飞来飞去，不离花枝。（《汉语》7b/p. 96；《华语抄略》4a/p. 210）

孩儿不哭娘不奶。（《汉语》8a/p. 97）

孩子不啼哭娘不奶。（《华语抄略》1a/p. 184）

外边得了一块板，家里丢了两扇门。（《汉语》8a/p. 99）[④]

倒贴门神，怪画工。（《汉语》8b/p. 100）

倒贴门神，还怪画匠。（《华语抄略》1a/p. 186）

小鱼多刺，小事多忙。（《汉语》8b/p. 101）

一鱼混水，众鱼不安。（《汉语》8b/p. 101；《华语抄略》1b/p. 187）

婆儿烧香当不得老子念佛。（《汉语》8b/p. 102）

谁人保得常无事。（《汉语》9b/p. 106）

---

①　《华音撮要·日用行语》："奴才利害主子吃骂，孩儿利害爷娘吃骂。"（63b）

②　《华音撮要·日用行语》："饿不吃猫饭，冷不烤灯火。"（59a）

③　《你呢贵姓》："朝廷咳有三门子穷亲。"（31a）。此承任玉函博士检示。

④　外边得了一扇（门?），家里还去［丢］两扇门。（《华语抄略》4a/p. 210）

狗咬人人不咬狗。(《汉语》9b/p. 107)

狗咬人人不咬狗,马踢人人不踢马。(《华语抄略》2a/p. 193)

一方之地有贤有愚。(《汉语》9b/p. 108)

一母之子有贤有愚。(《华语抄略》7a/p. 230)

瓶儿罐儿都有耳朵。(《汉语》10a/p. 110)

酒吃头钟,茶吃末钟。(《汉语》10a/p. 110)

男儿不吃嗟来食。(《汉语》10b/p. 111)

牛尾巴盖不得马屁骨(股)。(《汉语》10b/p. 112)

人之寿夭不在乎药材。(《汉语》11a/p. 113)

老鸦叫十二样声,谁爱他么?(《汉语》11a/p. 114)

瓦房、草房,睡觉一般。(《汉语》11b/p. 115)

草房、瓦①房,睡觉的一般。(《华语抄略》7b/p. 236)

白饽饽、黑饽饽,一样味儿。(《汉语》11b/p. 115)

养猫的家里鼠不恣行。(《汉语》11b/p. 116)

才飞的鸽子过不得岭。(《汉语》11b/p. 116)②

才生鸽的子(的鸽子)飞不得高岭。(《华语抄略》1b/p. 189)

人情送马匹,买卖争分毫。(《汉语》11b/p. 116)

力大不如礼大。(《汉语》12b/p. 121)

早茶晚酒饭后烟。(《汉语》12b/p. 121)

官不打送礼人,狗不咬撒屎人。(《汉语》16a/p. 131)

线紧致扢搭(疙瘩)了。(《汉语》19a/p. 140)

背孩儿找三面。(《汉语》19b/p. 142)

背孩儿找孩儿。(《华语抄略》3a/p. 201)

有钱的有事也无事,没有钱的无事也有事。(《汉语》34b/p. 180)

人随王法草随风。(《汉语》35b/p. 183)

扇子虽丑,凉风自在。(《华语抄略》1a/p. 185)

佛淹水里救不得罗汉。(《华语抄略》1a/p. 186)

槐树遍(扁)担,宁折不弯。(《华语抄略》1b/p. 188)

当场者乱,隔壁心宽。(《华语抄略》1b/p. 189)

蓝田之玉未必尽美,泾河之水未必长浊。(《华语抄略》1b/p. 190)

兔儿沿山跑,还来归旧窝。(《华语抄略》2b/p. 198)

但知银子贵,不会干事难。(《华语抄略》2b/p. 200)

车不横行,礼不退回。(《华语抄略》3a/p. 203)

银器虽破斤两有。(《华语抄略》3a/p. 203)

砂糖口,称钩心。(《华语抄略》5a/p. 215)

两鲸相争,鱼虾受殃。(《华语抄略》5b/p. 220)

草里兔狗赶出来,心里话酒赶出来。(《华语抄略》6b/p. 226)

---

① p. 236 录作"宅",误。

② 《华音撮要·日用行语》:"才飞的鸽子过不得岭啊。"(64a)

衣破才不破。（《华语抄略》7a/p. 233）

黄花女做媒——自己难保。（《华语抄略》7b/p. 234）

病孩儿孝亲。（《华语抄略》7b/p. 236）

秃老婆上轿子——往后的事情不理论。（《华语抄略》10a/p. 312）

这些俗语通俗生动，含意隽永，可以为汉语俗语的宝库提供新鲜材料。

二、东北方言词

这两种资料也跟其他同时期的朝鲜汉语教科书一样，带有浓厚的东北方言色彩，下面这些词语可以窥豹一斑。

1. 挷搥（棒槌）/根子

(1)你们里头挖挷搥（棒槌）的也有么？　我们这里根子狠贵，比不得在先。这几年旱涝的缘故，年成狠不好，穷人家难过了。凤凰城的老太爷巴不得上本得准，教我们挖蓡，所以会挖的挖去，不会的做买卖了。（《汉语》32b—33a/p. 175）

"挷搥（棒槌）"、"根子"都指人参，就是后文的"蓡"，这应该是东北人对这种当地特产的土俗叫法。同样的说法也见于《老乞大新释》和《重刊老乞大》：

(2)人蓡正缺少呢，所以价钱狠好。　如今卖多少？　往年也只是三钱一斤，如今因没有卖的，就五钱一斤家，也没处寻。你那根子是那里的？　我的是新罗蓡。　新罗蓡狠好，怕有甚么卖不出去呢！　你不知道，这几年我们那里挖挷槌的少，所以价钱狠贵了。万一在先一样的价钱么，一定亏本，谁肯带来呢！（《老乞大新释》23b，《重刊老乞大谚解下》2a—3a 略同）

藏书阁本《中华正音》也有"根子"的用例：

(3)好根子是在东街上万城号拒工（柜上）的呢，有多少买多少，论着恒（行）市一齐买。……你买根子用甚吗呢？……你们村府庄户们吃不吃根子？……这两地方一年根子卖的不少，比高丽蓡恒（行）市咳钱（贱），一斤三两多银子，就调（挑）好买呢，栽（栽）蓡一样的否咧，那有好反（歹）的吗？（24b—25b）

《汉语大词典》【棒槌】条："②方言。指玉米穗。"未收此义。【根子】条也未收此义。在北京话里，"棒槌"是指蠢笨的人（见齐如山《北京土话》12 页）。朴在渊编《朝鲜后期汉语会话书辞典》【棒槌】【棒锤】条只收了一般义，引《翻译朴通事》上："我猜，大哥是棒槌，二哥是运斗，三哥是剪子，四哥是针线。"未收"人参"义。【根子】条引了藏书阁本《中华正音》例，但未释义。许皓光、张大鸣编《简明东北方言词典》【棒槌】条："bàngcui 人参。〖例〗老财东后来打听着了老王得～的事，……（西彤《人参老头》，载《人参的故事》）"（16 页）马思周、姜光辉编《东北方言词典》【棒槌】条："①人参；②骂人语。｜我要撒谎我是个～。"（12 页）未收【根子】。李荣主编《现代汉语方言大词典》【棒槌】条显示很多官话方言点都有这个词，但只有哈尔滨除了一般用法外还有指"人参"一义（第五卷，4229 页）【根子】条则没有指"人参"的。（第四卷，3110 页）许宝华、宫田一郎主编《汉语方言大词典》【棒槌】条义项④："〈名〉人参。东北官话。东北：从山里挖回来一颗～。"也引西彤《人参老头》例。（第四卷，5886 页）【根子】条义项②："〈名〉人参。东北官话，吉林集安山区。"（第四卷，4601 页）可见"棒槌"和"根子"指"人参"都是地道的东北方言。

2. 哥兄

指哥哥和弟弟，相当于普通话的"兄弟（xiōngdì）"。由于口语中"兄弟（xiōng·di）"专指弟弟，

所以就用"哥兄"来指称哥哥和弟弟,这里的"兄"是"兄弟(xiōng·di)"的省略:

(1) 哥兄有没有？　三个哥哥,两个兄弟。　这么的呢,想来你的排行是第四呀。你的哥兄们甚么年记？现在甚么差事上？(《汉语》26a/p.158)

也见于《你呢贵姓》(《学清》)、藏书阁本《中华正音》、《华音撮要》和《汉谈官话》:

(2) 哥兄几位啊？　弟兄们四个,都在一块过日子,咳没有分家咧。(《你呢贵姓》8b－9a,《学清》同)

(3) 你呢哥兄们是在家里干甚吗？　我的哥哥是在沈阳礼部里当差,家里只有两个兄弟,一个是种地,一个是在书房念书呀。(《你呢贵姓》9a－b,《学清》同)

(4) 浑他过邻住的时候儿,总督家贫穷的治不得,二人交得不错,叫他亲哥兄,狠相好,借他三千两银子。(藏书阁本《中华正音》21a)

(5) 若说是真发财的,却是连亲哥兄也妆不认得吗？(《华音撮要》29a,又阿川文库本《中华正音》30b)

(6) 几位哥兄(《汉谈官话·寒暄部》,10b)

《汉语大词典》和《现代汉语词典》均未收"哥兄",朴在渊编《朝鲜后期汉语会话书辞典》【哥兄】条释作"兄弟",引了《汉谈官话·寒暄部》、《你呢贵姓》和《学清》的例子。尹世超编《哈尔滨方言词典》收有【哥兄弟儿】:"兄弟;哥哥和弟弟:我们家～三个。"据李荣主编《现代汉语方言大词典》(第四卷,3122页),湖南娄底有"哥兄老弟"的说法,安徽绩溪有"哥兄弟"的说法,都是泛指兄弟,可见"哥兄"是"哥兄弟(儿)"的省略形式,它仅见于朝鲜时代汉语教科书,应该是一个东北方言词。许宝华、宫田一郎主编《汉语方言大词典》【哥兄】条:"①〈名〉别人称连襟中比自己年龄大的男子。晋语。山西长治。②〈名〉哥哥。湘语。湖南长沙。清乾隆十二年《长沙府志》:'呼兄为～。'"(第四卷,4636页)可见其他方言中虽然也有"哥兄"一词,但意思并不相同。马思周、姜光辉编《东北方言词典》未收【哥兄】,陈章太、李行健主编的《普通话基础方言基本词汇集》"兄弟"条各地也没有"哥兄"的说法①(2360页),也许此词现在已经从东北方言中消失了。

3. 巴剌

(1) 一巴剌放着洗脚水,一巴剌放着撒脚鞋。(《汉语》13a/p.124)

"一巴剌"相当于"一边;一壁厢"。《汉谈官话·地理部》:"那巴剌多远那？"(7a)"巴剌"义同。②任玉函博士为笔者提供了以下的辞书信息:马思周、姜光辉编《东北方言词典》【伴拉】(bàn lǎ)条:"(旁)边儿。|人老啦,身～没个人可不行。又说'bǎ—'。"(11页)又【边拉】条:"①同'边儿'。|这～是红的,那～是绿的。②方位词尾。|外～是真的,里～是假的。③'一～'的简化,表示无关紧要的去处。|滚～去！|拿～去。又说成'半—'"(18页)《简明东北方言词典》【半儿拉】条:"旁边。|【例】有一天妈妈把我叫到她～:'孩子,妈要跟你闹分家。'(冷荡风《巧遇婆母》,载《辽宁文艺》)"(14页)又【边儿拉】条:"旁边。|有一座池塘在我们家～,你妈她常在这又放鹅又放鸭。(陆德华《鱼鸭缘》,载《东北二人转选》)"(26页)《哈尔滨方言词典》【边儿拉】条:"方位词后缀,边:这～|那～|前～|后～|左～|右～|里～|外～|一～|旁～|去～去！"(287页)这些形式(包括"巴剌")大概都是"一声之转",是同一个词的音变形式,词源可能就是"边儿"。由上举材料可以确定它是东北方言。

---

① 其中属于东北官话的有黑河、齐齐哈尔、哈尔滨、佳木斯、白城、长春、通化、沈阳、锦州9个点。

② 《汉谈官话·日用部》:"杂巴剌东西。"(20b)这个"巴剌"则应该是另一个词。北京土话里有"巴拉"一词,意思跟"爬拉"差不多,是指"收敛;收取"(参看齐如山:《北京土话》,第141—142页),也不同于这里的"巴剌"。

4. 不只(不子/否子)

句尾语气词,大致相当于"吧/罢",《汉语》中屡见,表示祈使兼商询语气:

(1) 喝一钟烧酒罢。　嗳,生受啊!　再喝不只。　费心费心,我的勾了,再喝呢,必定走不得咧。嗳,这酒利害!　你的诡多啊!喝一钟就醉的规矩有么?(15b—16a/p.130)

(2) 有酒菜拿来,我们打伙儿喝不只。　我呢天戒酒,喝一钟狠醉了。(21a/p.145)

(3) 我在这里绎马。　你快快的绎马来,拿奶子茶来吃不只。(29b/p.167)

(4) 这坑(炕)冷些儿,再烧火不只。(32a/p.173)

其他朝鲜时代汉语教科书中也有见到,一般写作"不子/否子",东北方言不分平翘舌音,所以"只"和"子"是同音的。例如:

(5)你有外货否咧,咱们两头作价,对换对换否子,也是得。(《你呢贵姓》11a)

(6)别的却是都现成的,鸡却是寔(实)在买不出来啊。我们若有不咧,咳怕卖吗?这里街傍(坊)住家的也今年都不养活鸡。这样黑么古董(董)的时候,那里找去呢到底是?　掌横的,你为我们费一点事,别处里寻々去不①子。　那吗为你们教小斯(厮)们往东村子楂鸡去。他们那里的鸡本来贵,你们若是嫌贵咧,买不着。(《骑着一匹》41a)

(7)你有好闽姜否咧,给我留下一甬(桶)否子。(阿川文库本《中华正音》5a)

跟《汉语》不同的是,在其他书中这个句尾助词还可以表示让步语气(例8、9)、假设语气(例10)和肯定语气(例11):

(8)王伙计你呢妆耳聋,我说半天终是听不出话头来咧!由着你说借给你那一匹马咧,别的却是筹着都不怕否子,倘若遭他(糟蹋)人家借来的牲口,咱们是费(赔)他不费(赔)他也倒稀松,赶明个他往我们要牲口的时候,我们对得过他啊?对不过他啊?(顺天大学图书馆藏《中华正音(骑着一匹)》28a—b)

(9)罢也,这小子们正不懂样儿的。管他怎吗的呢,凭你们多々小(少)不买,一口话却不完咧吗?那怕几个钱不②子。这不妨事,讲主他们罢。(《骑着一匹》44b)

(10)横竖你呢各人必明白就是咧,咳用我讲到这里提到那里?作比我买你的灰鼠皮否子,里头有的是别说是些须小一点,那怕有光皮儿的没有毛的呢,你呢许我们调吗?管包不让调。(《你呢贵姓》17b—18a)

(11)王四爷,你的外头的生意不差甚吗筹完事否咧,咱们一都③儿进去,打派人叫金云景招几个海蓡主候一乚来,给他们过称。晚晌(晌)给他们筹々账,才明天好出里货呢。　是得否子。小伙计,你叫金云景去提我的话,找几个海蓡主子往我们房子里跑称来。告诉他们别漏一个人罢。(《华音撮要》45b)

朴在渊编《朝鲜后期汉语会话书辞典》【不子】【否子】条标作"助词",引了《骑着一匹》、《学清》、阿川文库本《中华正音》和《华音撮要》中的一些例子,但没有具体释义。(45、47页)

5. 扯常

"扯常"一词屡见于《汉语》:

(1)这回儿我的家里来罢,扯常到你家,你一定有厌烦的日子。(25b/p.157)

(2)前儿个说给不给,昨儿个说给没有给,一日两两日三,摧到二日头么,扯常要哄人,这个甚

---

① 顺天本作"否"。

② 顺天本作"否"。

③ 原作"点",红笔点去,旁改作"都",据录。

么大事呀？（28a－b/p.164）

（3）怎么得和你扯常在一处？这个我的造化了。（29a/p.166）

（4）今儿个说明儿个，明儿个说后儿个，只要哄人，谎话呢一次两次罢咧，哄人不过一遭，<u>扯常</u>说哄，难保你的话。（30a/p.168）

《汉语大词典》【扯常】条："方言。经常。周立波《山乡巨变》上二一：'扯常有干部住在家里，不算是客，家常便饭，也不算招待。'周立波《盖满爹》：'他扯常穿一件袖口烂了的青斜纹布制服。'"所引两例都出自周立波作品，反映的应该是湘语（周立波是湖南益阳人）。齐如山《北京土话》、尹世超编《哈尔滨方言词典》、马思周、姜光辉编《东北方言词典》及许皓光、张大鸣编《简明东北方言词典》均未收此词。友生任玉函博士（吉林白山人）告知："我们的口语中表'经常'义似乎不说'扯常'，而是说'晃常'。"李荣主编《现代汉语方言大词典》【扯常】系列有两个点：①贵阳，"平常"也叫"扯常"，意思是"平时"，跟这里讨论的"扯常"没有关系；②长沙，"打常"也叫"扯常（子）"，就是时间副词"常常"的意思，不过"常"字声母特殊，念成[tʂan˩]。（见第二卷816、915、1622页）许宝华、宫田一郎主编《汉语方言大词典》【扯常】条："〈副〉经常；常常。①西南官话。广西桂林。贵州清镇。②湘语。湖南长沙。周立波《山乡巨变》：'胡子老倌～对崽女们说起，意思是教他们学样。'③赣语。湖南耒阳：他～不在家。"（第二卷，2537页）可见表示"经常；常常"义的"扯常"一词西南官话、湘语和赣语都说，但是《汉语》的例子反映的不可能是那些方言，而应该是东北话，这可以补现有方言资料之不足。

6. 打生

（1）拿卓子来，各样果子都摆着。煮的煮，炒的炒，<u>打生</u>的打生，作汤的作汤，我们要打伙儿吃。（《汉语》30b/p.169）

"打生"在朝鲜时代汉语教科书中仅此一见（朴在渊编《朝鲜后期汉语会话书辞典》未收），盖指切生食（可能主要是指肉类）[①]，这跟明清时期南方文献中常见的"打生"意思完全不同：

（2）常言"同声相应，同气相求"，自有一班无赖子弟，三朋四友，和他擎鹰放鹞，驾犬驰马，射猎<u>打生</u>为乐。……忽一日，独往山中打生，得了几项野味而回。（明冯梦龙《醒世恒言》卷五）

（3）郎做子鹭丝云头上飞，姐做子鲭鱼水面上齐。郎道：姐呀，我吃个<u>打生</u>舡上人多落弗得个脚，眼看鲜鱼忍肚饥。（明冯梦龙《山歌·小囡儿》）

（4）网船上婆娘童子<u>打生</u>个人，一场相骂闹淫淫，你一声来我一白，也弗输来也弗赢。（同上《鱼船妇打生人相骂》）

（5）我住在本郡乱山内乱苎村，父母止生我一个，今年二十五岁，也不嫁人，人都唤我女金刚，恃着几斤气力，<u>打生</u>为活，就是我身上几件衣服，也靠着些畜类送来的。（清吕熊《女仙外史》第二十九回）

这些"打生"都指渔猎，捕捉（打）活的禽兽鱼虾等（生）。李荣主编《现代汉语方言大词典》（第二卷，785页）和许宝华、宫田一郎主编《汉语方言大词典》（第一卷，1015页）【打生】条均未收这两个意思。

7. 打伙儿

指"一块儿；一起"，《汉语》中多见：

---

① 此承友生谢士华博士函示，特致谢忱。原函大意如下：韩文회 hui，即"脍"，指切细的肉片；韩文칠，其原形是치다，意思是"打"，当它表将来作定语或一些固定词组时，加字母变成칠，后接名词。所以，我以为"打生"，其实就是切生食（可能主要是指肉类），用"打"表"切"这个意思。（2014年1月6日电邮）

（1）你要去么，我等着你打伙儿去。（18a/p.136）

（2）有酒菜拿来，我们打伙儿喝不只。　我呢天戒酒，喝一钟狠醉了。（21a/p.145）

（3）是我的家里，打伙儿去罢。我在头里走使得么？（24a/p.152）

（4）拿卓子来，各样果子都摆着。煮的煮，炒的炒，打生的打生，作汤的作汤，我们要打伙儿吃。（30b/p.169）

《汉语大词典》【打伙】条："①结伴；合伙。元无名氏《小尉迟》第一折：'你本是那泼泥鳅打伙相随从，可便干闹起一座水晶宫。'《古今小说·杨谦之客舫遇侠僧》：'[杨益]就与和尚说道："你既与众人打伙不便，就到我舱里权住吧！"'茅盾《右第二章》；'你也是打伙儿谋害阿祥的！你也有份，你不要赖！'②大家；全体。《红楼梦》第一一八回：'只要环老三在大太太跟前那么一说，我找邢大舅再一说，太太们问起来，你们打伙儿说好就是了。'茅盾《霜叶红似二月花》六：'大家上县里去，一步一拜，打伙儿跪在王伯申大门前，求他高抬贵手，千万发一次慈悲罢！'"《现代汉语词典》【打伙儿】条："〈口〉动结伴；合伙：几个人～上山采药。"《汉语》中的意思似乎更虚化，相当于"一块儿；一起"，可能是东北方言的用法。李荣主编《现代汉语方言大词典》未收【打伙（儿）】。许宝华、宫田一郎主编《汉语方言大词典》【打伙】条："②〈副〉一共；总共。西南官话。云南腾冲：他们家～九个人。"（第一卷，1017 页）此词在别的朝鲜时代汉语教科书中没有见到，朴在渊编《朝鲜后期汉语会话书辞典》也未收。

除了这些方言词之外，还有一点值得一提，就是这两种资料也像其他同类的朝鲜时代汉语教科书一样，忠实地记录了当时的方言口语，为我们研究语言的真面貌提供了珍贵的第一手材料。这里试举一例。

猫弄水泡——空嘉（欢）喜。（《汉语》2b/p.72）

朴在渊等注："水泡：尿胞；指猪的膀胱。"指出《金瓶梅》、《续金瓶梅》、《西游记》中写作"猫弄尿胞——空喜欢"、"猫咬尿胞——空喜欢"、"狗咬尿胞——虚喜欢"，意思相同。

所注甚是。"水"记录的是口语中的实际读音，尹世超编《哈尔滨方言词典》【尿脬】条释作"膀胱"，注音为[suei 1（或 tsʰuei 1）‧ pʰau]，也作"尿泡"。（194 页）"尿脬"的"尿"念作"水"音（声调往往不同，详下）的还有牟平、扬州、南京、武汉、洛阳、银川、上海、杭州、徐州等（参看《现代汉语方言大词典》【尿脬】条，第二卷，1941 页）。在宁波话里，小便都说[csʮ]①而不说"尿/溺"，猪膀胱叫"猪水泡"，"水"也不念 niao 的音。《华语抄略》"撒尿"条注引《译上·气息》（39a）：一云"撒水"、"放水"。（p.264）可见"尿"也读作"水"。管小便叫"水"，自古即如此，如《素问·至真要大论》："水液浑浊，皆属于热。"唐王冰注："水液，小便也。"《说文·尾部》："尿，人小便也。"徐灏注笺："今俗语尿息遗切，读若绥。"《六书故》"尿"字"息遗切"。动词"撒尿"也可以说成"水"，例如《左传·襄公十五年》："师慧过宋朝，将私焉。"杜预注："私，小便也。""私"是"水"的记音字。今方言犹然，如扬州、丹阳等。管"尿"叫"水"，方言口语中多有保留，虽然一般都写作"尿/溺"字，但实际上是个训读字，口语发音仍是"水"②，如哈尔滨、南京、贵阳、绩溪、丹阳、崇明、上海、杭州、扬州、武汉、银川、金华等（参看《现代汉语方言大词典》【尿】条，第二卷，1938－1939 页）。可惜古代字书韵书几乎没有记载"水"字此音此义的，因此像《汉语大字典》和《汉语大词典》这样的大型语文辞书也都没有提及，但【尿】条都收了 suī 音。

---

①　声调是阴平，与一般的"水"读阴上的有区别。

②　声调往往有改变，各地情况不同，但多读阴平声。

三、关于词语和句子的理解

录文部分有些理解可商,例如:

(1)巧媳妇做不得没米饭,丑媳妇免不得见公婆。(《汉语》1b/p.67,13)

这两句话没有内在联系,应分成两句,原文也是分开抄写、分别翻译的。《华音撮要》后附《日用行语》只有上句而无下句,亦可为证。p.41认为这两句话是"两种对偶同时出现的对偶句",也不确。

(2)再看的木留着根儿——长者赐不敢辞。(《汉语》1b/p.68,14)

恐应分成两句,并非歇后语。p.35同。原文也是分开抄写、分别翻译的。《华音撮要》后附《日用行语》有"再看的木头留着根儿"一句,但没有"长者赐不敢辞"句。"再看的木(头)留着根儿"不知何解?"看"或许是"砍"的记音字。

(3)瞎厮打老婆不松手。(《汉语》2b/p.72,29)

这可能是一句歇后语,应标点作:瞎厮打老婆——不松手。因为一松手瞎子就看不见、打不着了。

(4)把尔房子叫谎——神庙好。(《华语抄略》4b/p.211,121)

p.60同。断句误,当作:把尔房子叫"谎神庙"好。盖斥责对方好说谎也。

(5)肐者[子]窝带着钩子——手心上有鳔。(《华语抄略》7b/p.235,253)

"肐者[子]窝"今作"胳肢窝"。此似非歇后语,当标点作:"肐子窝带着钩子,手心上有鳔。"盖讽刺人小偷小摸、顺手牵羊,好像胳肢窝带着钩子、手心上有能黏东西的鱼鳔一样。

(6)蝇拂子杀才(《华语抄略》9b—10a/p.302,441)

"蝇拂子"是掸苍蝇的拂子,"杀才"是骂人话,这是两个词,不应合在一起。影印本"杀才"右上角有一小圆圈,这是间隔符号,表示"杀才"是另一个词。《汉语大词典》【蝇拂子】条:"即蝇拂。又称拂尘。唐李亢《独异志·刘裕不忘贫贱》:'宋刘裕贫贱时,尝盖布被,用牛尾作蝇拂子。及登极,亦不弃之。'《水浒传》第二九回:'武松抢过林子背后,见一个金刚来大汉,披着一领白布衫,撒开一把交椅,拿着蝇拂子,坐在绿槐树下乘凉。'闻捷《哈萨克斯坦牧人夜送千里驹》诗:'三姑娘笑了,笑的像铃铛响,拿起了蝇拂子,去刷奶子锅。'参见'蝇拂'。【蝇拂】条:'驱蝇除尘的用具。也称拂尘。多以马尾制成。《南史·陈显达传》:'凡奢侈者鲜有不败,麈尾蝇拂是王谢家物,汝不须捉此自逐。'明高启《送证上人住持道场》诗:'手横蝇拂坐绳床,竹间风吹煮茗香。'清陈维崧《采桑子·为汪蛟门舍人题画册十二帧》词:'红丝蝇拂拈来打,何事干卿,口语偏轻,薄怒徐回媚转生。'"

四、录文校勘

书中有一些录文有脱误或可商补,列举如下:

(1)破的容易救的难。(《汉语》5b/p.86,87)

按,此下脱漏了一句:失的容易得的难。

(2)有君子恋君子,无君子想君子。(《汉语》6b/p.89,106)

"恋"原文作"嫌"。

(3)不会爬光学走。(《汉语》6b/p.90,113)

"光"原文作"先"。

（4）白像认得你呀，在那里会遇是呢？（《汉语》29a/p.166）

"遇"原文作"过"。

（5）"三十六计，走为上策"。（《汉语》35b/p.182）

原文作"三十六计走为上"，无"策"字。

（6）竹篮打水，鱼网斗风。（《华语抄略》2a/p.195,50）

"竹篮打水"常见，"鱼网斗风"不常见。"斗"当通"兜"，指想用渔网兜住风。宜出校。

（7）上梁不正，底梁不正。（《华语抄略》2b/p.197,59）

原文确实如此，但是下一个"不正"应校作"歪"字，即：上梁不正底梁不正（歪）。《汉语》6a 正作"上梁不正底梁歪"。

（8）凤生凤，龙生龙，耗子生钻窟窿。（《华语抄略》2b/p.199,67）

原文"钻窟窿"上当脱一"来"或"子"字，宜出校。

（9）外边得了一扇，家里还去［丢］两扇门。（《华语抄略》4a/p.210,118）

"一扇"后当脱一"门"或"板"字，宜出校。《汉语》8a 作：外边得了一块板，家里丢了两扇门。

（10）花香蝶不来。（《华语抄略》7a/p.233,244）

"不"字疑衍，或为"自"字之误，《汉语》34a："你们这里卖酒的铺子多有，寡这个铺子里人多怎么？　这是酒好的缘故，'酒好人自来，花香蝶自来。'"可以参校。

（11）烂木头巨不得。（《华语抄略》7b/p.233,247）

"巨"应通"锯"。宜出校。

（12）清的自是清，荤的自是荤。（《华语抄略》8a－b/p.246,298）

两个"荤"字原文均作"浑"。

（13）感多心（《华语抄略》9a/p.274,367）

"感"当作"忒"。原文"忒"字多加了一横、一撇，"弋"写成"戈"，看上去像"感"字。"忒"字"弋"旁加一撇写成"戈"的很常见，如《华语抄略》10b"马忒不中用"的"忒"即是如此。

（14）专一听，雀察壁。（《华语抄略》9a/p.275,372）

当作"专一听离（篱）察壁"，原文"雀"字改成了"离"，左旁为俗省体。《金瓶梅词话》第十一回："话说潘金莲在家，恃宠生骄，颠寒作热，镇日夜不得个宁静。性极多疑，专一听篱察壁，寻些头脑厮闹。""专一听篱察壁"就是专门喜欢躲在篱笆或墙壁后面偷听别人的话。

（15）在外眠花卧柳，难噤声些。（《华语抄略》9a/p.276,375）

"难"字应删，实为注右行的"离"字（俗省体）。又，这两句话没有内在联系，当分成两条，"噤声些"是单独的一条。

（16）扯木过的（《华语抄略》9b/p.281,395）

"木"恐是"不"字形近之误。

（17）你且这里坐一坐。（《汉语》20a/p.142）

此句原文右上角有一"┐"号，表示另起一段，所以这里应加［14］标号，以下的标号依次顺延。

（18）这买卖吮吃多少？（《汉语》34b/p.180）

此句原文右上角也有一"┐"号，表示另起一段，所以这里应加［41］标号，以下的标号也依次顺延。

书中还有一些明显的误字，容易发现，就不一一列举了。

五、疑难问题

书中有不少俗语意思难懂,有的对话也难明其意,都有待进一步研究。例如:

(1)马行的时候牛也走(了)。(《汉语》2b/p.73;《华语抄略》5b/p.162)

朴在渊等注:〈谚〉马能去的地方牛也能去。用以表示别人能做到的,我也能做到。(p.73)

按:恐非此意。这句话的含义值得再推敲。

(2)小厮眼前不可吃水。(《汉语》8a/p.98)

此话不知何意。

(3)我们都是好朋友,我也知道你的[1]心,你也晓得我的意。 你的话好。我做二十年兽医,猜不着驴肚里病啊。 嗳呀,这什么话? 你的骂我吗? 我必定稍出四马来了。(《汉语》20b/p.144)

"稍出四马"不知是什么意思,"四马"也许是指"一言既出,驷马难追"的省略说法。

(4)话多不甜,鳔多不连。(《汉语》22b/p.150)

"鳔多不连"难解。任玉函怀疑可能是"胶多不粘"之意,颇有理,"连"可能是"粘"的记音字,朝鲜时代汉语教科书中 n、l 不分的情况常见。

(5)龙多的酒我不吃,寡吃烧酒难呀,再有好酒菜么? 你别怪罢。(《汉语》30b-31a/p.170)

"龙多"不知何意。

(6)大事吮大,小事吮小,要多甚么? "小(少)吃多甜"。(《汉语》34a/p.177)

这买卖吮吃多少? "老鼠尾巴生疮——脓水不多"。(《汉语》34b/p.180)

这几个"吮"字不知道是什么意思。

(7)嗳费心活到老死。(《华语抄略》1a/p.185)

不知何意。"嗳"或许是"爱"的记音字?

(8)教尔咬耗子咆,不要阁老的公鸡管尔[2]么?(《华语抄略》4a/p.209)

不知何意。

(9)内自讼则。(《华语抄略》6a/p.221)

不知何意。

(10)剀豆腐砍不得了。(《华语抄略》6a/p.223)

似当作:剀豆腐——砍不得了。是歇后语。"剀"有"斫;砍"的意思,因为豆腐太软,所以"砍不得"。

(11)靠罪泰山一样。(《华语抄略》6b/p.225)

不知何意。

(12)拿三道三,阳寿已尽;鬼差上门,上帝也没奈何。(《华语抄略》6b/p.228)

"拿三道三"不知何意,原录作单独一条,下面三句为另一条,恐不当,原文是连作一条的。

(13)天大的扎筏子当差,你的根前。(《华语抄略》6b/p.229)

"差"疑当作"着":天大的扎筏子当着你的根前。可能是形近而误。

(14)自庇自惊。(《华语抄略》7b/p.237)

"庇"字不知何意。

---

[1] 原误录作"这",今正。
[2] 原误录作"用",今正。

（15）球子心肠（《华语抄略》9a/p. 277）

"球子"不知指什么。

（16）经到报至（《华语抄略》9b/p. 289）

不知何意。

（17）猪眼——一个人吃两个人不吃。（《华语抄略》10a/p. 311）

是否应断句作"猪眼——一个，人吃；两个，人不吃"？但都不明是何意。

还有一些其他的疑难问题，举例如下：

（18）我要买一只帽子，拿样子来我瞧瞧。（《汉语》33a/p. 175）

"帽子"用"只"称量，似乎没有见过，不知是否误用。

（19）铁匠家里好里刀子没有。（《华语抄略》7a/p. 232）

"好里刀子"应即"好的刀子"，"里"用如"的"，似亦未见，不知是否属于弱化形式。

（20）多站儿来？　我呢这个月初十站来啊。（p. 125）

"初十站"恐系误用。《汉语》："站站说官话么，一日比一日强。"（17a/p. 134）"站站"不知何义。

（21）价钱多少？　大的五钱，小的四钱，少儿一分不卖。（p. 174）

动词"少"儿化，似未见。[①] 李守业（1983）"儿"条云："作动词词尾。相当于'动词＋上'或'动词＋着'。《玉壶春》四折《驻马厅》：老虔婆坐儿不觉立儿饥，甚黑子东行不见西行利。'动词＋儿'这种用法，文水话仍保存着。'儿'读 $ə^{33}$。例：'你是走儿去，还是坐车去。'（你是走着去，还是坐车去?）'你是个长辈，说儿他两句也应该。'（你是长辈，说上他两句也应该。）"据此看来，大官话区有些方言点确实存在普通动词儿化的现象。这个问题还值得进一步研究。[②]

以上问题期盼通人达士释疑解惑，有以教我。

【附记】感谢友生任玉函博士协助查阅相关资料并提供意见。文章初稿曾在"第五届韩汉语言学国际学术研讨会"（2013 年 8 月 30 日－31 日，浙江大学汉语史研究中心）上宣读，得到远藤光晓等先生的指教，谨致谢忱。

（作者单位：浙江大学中文系）

[①] 赵元任（1968/1996：218－219）讨论了词尾"儿"，指出："其实现在'儿'的用法多半用来标示名词，仅有的例外是几个动词加'儿'的，其中只有一个是日常用语（玩儿）。"另外还举了 4 个俚语和 2 个儿语，其中没有"少儿"。

[②] 远藤光晓教授函示：关于动词后加"儿"，李思敬先生的书里（维辉按，指《汉语"儿"音史研究》）只说是"京东话"，具体指的是哪里，我曾经问过李先生，他说是北京东部的话，也就是河北昌黎那块方向吧。那也已经是 20 多年前的事情了。我查了黄伯荣《汉语方言语法类编》，280 页以后有山东牟平话的描写，也有"了"变"儿"的现象。牟平也就在烟台旁边，那部朝鲜会话书有可能根据胶东话编写。还要查找辽宁省的情况。这种非常特殊的现象可当作推测基础方言的重要依据。我后来看到李巧兰《河北方言中的儿化变音研究》（河北人民出版社 2012 年版）包括"儿化"表示完成的一些方言。

元代音研究概况①

[日] 远藤光晓

内容提要：本文讨论元代音研究的四个问题：研究史分期、元代音的材料、版本校勘和编辑史、基础方言问题。除了中国本土的文献材料和研究以外，还着重介绍了域外资料和国外的研究情况，其中包含向来较少谈及的资料和观点，如：《脉诀》波斯文翻译、《史集》等波斯资料和周达观《真腊风土记》等柬埔寨资料，编辑史和雅洪托夫提出的北纬 37 度以北中古-k 尾各韵以元音收尾的基础方言推定标准，等等。

关键词：元代音；版本学；编辑史；基础方言；《中原音韵》

一、前　言

元代(1271—1368)是蒙古族统治的王朝，因此传统汉族文化的规范比较松散，语言资料反映实际口语的程度大大超过前代。音韵方面也不例外，向来被当作元代音的代表资料《中原音韵》(1324)就和宋代的《广韵》、《集韵》、《礼部韵略》系韵书大不一样，从正面反映当时的某种实际读音。

其实，元代官韵不是《中原音韵》，而是《蒙古字韵》系的八思巴字韵书。《蒙古字韵》虽然具有保守的一面，如保持全浊声母和独立入声等，但反映实际读音的特征也很多，如宕江摄和曾梗摄入声的韵母具有元音韵尾等。八思巴字碑文和《至元译语》等蒙汉对音资料也是窥探当时语音实际音值的好材料。

当时蒙古族统治的版图扩大到波斯，构成世界史上最大的帝国。波斯人重视中国医学，当时有王叔和《脉诀》的波斯文翻译(1313 年抄写)，其中包含大约 5000 字音译，是饶有趣味的资料。还有日本资料和柬埔寨资料。

元代音占据上连《切韵》(601)音、下连现代北音系统的枢纽位置，在中古以后的汉语音韵学研究领域历来受到重视。

二、研究史分期

元代音，或者近代音的研究，和整个近代汉语的研究一样，真正开始的时候是 20 纪初。清代以前的小学主要以先秦汉语为对象，他们说的"今音"就是《切韵》系韵书，实际上是《广韵》，唐代以

---

①　本文在"元明汉语工作坊"(于浙江大学汉语史研究中心，2013 年 9 月 1 日)发表。定稿时承曾晓渝教授纠正汉语，谨致谢忱；内容方面则一概由本人负责。

后的实际口语只不过是不登大雅之堂的俗语而已。

说起近代汉语语法、词汇的研究，到了 20 世纪中叶，在中国有吕叔湘等先驱者，但最系统地做研究的还是太田辰夫等日本学者。音韵方面则开始得更早，20 世纪 10 年代已有一些日本学者开始研究，从 30 年代开始也有一些中国学者发表成果。

现代化的汉语音韵史研究由 Karlgren 的 *Etudes sur la phonologie chinoise*（1915—1926）开始。但是他的兴趣在中古以前，虽然在语法方面发表过近代汉语的研究，但在音韵方面他几乎没有做研究。Dragunov 在 1930 年发表了有关八思巴字碑文对音的文章，这是元代音研究领域划时代的著作。

元代音最具代表性的资料还是《中原音韵》。冈本保孝（1857 年以前）、Edkins（1864）和 Watters（1889）提到过这个资料，第一篇专篇论文是金井保三（1913）。其后，满田新造（1918）等论文也做了较详细的研究，第一部专著还是石山福治（1925），和他的 1923 年的著作合起来，可称奠基之作。

元代音研究史可分为两个阶段，"文革"结束后是后期，在那以前是前期。

前期的代表性作者如下：日本方面有金井保三、满田新造、石山福治、鸳渊一、永岛荣一郎、服部四郎、藤堂明保、坂井健一等；中国方面有白涤洲、赵荫棠、王力、罗常培、陆志韦等（杨耐思、李新魁、宁继福等学者在"文革"前就发表文章，但最主要的贡献在"文革"后发表），台湾地区有董同和、郑再发；俄罗斯方面有龙果夫；美国方面有 Stimson 和薛凤生等。

前期的代表性专著有石山福治（1925）《考订中原音韵》、赵荫棠（1932）《中原音韵研究》、赵荫棠（1941）《等韵源流》、服部四郎（1946）《元朝秘史の蒙古语を表はす汉字の研究》、服部四郎、藤堂明保（1958）《中原音韵の研究　校本编》、Stimson（1966）*The Jongyuan In Yunn*、Hsueh（1975）*Phonology of Old Mandarin* 等。

1976 年"文革"结束，1977 年恢复高考，1978 年中国的大学开始正常的教育和科研，《中国语文》也在这一年 5 月复刊。1978 年对日本研究《中原音韵》史上来说也是具有纪念意义的年份：藤堂明保、服部四郎、长田夏树、平山久雄、佐佐木猛等学者相继发表有关研究。

后期的代表性作者如下：中国方面有杨耐思、李新魁、宁继福、鲁国尧、邵荣芬、尉迟治平、蒋冀骋、黎新第、王硕荃、张玉来等，台湾地区有陈新雄、丁邦新、竺家宁、李添富等；日本方面有平山久雄、左左木猛、花登正宏、远藤光晓等。

后期的代表性著作有杨耐思（1981）《中原音韵音系》、李新魁（1983）《〈中原音韵〉音系研究》、宁继福（1985）《中原音韵表稿》、花登正宏（1997）《古今韵会举要研究》、宁继福（1997）《古今韵会举要研究及相关韵书》、张玉来、耿军（2013）《中原音韵校本》、蒋冀骋（2013）《阿汉对音与元代汉语语音》等。

论数量，后期出现的研究大大超过前期；论质量，前期研究大都是杰出学者所做的，这些中心成果到现在仍然值得借鉴。

三、元代音的材料

元代音的材料主要分两类，即本土资料和域外资料。

本土资料：《中原音韵》、《中州乐府音韵类编》、《古今韵会举要》、《书学正韵》、元曲等押韵资料、《切韵指南》等。

域外资料:蒙古资料①:《蒙古字韵》、八思巴字碑文、《至元译语》等;日本资料:《聚分韵略》等;波斯资料:《脉诀》波斯文翻译、《史集》;阿汉资料:《回回药方》等;柬埔寨资料:周达观《真腊风土记》;梵汉对音。

本土资料是经,域外资料是纬,两者都能互相补充。本土资料的优点是音类方面的分类比较可靠,但在音值方面没有直接的证据可拟测;域外资料大都是音译,因此在音值方面可供证据,但在大部分情况下两种语言之间的音系有所不同,因此音类的判断方面往往只能提供间接的线索。

文献资料总难免带有沿袭的情况,像《古今韵会举要》和《蒙古字韵》保持独立的全浊音和独立入声,这种特点与《中原音韵》和《中州乐府音韵类编》不一致。服部(1946)据此认为《古今韵会举要》反映南宋时移植在吴语系统方言之上的杭州官话特点。但宕江摄、曾梗摄入声韵母带有元音韵尾的特点是北京官话特有的特征。诸如此类的元代音韵资料的基础方言问题留待第五节再讨论。

另外,关于《中原音韵》和《中州乐府音韵类编》之间的先后关系历来有争论。对此问题,解开这两书的成书过程之谜,就能迎刃而解,本文第四节有所谈及。

元曲等押韵资料的梳理在前期已经开始,但后期有更加广泛的研究。另外,本土资料中原先较少涉及的《切韵指南》、《书学正韵》等元代音韵资料也开始有人详细研究了。

蒙古资料方面,《蒙古字韵》、八思巴字碑文和《至元译语》等重要资料从一开始就有深入细致的研究,到现在也有些人继续研究。史书中的蒙古语也有了较系统的搜集和考释。

日本资料方面,由于《聚分韵略》和《略韵》是元代成书的,因此也包括在内。但所记录的有可能是入宋禅宗和尚带来的吴方言音。

波斯资料中的《脉诀》波斯文翻译1931年就由俄罗斯的龙果夫发表过有关其音系特点的论文。在那以后桥本万太郎、Denlinger等人着手研究,但没有正式发表。本人去土耳其调查过原本,做了其中的波汉音译的全盘研究,一部分发表在远藤(1997)。该书分为两个部分:保持入声-p、-t、-k的部分和失去入声韵尾的部分。拉施特《史集》描述当时统治欧亚大陆一大片地区的蒙古大帝国各个地区的历史,《中国史》中含有专有名词的对音。但一般不区分-n和-ng等,分量也少,远远不如《脉诀》波斯文翻译。

周达观《真腊风土记》是描写元代柬埔寨风俗习惯的重要著作,历史学家历来重视。伯希和也研究过其中包含的专有名词等音译,Coedès是高棉语(和泰语)古碑文研究的高手,曾任法国远东学院院长,他所作的音译词研究在这个意义上很有价值。

元代还有梵汉对音资料,如刘广和(2007),值得关注。

四、版本校勘和编辑史

语言史的研究需要兼顾文献学和语言学两个方面。文献学是历史研究的基础,如果基础不稳固,依此得出来的结论精确度不高或者根本靠不住。因此一切历史研究应从版本的鉴定、描述和校订开始。

在此以《中原音韵》的研究为例谈谈版本比较研究的进展情况。石山(1925)《考定中原音韵》就把现存唯一的元刊本(内藤湖南旧藏本)作底本,和铁琴铜剑阁本、《中州音韵》的王本、叶本和北

---

① 蒙古是元朝的统治者,从这个意义上来说,就元代而言,把蒙古资料说成"域外资料"也有未妥之处。比如说,元朝的官韵不是《中原音韵》而是《蒙古字韵》系八思巴字韵书,等等。

京大学校本进行比勘。服部、藤堂(1958)《中原音韵の研究　校本编》更彻底地把各种版本进行比较。1978 年文学研究所藏明正统 1441 年本（即"讷菴本"）影印出版，这是新发现的重要版本（陆、廖 1978）。张玉来(2010)《〈中原音韵〉版本源流辨正》全面考究各种版本的源流，还介绍了向来没被注意过的一种新的版本（即上海图书馆藏程允昌孚吉氏订明《南九宫十三调曲谱》本）。张玉来、耿军(2013)《中原音韵校本》则是最新校本。这些著作都遵循校勘学的基本方法，也就是比较各个版本。

石山(1925)开门见山就说，铁琴铜剑阁本是"各种版本中的最初出本"，也就是头一个出版的。但陆(1978)说，版本学家赵万里把它审定为明刊本。张(2010)"认为即使瞿藏本（引者注：即铁琴铜剑阁本）不是元刊本，也应该是照元刊本模样覆刻，不是重写新刻，所以，该本应该是最接近元刻本的版本。"从版面漫漶处的比较等来看，石山(1925)和张(2010)的看法很正确。至于赵万里的鉴定结果应该视为根据纸质的判断，也就是说，版框是元代的，但是现存铁琴铜剑阁本是明代印的。

向来有一种牢固的传统观念，也就是以周德清《中原音韵》为曲韵的鼻祖，如罗(1935)把各种曲韵书的谱系画为一个图，把《中原音韵》放在首位。其实，如果和卓从之述《中州乐府音韵类编》仔细比较，就能明了卓本比周本早，如佐佐木(1981)最清楚地显示出来。远藤(1995)进一步阐明《中州乐府音韵类编》是根据《广韵》而编的。这一点从小韵和字的出现次序能证明。

这样一来，比勘《中原音韵》时，《中州乐府音韵类编》和《广韵》的继承关系就是非考虑不可的重要信息了。不仅如此，在推测《中原音韵》音类和音值时，这个成书过程带来的特点也往往可以当作线索。远藤(1995)的方法可谓西洋古典文献学中"编辑史研究"的运用。另外，吉池(1993)阐明《蒙古字韵》增补的成分和《押韵释疑》一致，中村(1994)则证明《蒙古字韵》是根据《五音集韵》编纂的。这些成书过程的细微而可靠的推测也有助于该书在音韵研究方面的精确化。远藤(2001)纵览了包含这些在内的关于中国音韵学研究的编辑史研究。

五、基础方言问题

元代首都是大都，即现代的北京，从这个政治条件来说，元代汉语标准语最可能就是北京话。但这只是社会的条件，并非语言学证据；我们还是要从语言学证据去立论才可靠。表一根据三种重要音韵特点比较元代的主要音韵资料和宋代以后历代首都的现代音。

表一　元代音韵资料和宋代以后历代首都现代音比较

	保持全浊	入派三声	-k 韵尾元音化
《古今韵会举要》	√	—	√
《蒙古字韵》	√	—	√
《中原音韵》	—	√	√
《脉诀》波斯文	—	?	宕江一；梗√
现代北京音白读	—	√	√
现代北京音文读	—	有层次	—
现代开封音	—	—	宕江一；曾√
现代南京音	—	—	—
现代杭州音	√	—	—

保持全浊音与否是赵元任给吴语下定义时采用的有名条件。后来随着方言调查的进展发现，老湘语和广西粤语也有些方言保持全浊音，但整个北方话都没有保持全浊音。服部(1946)曾经根据这个特点认为《古今韵会举要》反映的是宋朝南迁时移植到杭州的开封话。

就入派三声而言，现代方言中只有河北(靠近山西的山区除外)和山东(靠近河南的地区除外)以北才有这个特点(参看远藤1992年的地图)。不过，严格地说，现代只有两类或一类入声的地区也有如下的可能：入声曾经分三类，但还没有归并到舒声时发生了三类入声之间的合并，再归并到舒声，因此只有两类或一类入声的痕迹。

"-k韵尾"指的是中古宕江摄(也包括部分通摄入声字)和曾梗摄入声，"元音化"就是像北京话的"剥(皮)"bāo、"白"bái那样带有-u韵尾或-i韵尾的变化。据雅洪托夫(1986:189－190)，"收-u的二合元音作为古代-k韵尾的延续，有这一语音特征的区域西面限于太行山，南面接近北纬37°。"他据此推测，邵雍的《皇极经世声音唱和图》具有宕江摄入声读-au的特点，因此这个资料的基础方言是北京话。由这个标准来看，《古今韵会举要》、《蒙古字韵》和《中原音韵》都应该依据北京话才合理。那么，《古今韵会举要》、《蒙古字韵》保持全浊音和独立的一类入声是沿袭前代韵书的人为特征。《脉诀》波斯文对音的宕江摄是-a或-ia，因此反映的不是纯粹的北京音。

据张启焕等(1993:59－90)的现代开封话同音字表来看，宕江摄入声为ɤ、o、uo、yo(和果摄一样，效摄是ao/iao)；曾梗摄入声为ε(蟹摄一二等是ai/uai；"北墨"是ei)；通摄的"肉"是ou、"六"是iou，但都读去声，该方言的次浊入归阴平，因此这两个读音显然是从北京话借过来的。

黎新第(1991)指出，河南省等北纬37°以南的地区也有中古-k韵尾收-u、-i的方言。雅洪托夫根据的是"文革"以前方言普查时的材料，"文革"结束后方言调查有了大幅度的进展，栗华益(2013)则讨论许多东南部方言中的入声韵元音尾化现象，包括咸深山臻摄在内。不过，就北方话地区而言，宕江摄入声的情况确实还是像雅洪托夫所说的那样，仍然可以当作较可靠的标准之一。

另外，长田夏树(1953)讨论宕江通曾梗摄入声韵母的例子，推测现代北京话的文读来自南京。

六、结　语

元代音的研究已经达到了相当高的水平。但从编辑史的角度还有必要做很多研究，因为从这一视角可以更加细致地判断过去的疑难问题。鉴于元朝前后时代的音韵资料已经得到系统的梳理，可以进行更加严格的比较研究了。另外，现在方言描写有了长足的进展，有利于做文献和方言之间系统化的全面比较。对此，方言地理学将会发挥很大的作用。现在已经酝酿了从文献学、音韵学和方言学的综合视角给予元代音研究集大成的时机。

(作者单位：日本青山学院大学)

元代明代方言资料概观

[日] 三木夏华

内容提要：本文对元明两代的主要方言文献及其研究情况进行了概括介绍和考察。
关键词：元代；明代；方言

一、前　言

元明两代的方言资料，无论在数量还是特色上均各有不同：元代文献中的方言颇零碎且量少，方言成分只见于元曲中的方言语词，以及各地诗人古体诗中的用韵；而到明代，方言更多出现于文献，语料领域也得到扩展，更加多样，包括了地方剧曲、小说、民歌集、韵书、词汇集和传教士资料等。

以下本文对元明两代的主要方言文献及其研究情况进行梳理和考察。

二、元代文献中的方言成分

元代资料之中方言成分最多的是元曲。由于说唱的需要，元曲采用了大量的口语词与方言。元曲中的方言反映了北方方言，诸多词语至今仍然在北方各地如河南、河北、山西、山东等地方言中使用。故许多研究者都通过北方各地方言来训释元曲中的方言语词，并辨析各地方言与元曲方言词之间的关系（如吴振清 1997、刘金勤 2012 等）。

在语音方面，古体诗是可资利用的重要资料，原因是古体诗韵律限制较少，用韵的韵部系统在一定程度上反映了当时方言语音的面貌。有关这一方面的研究进展可见于江西与浙江古体诗研究。江西有元诗四大家，江西诗歌代表了元代诗歌的最高成就；浙江则是杨维桢、王冕等著名文人的故乡。江西与浙江古体诗用韵研究的方法，是运用诗歌韵谱分析法考求各地区古体诗韵部系统，以《中原音韵》、《蒙古字韵》等韵书音韵体系为框架分析异部通押现象，并归纳出各地诗韵特点（如田业政 2007 等）。

三、明代方言资料

进入明代以后，通俗文学创作日趋兴盛。(1)白话小说创作得到空前发展。《金瓶梅词话》是此期最富时代特色的作品，此外，《西游记》、《醒世姻缘传》、"三言二拍"等著名作品也陆续出现。(2)戏曲创作进入辉煌时期。由于政治、文化、地域等原因，盛行于元代的北曲杂剧渐行衰微，《琵琶记》、《拜月记》等南戏则逐渐兴起。在潮州泉州《金钗记》、《荔镜记》、《金花女》等潮剧也颇为盛行。(3)被称为明代文学一绝的民歌,也得到系统的搜集和整理,冯梦龙编印的《山歌》、《挂枝儿》是此期具有代表性的民间歌曲集。

随着通俗文学的兴盛,此类作品中语言的地方色彩越来越浓厚,与元代文献相比,方言成分的出现频率提高,特别是北方、吴、闽等方言在明代通俗文学中占有重要地位。下面主要介绍小说、戏曲、民歌这三个文学领域与方言成分的关系,以及有关的研究情况。

(一)小说

明代白话小说中有不少方言背景明确、可以比较充分反映汉语方言语法面貌的语料,其中最被人关注、研究成果也最多的,是《金瓶梅词话》与《醒世姻缘传》。《金瓶梅词话》、《醒世姻缘传》这两部作品既有时间上的连续性,又同具明确的山东方言背景。——《金瓶梅词话》成书于明代嘉靖年间,使用的方言以山东方言为主。《醒世姻缘传》成书于明末清初,"书中反映的是济南、历城、章丘一带的方言口语"(罗福腾1996)。两部作品代表了明代不同时期的同一地域的方言面貌,成为明代山东方言研究不可多得的重要语料,所以有研究者把两部作品联系起来,考察山东方言语法演变的轨迹,或当时的方言词语特征(如戚晓杰2007、殷晓杰2011等)。

方言构成的复杂性也是白话小说语言研究中另一个值得关注的问题。明代白话小说中的方言总体上以北方方言为主,但又间杂其他多种方言。如在《水浒传》中,除了山东方言,还可以发现吴语词汇。至于《金瓶梅词话》,争议更多。《金瓶梅词话》的语言非常驳杂,其方言不限于山东一方,而遍及中原晋冀豫以及苏皖之北,又间杂吴越之语(黄霖1984)。吴晓铃(1991)对90年代前的主要研究观点进行了粗略分类,提出绝大多数学者认为《金瓶梅词话》中使用的语言是山东方言;第二种观点认为其中的吴方言较集中;第三种观点认为,作者使用的是当时的"官话";第四种观点提出《金瓶梅词话》中使用的语言是"混合话",即夹用官话与多种方言。1990年以后的研究大致趋向于混合话之说,对作品的方言成分也在进行新的挖掘(如李凤仪1995、刘成荫1996等)。

(二)戏曲

1.南曲的发展与用韵研究

明代定都南京后,大量文士将北曲带到南方,促进了南曲的变化发展,将南曲带入一个大发展的时期。明朝中后期,南曲在曲体、曲韵等各方面都取得了长足发展。但从用韵的角度来看,北曲以《中原音韵》为宗,而南曲没有曲韵专书。《洪武正韵》出现后,南曲作家认为其与南音较近,但《洪武正韵》并非曲韵专书,而除了此书以外只有一部分改造《中原音韵》的韵书,如《琼林雅韵》、《中州全韵》、《中州音韵》等。用韵方面存在复杂现象,其主要原因是方音入韵,有许多论文便选取了丰富的南戏作品进行南曲用韵研究(如王曦2007、马重奇1995等)。这些研究的成果显示:(1)南曲作品中存在方音,尤其是吴音。(2)南曲用韵颇受《中原音韵》的影响。(3)南曲用韵受词韵,传统官韵的影响。(4)南曲与北曲最大的不同是入声韵:北曲将入声派入平上去三声,音变而腔不变;南曲将入声唱作三声,音不变而腔变。南曲入声有单押和平上去三声通押两种方法,但唱法都是随谱作腔(王曦2005)。

2.潮剧的形成

南戏长期以来流传于南方各地,逐渐形成了几种不同的地方戏。而各地方戏之中,潮剧的形成和发展与方言研究关系最为密切。潮剧又名潮州戏、潮音戏、潮调等,是用潮州方言演唱的一个古老的地方戏曲剧种,主要分布于粤东、闽南等地。潮剧形成于明代嘉靖之前,是宋元南戏的一个分支,由宋元时期的南戏逐渐演化,结合本地民间艺术,最终形成自己独特的艺术形式和风格。重要的明代潮剧剧本有万历年间刊刻的《重补摘锦潮调金花女大全》(附《苏六娘》)、万历九年刊刻的《新刻增补全像乡谈荔枝记》、嘉靖四十五年刊刻的《重刊五色潮泉插科增入诗词北曲勾栏荔镜记戏文》、明墓出土的嘉靖抄本《蔡伯喈》和宣德写本《新编全像南北插科忠孝正字刘希必金钗记》。这五种语料后来被合编为《明本潮州戏文五种》(吴南生、杨越,广东人民出版社 1985 年版)。另外,英国牛津大学教授龙彼得发现的明刊三种闽南戏曲选集(即《新刻增补戏队锦曲大全满天春》、《集芳居主人精选新曲钰妍丽锦》、《新刊时尚雅调百花赛锦》)对研究早期闽南方言也有重大意义。这三部选集中辑录了大量的戏曲剧本与曲词,今人从这些剧本与曲词中可以了解到明代中后期闽南方言的详细情况。这三种资料分别藏于英国剑桥大学图书馆与德国萨克森州立图书馆,数百年之间从未被人发现。龙彼得于 20 世纪 60 年代发现了这些资料,经过二三十年的调查研究,撰写了长篇论文,连同三种刊本汇编为《明刊闽南戏曲统管选本三种》(台湾南天书局 1992 年版)。

几十年以来,许多学者对明代潮剧语料中的闽南方言进行了研究,例如吴守礼曾致力于日本及英国所藏《荔镜记》孤本之校勘工作,并借此还原明代闽南语(如吴守礼、林宗毅 1975,吴守礼 1970 等)。曾宪通有许多关于《明本潮州戏文五种》中方言词语的论文(如曾宪通 1991、1992、2005 等)。

(三)民歌

民歌在明代文学中具有特殊意义。明代文人与市井生活原本有密切的关联,也受到了民歌的影响。明中晚期,李梦阳、何景明、李卓吾、冯梦龙等文人之喜爱民歌,不仅在于个人兴趣,他们把民歌富于真情实感、奇思异想和灵动活泼、无所忌讳的特点,当作反抗封建道德、文学界的保守风气的武器。明代民歌中明末冯梦龙编辑的《山歌》极有特色。《山歌》是苏州一带的民歌小调集,具有民歌的形式,实际上是娼楼小调,以男女间的感情为主。《山歌》失传已久,1934 年上海传经堂主人在安徽访得原书,1935 年经顾颉刚校点后排印出版,即"上海朱氏传经堂排印本"。随后 1936 年上海中央书店又据传经堂本加以增补,收入《黄山谜》中。1962 年中华书局以郑振铎旧藏明天启、崇祯年间的写刻本为底本,重新校点排印。从语言方面来看,《山歌》绝大部分是用吴语写的吴地民歌,因此这一文献不仅是研究当时民间文学的好材料,还是研究明代吴语的珍贵资料。许多方言学者对该文献中的吴语成分进行了考察,例如,胡明杨(1981)、章一鸣(1986)、石汝杰(1996)等对其中的方言词汇作过讨论,章一鸣(2005)、石汝杰(1989)等曾对其中的方言语法进行研究。

(四)其他

在明代方言语料中,除了上面所述的以外,还有韵书、辞典等值得一提。比如:

《同文备考》,吴人昆山王应电撰,成书于嘉靖十九年。附有《声韵会通》和《韵要粗释》,这两部是相对独立的韵书。《同文备考》是一部字书,注音反映了时音和昆山方音。丁锋教授有《同文备考音系》一书(福冈:中国书店 2001 年版),可供参考。

《蜀语》,李实撰,成书于明间。这是一部方言辞典,共收录四川方言词语 563 条,忠实地反映了明代四川方言的基本面貌,是研究明代四川方言的有效材料。

《六音字典》,明朝正德年间、陈相撰。迄今为止发现的最早一部闽方言韵书,反映了数百年前福建闽北政和方言音系。马重奇对这一文献中的音系进行了许多详细研究(如马重奇 2009、2010、2011 等)。

此外,关于闽南方言,有一些西方传教士编撰的"西班牙语—闽南方言辞书",比如:《中文西译闽南语西班牙文字典》（万历三年编撰）、《闽南方言与西班牙卡斯蒂利亚语的对照字典》（万历三十二年契林诺编撰）。

（作者单位：日本鹿儿岛大学）

战国、秦、西汉时期齐鲁、楚方言之职蒸与鱼铎阳通转的音系背景和语音机制

边田钢

内容提要：本文探讨战国、秦、西汉时期齐鲁、楚方言中之职蒸和鱼铎阳两系韵部发生通转的条件、音系背景和语音机制。两系韵部通转的条件限制在以母、日母和帮组声母。齐鲁、楚地发生了歌部 ɑi＞ɑ、鱼部 ɑ＞ɔ 链式音变。铎阳两部保持 ɑ 元音不变。之职蒸与鱼部关系最近，之职蒸的韵部主元音当构拟为 ɐ。这是两系韵部通转的音系背景。ɐ 在唇音声母［＋合口］、［＋钝］特征作用下会与后元音 ɔ 相混，这是之职蒸与鱼部在帮组声母条件下通转的语音机制。ɔ、ɑ 在腭化声母条件下会前高化为 ɐ，这是鱼铎阳在以母、日母条件下通转为之职蒸的语音机制。

关键词：方言；音韵；通转；音系背景；语音机制

一、引　言

《方言》记载："蝇，东齐谓之羊，陈楚之间谓之蝇，自关而西秦晋之间谓之蝇。"这条材料广为人知，但对于这个奇特称谓的解释却莫衷一是。常见的解释多用郭璞、戴震"一声之转"[①]。"东齐谓之羊"郭璞注曰"此亦转语也，今江东呼羊声如蝇，凡此之类皆不宜别立名也"[②]。而怀疑其可靠性者，则或如卢文弨径改"羊"为"芈"[③]，或从刘台拱认为"羊"当从旧本作"蝇"（周祖谟、华学诚均从刘说[④]）。

卢文弨改字诚为谬说[⑤]，但如刘台拱"羊"依旧本作作"蝇"也未必妥当。如此一改，《方言》此条便作"蝇，东齐谓之蝇，陈楚之间谓之蝇，自关而西秦晋之间谓之蝇"。既然各地的说法完全一样，扬雄便无分地记载的必要，而且《方言》中也无类似记录。那么郭璞所谓的"今江东呼羊声如蝇"是否有实际的语言根据呢？上古齐鲁方言中是否存在之职蒸和鱼铎阳两系列韵部相通的可能呢？如果有，相通的条件是什么？

---

① 华学诚：《扬雄方言校释汇证》，中华书局 2006 年版，第 739 页。
② 华学诚：《扬雄方言校释汇证》，中华书局 2006 年版，第 739 页。
③ 华学诚：《扬雄方言校释汇证》，中华书局 2006 年版，第 739 页。
④ 华学诚：《扬雄方言校释汇证》，中华书局 2006 年版，第 739—740 页。
⑤ 华学诚：《扬雄方言校释汇证》，中华书局 2006 年版，第 739—740 页。

二、通转的条件

实际上“蝇，东齐谓之羊”并不是之职蒸和鱼铎阳两系韵部相通的孤例，因为在齐鲁文献中有大量反映这组关系的例证。这种通转也存在于楚地文献当中。此外还有零星证据存在于其他时地的文献中。虽然这些材料所属时间和地域并不相同，却呈现出明显的一致性和规律性。那就是所涉材料中之职蒸和鱼铎阳两系韵部相通的条件都限制在以母、日母和帮组声母(仅有个别例外，且另有原因，详后文)。

在以母、日母条件下，之职蒸与鱼铎阳相通。如：

(1)《礼记·燕礼》：“媵觚于宾。”郑玄注：“媵，读或为扬。”《礼记·檀弓下》：“杜蒉洗而扬觯。”孔颖达疏：“凡举爵皆为媵，此云扬觯。郑云：‘扬，举也。’《燕礼》云‘媵’，故郑云：‘媵，送也。’”

(2)《左传·宣公九年》：“遂杀泄冶。”“泄冶”何休注《公羊传·宣公十二年》引作“泄野。”《战国策·韩策》：“与国不可恃。”“与”《战国纵横家书》作“冶”。《楚辞·九歌》：“姱女倡兮容与。”洪兴祖考异：“与，一作冶。”《论衡·言毒篇》：“草木之中，有巴豆、野葛，食之凑懑，颇多杀人。”又曰：“毒螫渥者，在虫则为蝮蛇蜂虿，在草则为巴豆、冶葛。”“冶葛”即“野葛”。《易·系辞上》：“冶容诲淫。”《经典释文》：“冶，郑、陆、虞、姚、王肃作野。”

(3)《郭店·缁衣》22：“古(故)君不与少(小)谋大。”“与”今本作“以”。

(4)周家台秦简《归藏》称《周易》“颐”卦为“亦”。

(5)《诗·大雅·常武》：“如震如怒。”《经典释文》：“一本此两如字皆作而。”《荀子·劝学》：“君子博学而日参省乎己。”《大戴礼记·劝学》“而”作“如”。《庄子·人间世》：“一宅而寓于不得已。”《经典释文》：“而寓，崔本作如愚。”《诗经·小雅·都人士》：“彼都人士，垂带而厉。”“而”郑玄注《礼记·内则》引作“如”。

(6)《周礼·地官·旅师》：“而用之以质剂致民。”郑玄注：“而，读为若，声之误也。”

(7)《庄子·外物》：“去汝躬矜。”《经典释文》：“汝作而。”

在帮组声母条件下，之职蒸与鱼铎阳相通。如：

(8)《周礼·薙氏》：“春始生而萌之。”郑玄注：“故书萌作甍。”

(9)《诗经·小雅·皇皇者华》：“载驰载驱，周爰咨谋。”鲁《诗》“谋”作“谟”。

(10)《诗经·大雅·绵》：“周原膴膴，堇荼如饴。”韩《诗》“膴”作“腜”。

(11)《左传·襄公十年》：“遂灭偪阳。”“偪阳”于《穀梁传》作“傅阳”。《汉书·地理志》：“傅阳，故偪阳国。”

(12)《左传·宣公十五年》：“仲孙蔑会齐高固于无娄。”“无娄”于《公羊传》作“谋娄”。

(13)《马王堆汉墓帛书·九主》380：“争道得主者甍起，大干天纶。”整理者谓“甍起”即“萌起”。

(14)《马王堆汉墓帛书·经·行守》135上：“逆节梦生，其谁骨当之。”《马王堆汉墓帛书·十六经·观》：“寺(待)地气之发也，乃梦者梦而兹(孳)者兹(孳)。”整理者将“梦”均释为“萌”。

(15)《易·晋》：“受兹介福于其王母。”“福”于马王堆汉墓帛书本作“斧”。

(16)《老子(甲)·道经》124：“大上下知有之，其次亲誉之，其次畏之，其下母之。”“母”通“侮”。

(17)《诗·小雅·皇皇者华》：“周爰咨谋。”《淮南子·修务》引“谋”作“谟”。

（18）《说文》"青蚨，水虫，可还钱。"《初学记》："其子箸草叶如蚕种，淮南术以之还钱，名曰青蚖[1]。"

（19）《说文》"蘘，蘘荷，一名葍蒩。"段玉裁注："葍蒩，《汉书》作'巴且'。"

（20）《说文》："鮔，鮔鮉，鲔也。"段玉裁注："《上林赋》：'鮔鱣渐离。'郭注曰：'鮔鱣，鲔也。'李善注《吴都赋》同。"

（21）《说文》："薨，灌渝。从艹梦声。读若萌。"《尔雅·释草》："萌，薱蕍。"

另外《隋书·五行志》中有一则有趣的谶纬故事所反映的情形和《方言》所谓"蝇，东齐谓之羊"有异曲同工之妙。文曰：

文帝名皇太子曰勇，晋王曰英，秦王曰俊，蜀王曰秀。开皇初，有人上书曰："勇者一夫之用。又千人之秀为英，万人之秀为俊。斯乃布衣之美称，非帝王之嘉名也。"帝不省。时人呼杨姓多为羸者。或言于上曰："杨英反为羸殃。"帝闻而不怿，遽改之。其后勇、俊、秀皆被废黜，炀帝嗣位，终失天下，卒为杨氏之殃。

无论是《隋书·五行志》中的"呼杨姓多为羸"还是郭璞的"今江东呼羊声如蝇"，均为以母阳部字读如以母蒸部字。

三、音系背景和语音机制

（一）音系背景

1. 歌鱼两部链式音变

汪荣宝（1923）《歌戈鱼虞模古读考》发表以来，经过学者们的长期努力，上古韵部构拟取得了丰硕的成果。上古鱼部音值为 a，歌部为 ai（<ar）已经成为共识。另外上古幽、侯部的主元音为后高元音也没有争议。战国、秦、西汉时期齐鲁、楚（本文所讨论的内容均属这个时间段内的两个地域，下文使用"齐鲁、楚"来称说此）地文献中均发生了早期文献鱼部字被歌部字替换的现象，东汉郑玄的"三礼"音读也反映了同样的现象。如：

（22）《诗·大雅·假乐》"假乐君子"。《礼记·中庸》引作"嘉乐君子"。《左传·文公三年》与《左传·襄公二十六年》均称此篇为"嘉乐"。

（23）《诗·周颂·维天之命》"假以溢我"。《左传·襄公二十七年》引作"何以恤我"。

（24）《诗经》常见的"于嗟"，在《齐风》作"猗嗟"。

（25）《战国策·燕策》："《周书》曰：'维命不于常。'"《战国纵横家书》引《周书》中将"于"替换为"为"。《易·萃》："一握为笑。""为"于马王堆汉墓帛书本《易》作"于"。

（26）《郭店·老子（甲）》8："夜（豫）虖（乎）奴（如）冬涉川。""虖（乎）"于帛书本作"呵"。《郭店·老子（丙）》："猷（犹）虖（乎）丌（其）贵言也。""虖（乎）"于帛书甲、乙本作"呵"，王弼本作"兮"。

（27）葛陵简甲三 173："▨无咎，疾犀（迟）瘥▨。"葛陵简甲二 25："▨占之曰：吉。尽八月疾戡▨。""瘥"、"戡"均读为"瘥"，义为"病愈"。

（28）《周礼·春官·典瑞》："疏璧琮以敛尸"。郑玄："疏读为沙。"

---

[1] "蚖"字下从"伏"之初文得声。"伏"之初文作 ▨，像人俯伏之形。▨ 后来讹变为"蚖"下所从之"几"。参于省吾：《甲骨文字释林》，中华书局 2009 年版，第 374 页。

(29)《周礼·春官·巾车》："尾橐疏饰，小服皆疏。"郑玄注："故书疏为揱杜子春读揱为沙。"

(30)《仪礼·聘礼》："贿在聘于贿。"郑玄注："于读为为。"《仪礼·士冠礼》："宜之于假。"郑玄注："于犹为也。"

(31)《礼记·丧大记》："加伪荒。"郑玄注："伪，当为帷。或作于，声之误也。"

此外，这个时期齐鲁、楚地文献中鱼部可与以后高元音为主元音的幽、侯部发生通转，如：

(32)《上博（六）·孔子见季桓子》3："上不鼻（亲？）恳（仁）而桨尃（富）。""桨"读为"附"。义同《左传·定公九年》"亲富不亲仁"。

(33)楚帛书甲2："乃取（娶）叔遞（沙）□之子曰女娲，是生子四。""叔"读为"凤"。"凤沙"为远古氏族，见于《左传·襄公二年》、《吕氏春秋·用民》。

(34)《庄子·外物》："守鲵鲋。"《经典释文》："鲋，本亦作蒲。"

(35)《仪礼·士冠礼》："毋追，夏后氏之道也。"郑玄注《周礼·追师》引"毋追"为"牟追"。

(36)《周礼·小司寇·士师》："正之以傅别约剂。"郑众云："傅，或为付。"

(37)《周礼·天官·小宰》："听称责以傅别。"郑玄注："傅别，郑大夫读为符别。"

王力通过对东汉张衡、马融及其同时代作家的韵文分析，认为歌部 ɑi 到汉代脱落了 i 尾后变为 ɑ，而鱼部 ɑ 相应地高化为 ɔ[1]。我们认为齐鲁、楚方言中正是发生了同样的音变，才导致了早期的鱼部字被歌部字替换以及鱼部与后高元音韵部的通转。只不过我们的材料属于战国、秦、西汉时期，而非王力所论证的东汉。材料中未见铎阳两部字存在与鱼部平行的通转关系，这是因为铎阳部字的韵尾限制了其高化的速度。也就是说齐鲁、楚方言中的鱼部主元音高化 ɔ 时，铎阳两部的主元音仍然是 ɑ。

2. 之职蒸的相对位置

齐鲁、楚地文献中之职蒸除了与后低元音的鱼铎阳发生通转之外，还分别与后高元音和前高元音韵部存在通转。

之部（讨论阴声韵部时兼及对应入声韵部，下同）与后高元音韵部幽、侯部相通，条件限制在帮组声母。如：

(38)《易·小畜》："舆说辐。""辐"于马王堆汉墓帛书本作"缑"。

(39)《老子》："保此道者不欲盈。"《淮南子·道应训》引"保"作"服"。《韩非子·初见秦》："东服于陈。"《史记·楚世家》引"服"作"保"。

(40)《上博（五）·竞建内之》3+8："不出三年，狄人之怀者七百邦。""怀"读为"附"。

(41)包山简258"兔茈二箕"指的就是同墓中的两竹笥荸荠，而竹笥上的签牌俱作"苻茈"。《尔雅·释草》称荸荠为"兔茈"。

(42)《书·泰誓上》："罔惩其侮。"《墨子·非命中》引作"毋僇其务。"《诗·小雅·常棣》："外御其务。"《左传·僖公二十四年》引作"外御其侮"。

(43)《礼记·曾子问》："殇不祔祭。"郑玄注："祔，当为备。声之误也。"

(44)《礼记·檀弓》："县棺而封。"郑玄注："封，《春秋传》作窆。"

(45)《诗·小雅·常棣》："常棣之华，鄂不韡韡。"郑玄笺："不，当作柎。"

(46)《仪礼·特牲馈食礼》："尸备答拜焉。"郑玄注："古文备为复。"

(47)《礼记·丧大记》："君吊则复殡服。"郑玄注："复，或为服。"

---

① 王力：《汉语语音史》，中国社会科学出版社 1985 年版，第 82—83 页。

之部与前高元音韵部脂、支部相通,条件限制在以母。如:

(48)《上博(三)·周易》55:"非(匪)甴所思。""甴"于帛书本作"娣",于今本作"夷"。《经典释文》:"荀本作匪弟。"

(49)《郭店·穷达以时》6:"夬(管)寺吾宛(拘)緜(囚)束缚,戥(释)杙遟而为者(诸)侯相。""寺"读为"夷","夬(管)寺吾"即"管夷吾"。"杙"通"桎","杙遟"即"桎梏"。

(50)《上博(五)·竞建内之》10:"或(有)以竖(竖)遟(习)与戜臿(牙)为相。""戜臿(牙)"人名,简文又作"偲臿",经史作"易牙",春秋时齐国人。

之职蒸、鱼铎阳两系列韵部均与其他韵部存在通转关系。为了清楚了解两系韵部与其他韵部之间的分合关系,我们作了抽样统计。齐鲁方言以郑玄"三礼"汉读为样本①,楚方言以刘信芳编《楚简帛通假汇释》所收通假字为样本②。结果分别如表一、表二所示。

两表直观地说明之职蒸与鱼铎阳是彼此独立的,两部与其他韵部之间也是界限分明。至于各个韵部之间的远近关系,表中虽然呈现出一些倾向性,但是因数量太少而不具统计意义。要想对各韵部间的远近关系有更科学深入的了解,就需要参考其他齐鲁和楚地材料。我们在进一步搜集《春秋》"三传"异文、《诗经》四家异文、《老子》、《庄子》、《淮南子》等材料基础上,对之职蒸、鱼铎阳部与其他韵部通转关系作了新的统计。其结果如表三所示。

表一　郑玄"三礼"汉读中之职蒸、鱼铎阳与其他韵部通转关系统计

	之职蒸	鱼铎阳	歌月元	幽觉冬	侯屋东	谈
之职蒸	83	4	0	1	1	0
鱼铎阳	4	164	8	0	3	1

表二　《楚简帛通假汇释》所收材料中之职蒸、鱼铎阳与其他韵部通转关系统计

	之职蒸	鱼铎阳	歌月元	脂质真	侯屋东	幽觉冬
之职蒸	161	1	1	7	2	0
鱼铎阳	1	284	10	0	4	3

表三　齐鲁和楚方言之职蒸、鱼铎阳部与其他韵部通转关系统计

	之职蒸	鱼铎阳	歌月元	幽觉冬	侯屋东	脂质真	谈
之职蒸	244	19	1	8	8	7	0
鱼铎阳	19	448	23	3	9	0	1

表三显示鱼铎阳与歌月元通转数量最多,鱼铎阳与之职蒸通转数量居其次。上文指出鱼铎阳与歌月元通转实际上是歌鱼两部主元音链式音变造成的文字替换,和音近造成的通转不同。那么齐鲁和楚两地方言中之职蒸与鱼铎阳(实际上只有鱼部)两系韵部关系是最密切的。因而之职蒸

①　虽然郑玄"三礼"音读为东汉时期的材料,但因其材料总量较大且与西汉时期的语音存在前后发展关系,故予以采用。西汉及其之前的齐鲁材料如"三传"异文、"四家诗"异文因总量太小而予采用。

②　虞万里(2001:105—213)对郑玄"三礼"汉读有深入详细的研究,并对各个韵部间的通转关系作出统计。但是我们并未采用虞万里的统计结果,因其统计材料中包括了很多并不反映语音关系的异文。如"壹"与"壶"、"始"与"姑"、"瑟"与"期"(古文作"丕")实为形讹。"舮"与"鳝"、"舮"与"爵"、"个"与"枚"、"秝"与"稷"当为义近。这两类不反映语音关系的异文在我们的统计中均被剔除。对《楚简帛通假汇释》通假字材料的处理方法与之同。统计时以字对为单位,忽略字对使用次数,即一个字对使用多次也算作1。

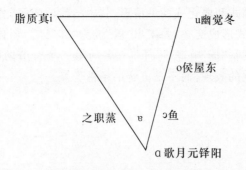

图一　战国、秦、汉时期齐鲁、楚方言韵部主元音分布

部的主元音当与鱼部的主元音ɔ最近。上古音研究中,之职蒸部字的主元音的具体音值尚有争议,但将其构拟为央元音已称为共识。鉴于之职蒸与鱼铎阳最近的事实,以及之职蒸在可兼通前、后元音韵部的性质,我们将战国、秦、汉时期齐鲁和楚方言中之职蒸韵部主元音构拟为ɐ。现将本文所涉韵部的主元音分布状况表示为图一。

(二)语音机制

ɐ在唇音声母[＋合口]、[＋钝]特征作用下会与后元音ɔ相混,这是之职蒸与鱼部在帮组声母条件下通转的语音机制①。鱼部字与之职蒸通转的条件是具有腭化特征的以母、日母。腭化声母具有使后接元音发生前高化音变的属性。这种音变具有普遍性。如普通话麻韵三等韵在腭化声母影响下发生了 ia＞iə 的演变,例字如"遮"、"车"、"奢"、"蛇"、"爷"。又如湘方言中麻韵二等在腭化声母影响下发生了 ia＞iɜ＞ie 这样的演变②。英语的例子如 action /ækʃən/、you /jə/、abrasion /əˈbreɪʒn/③。以母、日母的腭化特征能够使ɔ、ɑ前高化为ɐ,这是鱼铎阳在以母、日母条件下通转为之职蒸的语音机制④。前面提到的《隋书·五行志》"呼杨姓多为羸"和郭璞"今江东呼羊声如蝇"正是以母阳部字读为以母蒸部字。

四、解释例外

上文讨论之职蒸与鱼铎阳相通仅限于以母、日母和帮组两类声母,这是在排除了见母鱼部字"居"可读如见母之部这个例外而言的。最后,需要对这个例外作出解释。《礼记·檀弓上》:"何居,吾未之前闻也?"郑玄注:"居读为姬姓之姬,齐鲁之间语助也。"《左传·成公二年》:"谁居?"《经典释文》:"居,音基。"《水经注·河水》引古本《竹书纪年》"晋烈公五年,田公子居思伐邯郸,围平邑"。王国维认为"田居思即《战国策》之田期思,《史记·田敬仲完世家》之田臣思(臣思之讹)"⑤。山东泰安大汶口东汉画像石描绘了春秋晋国丽姬杀申生的故事,榜题中的"离居"即"丽姬"⑥。

"居"与"其"、"臣"、"姬"相通不仅是特例,而且都出现在语气词或人名的第二个音节中。潘悟

---

①　之职蒸与后高元音韵部侯屋东、幽觉冬通转的条件和语音机制与之同。

②　周赛红:《湘方言齐齿呼韵母考察》,《南华大学学报(社会科学版)》2006年第5期。

③　Linda Shockey. *Sound Patterns of Spoken English*. Oxford:Blackwell Publishing, 2003, pp.44－45.

④　之职蒸与前高元音脂质真通转的条件和语音机制与之同。

⑤　范祥雍:《古本竹书纪年辑校订补》,上海人民出版社1957年版,第49页。

⑥　王恩田:《泰安大汶口汉画像石历史故事考》,《文物》1992年第12期。

云曾提出上古指代词存在强调式和弱化式两种情形，其中指代词的弱化式通过元音弱化为ə（即潘氏之职蒸主元音构拟）与一般式形成交替，并指出"居"读为"其"即为弱化的表现[①]。这是很有启发性的观点。我们认为上文所列举"居"在语气词和人名的第二个音节两种特殊环境中读为之部字"其"、"臣"、"姬"正是语音弱化的表现，而不是语音的条件音变。

（作者单位：浙江大学中文系）

[①]　潘悟云：《上古指代词的强调式和弱化式》，见《著名中年语言学家自选集：潘悟云卷》，安徽教育出版社 2002 年版，第293—312 页。

人生的困局与情境的艺术

——论《伊豆的舞女》的内涵和经典性

谢志宇　殷企平

内容提要：《伊豆的舞女》是川端康成早期文学生涯中的一部作品，描写了一个被誉为天之骄子的大学预科生为受人蔑视的艺人的言行所感动和激励的故事。小说所表现出的价值观、审美观，不仅是日本民族拥有的，也是世界各民族所共有的。小说由此成为 20 世纪日本文学的经典。

关键词：艺人；大学预科生；善良；心灵的洗礼

川端康成(1899—1972)是享誉世界的日本小说家，曾获日本政府的文化勋章、法国政府的文化艺术勋章等，并于 1968 年荣获诺贝尔文学奖，其理由是他"以敏锐的感受，高超的叙事技巧，表现了日本人的精神实质"。[①]他的代表作有《雪国》(1935—1937，1948)、《千只鹤》(1949—1951)、《山之音》(1949—1954)和《古都》(1961—1962)等。

《伊豆的舞女》是他早期文学生涯中的一部作品。虽然它诞生于 20 世纪上半叶，但是它的传播——尤其是在我国的译介，以及通过电影改编而形成的传播——主要是在 20 世纪下半叶。本文从作者的生活经历入手，进而分析作品的生成原因；然后从它在我国大陆的翻译和研究状况来探讨它的经典地位。最后从小说的故事情节、叙事结构和人物塑造等方面入手，探析它所具有的经典性。

一、《伊豆的舞女》的生成及评价

川端康成的小说《伊豆的舞女》的初稿《汤岛的回忆》[②]完成于 1923 年，之后分两部分发表在 1926 年的《文艺时代》上——其中 1 月号刊登了一至四节，2 月号则以《续伊豆的舞女》为标题，刊印了五至七节。1927 年 1 月，它被收入到作者的短篇小说集《伊豆的舞女》中，由金星堂出版发行。

许多经典的生成，跟作家的生活经历有着紧密关系，尤其带有早期生活的印记。《伊豆的舞女》也不例外。

川端康成出生于日本大阪，两岁丧父，三岁丧母。父母死后，他跟随祖父母回到老家。七岁时祖母去世，十岁时失去了唯一的姐姐，五年后，他又失去了人世间最后的亲人——祖父。亲人一个个地去世，对幼小的川端来说，设法活下去始终是他人生的第一欲望。至于家庭、社会的温暖、纯洁而幸福的爱情等，对于童年的他，甚至在他青年时代都近乎一种奢侈，是无法想象和追求的东西。这样，川端从小就养成了一种孤僻、胆怯、悲伤的性格。在《十六岁的日记》里，他不禁悲叹：

---

① 参见《〈雪国〉前言》，见川端康成：《雪国》，高慧勤译，人民文学出版社 2008 年版，第 10 页。

② 参见《独影自命》第六章第三节，载叶渭渠编：《独影自命——川端康成文集》，广西师范大学出版社 2002 年版，第 123 页。

"我自己太不幸,天地将剩下我孤零零一个人了!"①

1917年9月,川端康成考入东京第一高等学校英文科。告别家乡,来到陌生的首都,他依然孤独,冷漠,缺少关爱。第二年(即1918年)秋季,20岁的川端康成独自去伊豆半岛旅行。关于这次旅行的动机,他后来在纪实性回忆录《汤岛的回忆》中说明:一是由于"幼年时代残留下来的精神疾患",二是由于厌烦"高等学校的宿舍生活"。②这两点显然都是精神上的原因,归根结底还是由于作者从小失去亲人,累积而成的孤独感。死亡和别离对他忧郁、孤独、冷漠、胆怯性格的形成产生了决定性的影响,同时也造就了他的一个梦寐以求的愿望,即用自己的言行引起他人的注意,甚至能得到他人的赞许,这也成了他早期文学作品的主题之一。这一主题在《伊豆的舞女》中有充分的表现。

小说主人公"我"是个20岁的大学预科生,③故事在"我"的伊豆之旅中展开:"我"在途中遇到了一群四处演出的流浪艺人,其中有个14岁左右的舞女阿熏引起了"我"的注意。"我"与她们结伴而行,一路上阿熏和艺人们的天真、善良、纯朴深深地打动了"我"的内心。几天后,"我"要乘船回东京,不得不与艺人们告别。临行前,阿熏前来送"我",紧闭双唇,默默无语。船开了,舞女的身姿渐渐远去,直到消失。"我"躺在床上,任凭眼泪扑簌扑簌地往下淌……

上述情节的背后有着川端康成1918年第一次去伊豆旅行的踪影。从此之后约十年间,他几乎每年都要去伊豆汤岛(笔者注:汤岛为伊豆半岛上的一个地名)旅行,并住上几个月的时间。可见,伊豆汤岛在他的心中占有特殊的地位。根据何乃英的记载,④1918年那次旅行从10月30日起至11月7日止,行程如下:10月30日从东京第一高等学校出发,在三岛乘骏豆线火车到终点站大仁下车,步行至修善寺住一夜。次日抵汤岛。中途在汤川桥附近迎面碰到前往修善寺等四处演出的流浪艺人一行,于是川端夜宿汤岛,等待艺人们再转回来。11月2日离开汤岛,和艺人一行在天城山茶馆见面,并同行至汤野。在汤野留宿两夜后,4日早晨准备上路,但由于艺人一行仍在睡觉,希望延期出发,于是在汤野又住了一夜。5日与艺人们一起离开汤野,当日抵达下田。6日早晨与艺人们分别,乘船离开下田,并于7日回到学校。

小说中的时间、地点、人物均与作者1918年10月的伊豆之旅基本一致,所以《伊豆的舞女》有些自传性的特点,但我们绝不能因此将作品中的"我"视为川端康成本人。同理,小说中舞女阿熏的原型也并非是一个人。在第一高等学校读书期间,川端在校友会文艺部发行的《校友会杂志》上曾发表过作品《千代》。他以淡淡的笔触,诉说了自己同三个同名的"千代"姑娘恋爱的故事。《伊豆的舞女》中的舞女阿熏既有第二位"千代"姑娘的元素,也有川端在伊豆旅行时接触到的旅馆服务员、流浪艺人的身影。"我在二十四岁那年夏天的汤岛,连发表的想法都没有时写下的作品,二十八岁时逐渐将它一点一点修改成篇。后来也想过要加一些风景描写进去,但没有成功。当然,人物被美化了。"⑤1948年,川端康成发表了长篇小说《少年》,并借此进一步详尽地回忆了当时的心境:

> 我二十岁时,同巡回演出艺人一起旅行的五六天,充满了纯洁的感情,分别的时候,我落泪了。这未必仅仅是我对舞女的感伤。就是现在,我也以一种无聊的心情回忆起舞女,莫不

---

① 叶渭渠:《冷艳文士川端康成传》,中国社会科学出版社1996年版,第12页。

② 叶渭渠:《独影自命——川端康成文集》第六章第三节,广西师范大学出版社2002年版,第124页。

③ 小说原文中使用的是"高等学校",实指东京第一高等学校。我国部分译者直译为"高等学校"。这所学校和其他高等学校的学生日后大多升入东京大学、京都大学等,所以相当于大学预科,当时颇受人尊敬。

④ 何乃英:《〈伊豆的舞女〉探析》,《日语学习与研究》1996年第1期,第50页。

⑤ 叶渭渠:《独影自命——川端康成文集》第六章第三节,广西师范大学出版社2002年版,第125页。

是她情窦初开,作为一个女人对我产生了淡淡的爱恋?

　　不过,那时候,我并不这样认为。我自幼就不像一般人,我是在不幸和不自然的环境下成长的。因此,我变成了一个顽固而扭曲了的人,把胆怯的心锁在一个渺小的躯壳里,感到忧郁与苦恼。所以别人对我这样一个人表示好意时,我就感激不尽了。①

这段回忆清楚地说明川端创作《伊豆的舞女》的动机,其中就包含着作者盼望已久的话语,"别人对我这样一个人表示好意时,我就感激不尽了"。"小说问世不久就被日本文部省选入中学语文教科书里,成为中学生议论的主题。不少中学生和中学语文老师给他写信,提出各种问题来探讨。他一出门,就被人们认出是《伊豆的舞女》的作者。许多少男少女一遇见他就围拢上来,同他握手、攀谈,还有请他签名。"②但《伊豆的舞女》发表之初并未在文坛引起多大反响,也缺少像样的评论文章。作家铃木彦次郎在同年的《文艺时代》上发表了《我读1月的创刊号》一文,其中有对这篇作品的最早评价:

　　这是山涧流出的清泉水,这是在清冽和新鲜中奔流向前的泉水,它也极大限度地包容了伴随这泉水流淌的浮想联翩的感觉。它洋溢着川端氏的精神美,我为它所动情,被这一表现所感动,觉得这位伊豆友人就在自己桌旁。去年7月在《文艺春秋》发表的该君的随笔已显示出这种清澄鲜活的风格。在11月、12月以及本期发表的数篇作品里不是重现了这一点吗?伊豆那清净的天地育成了清闲,这只是一方面,但是这绝不是那种闲逸怠惰之情,我对如新泉喷涌的无与伦比的川端的性格真是赞叹之至。③

虽然川端的创作风格立即被得到肯定,但直到1933年,《伊豆的舞女》被首次搬上银幕(五所平之助导演、田中绢代主演),社会上才开始有更多读者关注这篇小说。也就是说,小说发表于1926年,而真正在社会上引起读者关注的是1933年,这其中的原因固然很多,但战争迫使人们远离文学,这也是原因之一。关于电影改编对该小说的传播的影响,将在本章第二部分详细阐述。

从日本学者林武志收集和整理的《〈伊豆的舞女〉研究小史》④中可知,1945年之前,日本学者在研究、评论《伊豆的舞女》时,基本上都立足于作家论的立场。战后的研究开始朝作品论方向发展,但由于受战前研究方法的影响,战后仍有一段作家论和作品论并存的时期。山本健吉在《近代文学欣赏讲座13》(角川书店1959年版)中认为《伊豆的舞女》描写了"一个渴望人间真爱的孤儿在尝到了人间温暖后所表现出的喜悦"。⑤ 1957年,濑沼茂树发表论文《论作品〈伊豆的舞女〉的成立》,将《伊豆的舞女》与长篇小说《少年》及未发表的《汤岛的回忆》等联系起来分析,指出了《伊豆的舞女》中流淌着因为旅途孤寂、怀念少年清野和失去初恋情人伊藤初代等悲伤情绪所造成的"孤儿情结",以及在此基础上形成的川端康成的文学世界。并认为《伊豆的舞女》与其说描写的是20岁的"我"在旅途中邂逅了14岁的舞女,倒不如说描写了"我"被舞女的纯洁所感动,仿佛回到了真正的自我。矶贝英夫、川鸠至、林武志、长谷川泉等学者也持大致相同的意见。

日本学者对这篇小说的研究、评价是正确的。在短短几天的时间里,一个被誉为天之骄子的大学预科生为受人蔑视、四处卖唱的艺人的言行所感动和激励,这种故事题材所表现出的价值观、

---

　　① 叶渭渠:《冷艳文士川端康成传》,中国社会科学出版社1996年版,第59页。

　　② 叶渭渠:《冷艳文士川端康成传》,中国社会科学出版社1996年版,第63页。

　　③ 蔡鸣燕:《爱的延伸——从〈伊豆的舞女〉到〈雪国〉》,中国海洋大学研究生学位论文,2006年,第3—4页。

　　④ 参见林武志:《川端康成 伊豆的舞女》一文,出自《国文学 作品别·近代文学研究事典》,东京:学灯社1988年版,第136页。

　　⑤ 参见林武志:《川端康成 伊豆的舞女》一文,出自《国文学 作品别·近代文学研究事典》,东京:学灯社1988年版,第136页。

审美观,不仅是日本民族拥有的,同样也是世界各民族所共有的。可以说,小说的这一主题思想保证了其经典地位的存在。

二、《伊豆的舞女》在大陆的译介

目前中国出版的川端文集中,影响较大的有韩侍桁(注:笔名侍桁)的译本(1981 年由上海译文出版社出版)、叶渭渠的译本(1996 年由中国社会科学出版社出版)、高慧勤主编的《川端康成十卷集》(2002 年由河北人民出版社出版)。从 20 世纪 80 年代至今的三十余年间,这三个译本不仅成为中国广大读者认识并欣赏川端康成作品的捷径,同时也成为改革开放三十多年来我国日本文学翻译发展的一个见证。

不同的翻译在不同程度上也对外国文学经典的传播起了不同的引导作用。三十年来,我国的日本文学翻译界针对《伊豆的舞女》的几种译本,提出了各种意见和翻译方法。笔者在此将这些批评作一些必要的归纳和总结,以此对三个译本作出客观评判。

首先是译本中的一些硬伤。比如:

原文:「紙屋さん、紙屋さん。」

「よう…。」と、六十近い爺さんが部屋から飛び出し、勇み立って言った。

「今晩は徹夜ですぞ。打ち明かすんですぞ。」

私もまた非常に好戦的な気持ちだった。①

韩译:"纸老板,纸老板!"

"噢……"快六十岁的老爷子从房间里跳出来,精神抖擞地答应了一声。

"今天夜里下通宵。跟你说明白。"

我这时充满非常好战的心情。②

叶译:"老板! 老板!"

"哦……"一个年近六旬的老人从房间里跑出来,精神抖擞地应了一声。

"今晚来个通宵,下到天亮吧。"③

我也变得非常好战了。

高译:"老板! 老板!"

"来咯……"快六十的老头子,从屋里跑出来,劲头十足地答应着。

"今晚杀他个通宵! 下到天亮!"我也斗志昂扬起来了。④

通过查阅日文辞典《广辞苑》(第五版),可知原文中"打ち明かす"的意思的确是"毫无隐瞒(地表达)",因此若仅从字面上讲,韩侍桁的翻译并没有错。然而,如果从逻辑上来推敲,"今天夜里下通宵。跟你说明白。"这两句无疑让人读后一头雾水,不知其意。再看看叶渭渠和高慧勤的译本,意思是明白了,但字典中"打ち明かす"并没有"下到天亮"的本义。实际上,"打ち明かす"是复合动词,由"打ち"和"明かす"两个相对独立的意思组成。"下围棋"日语说成"碁を打つ",而"明かす"的意思是"玩什么东西到天亮",所以叶渭渠和高慧勤的译法是准确的。不过,从经典传播的角

---

① 日语原文出自川端康成:《雪国 伊豆舞女》,叶渭渠译,吉林大学出版社 2009 年版,第 238 页。译文下划线为笔者所加。

② 川端康成:《雪国》,侍桁译,上海译文出版社 1981 年版,第 127 页。同下,页码见后面的标注。

③ 川端康成:《雪国》,叶渭渠译,吉林大学出版社 2009 年版,第 239 页。同下,页码见后面的标注。

④ 川端康成:《雪国》,高慧勤译,人民文学出版社 2008 年版,第 13 页。同下,页码见后面的标注。

度来看,虽然翻译过程有着这样或那样误区,但是由于有不同译本的产生,读者(尤其是学者)的兴趣会更大,反应面也会更大,因而对《伊豆的舞女》的传播起到了推波助澜的作用。

再如:

原文:そこへこの木賃宿の間を借りて<u>鳥屋</u>をしているという四十前後の男が襖をあけて、ご馳走をすると娘たちを呼んだ。踊子は百合子といっしょに箸を持って隣りの間へ行き、鳥屋が食べ荒したあとの鳥鍋をつついていた。[p.246]

韩译:这时,住在小旅店里的一个四十岁上下的<u>鸟店商人</u>打开了纸隔扇,叫几个姑娘去吃菜。舞女和百合子拿着筷子到隔壁房间去吃鸟店商人剩下的鸡火锅。[p.131]

叶译:这时一个四十开外的汉子打开隔扇叫姑娘们去用餐。他是个<u>鸟商</u>,也租了小客店的一个房间。舞女带着筷子同百合子一起到了贴邻的小房间吃了火锅。[p.247]

高译:这时,有个四十来岁的汉子,打开隔扇,叫姑娘她们过去吃东西。听说他在小客店租了间屋,是个<u>卖鸡肉的</u>。舞女便和百合子拿上筷子到隔壁去,吃他吃剩的鸡肉火锅。[p.15]

此处韩译和叶译都犯了一个不大不小的错误。日文中的"鳥"指的是"鸡、鸡肉",而"屋"应该指"从事某种行业的商贩",所以此处的"鳥屋"应理解为"鸡肉店老板"。就这一处理而言,三个译本中,只有高慧勤的译文是正确的。

虽然存在着这些硬伤,但是三种译本都对《伊豆的舞女》在中国的传播起到了不可磨灭的作用。尤其是作为20世纪外国文学丛书系列,1981年由上海译文出版社出版的、侍桁译的《雪国》(内含《雪国》和《伊豆的歌女》两篇)一书,对川端康成小说的传播起到了引领作用。该书既具有经典意义,又具有普及意义。事实上,中国读者是通过它才开始接触川端康成文学的。不过,从总体质量来看,高慧勤的译文比其他的版本更准确一些,因此它在普通读者群中的口碑似乎更好。也就是说,正确的译文更有助于经典的传播。除此以外,译文风格的简洁与否也会影响经典的传播程度。在过去几年里,高慧勤的版本相对地更受欢迎,这不仅是因为它更加准确,而且因为它简洁易懂。我们不妨以小说刚开始的一段为例,把三种译本加以对照:

原文:道がつづら折りになって、いよいよ天城峠に近づいたと思うころ、雨足が杉の密林を白く染めながら、すさまじい早さで麓から私を追って来た。[p.218]

韩译:道路变得曲曲折折的,眼看着就要到天城山的山顶了,正在这么想的时候,阵雨已经把丛密的杉树林笼罩成白花花的一片,以惊人的速度从山脚下向我追来。[p.117]

叶译:山路变得弯弯曲曲,快到天城岭了。这时,骤雨白亮亮地笼罩着茂密的杉林,从山麓向我迅猛地横扫过来。[p.219]

高译:山路变成了羊肠小道,眼看就到天城岭。这时,雨脚紧追着我,从山麓迅猛而至,将茂密的杉林点染得白茫茫一片。[p.3]

可见,韩的译文略显冗长,叶和高的译文较为简洁,如果从忠实于原文的角度来评判的话,高的译文更胜一筹。"染め"一词译成"点染"比较合适,而叶译的"横扫"是原文没有的意思,似有过度演绎的嫌疑。再如下面的一段:

原文:「高等学校の学生さんよ。」と、上の娘が踊子にささやいた。私が振り返ると笑いながら言った。

「<u>そうでしょう</u>。それくらいのことは知っています。島へ学生さんが来ますもの。」[p.226]

韩译:"是位高等学校的学生呢。"年长的姑娘对舞女悄悄地说。我回过头来,听见舞女笑

着说:"是呀,这点事,我也懂得的。岛上常有学生来。"[p.121]

　　叶译:"他是高中生呐。"大姑娘悄声对舞女说。我一回头,舞女边笑边说:"可能是吧。这点事我懂得。学生哥常来岛上的。"[p.227]

　　高译:"是高等学校的学生哪。"大姑娘跟舞女悄悄说道。我一回头,舞女正笑盈盈地说:"就是嘛! 这我也看得出来。学生也到岛上来的呀。"[p.6]

此处的"そうでしょう"是赞同对方的说法,没有不确定的意思,所以不应译为"可能是吧"。而高译"就是嘛"比韩译的"是呀"在语气上更能表现舞女的天真,翻译得既正确,又贴合人物形象。又如:

　　原文:踊子の髪が豊か過ぎるので、十七八に見えていたのだ。その上娘盛りのように装わせてあるので、私はとんでもない思い違いをしていたのだ。[p.234]

　　韩译:由于舞女的头发过于丰盛,我一直认为她有十七八岁,再加上她被打扮成妙龄女郎的样子,我的猜想就大错特错了。[p.126]

　　叶译:舞女的黑发非常浓密,我一直以为她已有十七八岁了呢。再加上她装扮成一副妙龄女子的样子,我完全猜错了。[p.235]

　　高译:舞女那头秀发非常浓密,我当她有十七八了呢。再说,她打扮成大姑娘的样子,以至于我才会有那么大的误会。[p.10]

韩译使用的头发"丰盛"一词,颇令人费解。从各种汉语词典的解释来看,都找不到它跟头发搭配的例子。这种搭配不当的情况多了,恐不利于经典的传播。此外,小说中的舞女天真无瑕,译成"妙龄女郎"或"妙龄女子"显然不妥,而高译"大姑娘"则很妥帖,当然也就更能传递原文的风貌。还须再提一例:

　　原文:「私は身を誤った果てに落ちぶれてしまいましたが、兄が甲府で立派に家の跡目を立てていてくれます。だから私はまあ入らない体なんです。」[p.242]

　　韩译:"我耽误了自己的前程,竟落到这步田地,可是我的哥哥在甲府漂亮地成家立业了,当上一家的继承人。所以我这个人是没人要的了。"[p.129]

　　叶译:"我耽误了自己,最后落魄潦倒。家兄则在甲府出色地继承了家业。家里用不着我罗。"[p.243]

　　高译:"我自误终身,落得穷途潦倒;哥哥在甲府继承了家业,兴旺发达。我这个人,唉,成了多余的了。"[p.14]

韩译"漂亮地成家立业"和叶译"出色地继承了家业"虽然忠实地体现了原文的意思,却不符合汉语表达习惯。此处的"立派に家の跡目を立てていて"应理解为"家の跡目を立てていて,立派にやっている",即"继承了家业,干得很出色"。高慧勤的翻译既照顾了中日两国各自的表达习惯,即遵循了"信"的原则,同时又体现了"达"的原则。

所有这些例子表明,简洁而准确的译文是确保《伊豆的舞女》在中国广泛传播的重要因素。在翻译的同时,我国的读者、研究者对《伊豆的舞女》的研究和评论也不少。据笔者的初步统计,从1996年至2011年约15年里,我国学者共发表相关论文60余篇。这些论文虽然多囿于"朦胧爱情小说"这一标签,但通过从各种角度的分析,丰富了我们对该小说的认知。1996年第1期《日语学习与研究》上刊载了何乃英的论文《〈伊豆的舞女〉探析》,从小说创作的由来、过程、创作方法、思想内容四个方面做了详细的归纳和分析。论文写道:"这篇小说几乎没有什么像样的情节,结构也极其单纯,但读者却不知不觉地被充溢其中的美妙情趣所打动,久久难以忘怀。它通篇像是一首优美的抒情诗歌贯穿着一种动人的感情。"①孟庆枢在《再谈〈伊豆舞女〉的主题及其他》中指出:"大概每位读过《伊豆舞女》的读者都会被作品的浓郁的抒情性所感动。……爱是《伊豆舞女》的主旋律是显而易见的。但是,在小说里,这爱的乐章又主要是通过这个高校生的男主人公与十四岁的舞女薰之间的交往演奏的。"②吴艳萍以关键词作为切入点,运用广义修辞学理论从修辞技巧、修辞诗学、修辞哲学三个层面对《伊豆的舞女》进行文本分析,其中写道:

[小说中端茶部分]展现了舞女羞涩,情窦初开的一面,这是"我"与舞女朦胧恋情的萌芽,然后浴场中"像一棵小桐树似的"裸体的薰子,卧铺上妆容未卸害羞的薰子,温泉旅馆里棋艺很好的薰子,沉浸在故事书中的薰子,跟着我爬险峻山路的薰子,等等一系列叙事情节的展开男女主人公的朦胧恋情逐渐明晰,小说文本也顺理成章的铺陈开来,最后在我要离开时,"舞女蹲在海滨的身影扑进我的心头"。在分别之际舞女无声的摇头、点头道出了心中的无限依恋、感伤和不舍。主人公在船上的任流的泪水和甜蜜的愉快更是舞女形象在"我"心中的升华,未果的恋情带给他的是心灵的舒畅和宁静,而之前抑郁的心结也随之化解了。③

杨莉则从叙事学的角度指出,"作品中叙事艺术的成功运用对人物形象的塑造和情景的渲染起到了关键的作用,从而使《伊豆的舞女》远远超越了简单的爱情故事,而成为具有深刻的社会价值诉求和人格反省力量的经典之作"。④李明华分析了文本中舞女阿薰的形象,指出:

川端在《伊豆舞女》中写"要纯朴地表达感谢"的"我",可以看出是对一直存在于自己心中的孤儿根性的冲刺,是描写除去孤儿意识的过程及成果。就像《伊豆舞女》中所描述的"我"在旅途中,邂逅了美丽文雅、身世悲惨的舞女"熏子",两人产生了似恋非恋的爱慕之情。舞女一行的苦难、悲哀的印象,同"我"孤寂、忧郁的心灵产生了强烈的共鸣。他们的举手投足、音容笑貌都在"我"心灵的湖面上泛起了涟漪,使"我"的灵魂得到了一次又一次的洗礼和升华。⑤

这些评论实际上从各个侧面揭示了《伊豆的舞女》的经典性所在,同时在客观上起到了传播这部小说的作用。

还有一些学者运用文本细读的批评方法,对《伊豆的舞女》的行文特点和行文效果进行了饶有趣味的探讨,如刘腾的点评:"'伊豆舞女'的行文特点概括为断续的行文,这种行文营造了内容丰富的文学之美。具体表现为:作者用表面断续的行文,实际构建了逻辑思维缜密的段落,使段落构成呈现严谨之美;把巡回艺人情况的交代穿插于经典情节之中的断续行文,使小说凸现散文之美;在主人公的心理描写上,采用明暗交错的断续行文,形成了心理描写的朦胧之美。"⑥这样的点评从较深的层次揭示了《伊豆的舞女》的审美维度,而正是这些审美维度确保了小说的经典地位。

《伊豆的舞女》的经典之路,还由不少中国作家的创作而得到了延伸。换言之,《伊豆的舞女》对"'寻根文学'和'先锋派文学'的领军人物贾平凹、余华和莫言的创作产生过至深的影响"。⑦1989年11月,余华在《川端康成与卡夫卡的遗产》一文中曾经这样回忆道:"我最初读到川端康成的作品,是他的《伊豆的舞女》。那次偶尔的阅读,导致我一年之后正式开始的写作。"⑧1991年,王晓鹰

① 何乃英:《〈伊豆的舞女〉探析》,《日语学习与研究》1996年第1期,第52页。
② 孟庆枢:《再谈伊豆舞女的主题及其他》,《日本学论坛》2001年第2期,第19页。
③ 吴艳萍:《〈伊豆的舞女〉修辞分析》,《文艺生活·下旬刊》2012年第1期,第58页。
④ 杨莉:《〈伊豆的舞女〉叙事艺术》,《河北联合大学学报(社会科学版)》2012年第6期,第211页。
⑤ 李明华:《〈伊豆舞女〉的世界——永恒的"熏子"》,《西安外国语大学学报》2007年第3期,第66页。
⑥ 刘腾:《〈伊豆舞女〉行文之美》,《江苏工业学院学报(社会科学版)》2010年第1期,第80页。
⑦ 王志松:《川端康成与八十年代的中国文学》,《日语学习与研究》2004年第2期,第54页
⑧ 余华:《温暖和百感交集的旅程》,出自作者随笔集《我能否相信自己》,明天出版社2007年版,第9页。

在《外国文学评论》上发表了《从川端康成到托尔斯泰》一文,其中也回忆道:"初登文学殿堂之时,心境迷乱。那时给予我的艰难跋涉以直接影响的外国文学大师是日本的川端康成。《伊豆的舞女》、《雪国》和《古都》,一读便觉得意味无穷悠悠不尽,入迷般地爱上了文中露出的那股孤独的清新的淡淡的忧愁,以及那文章的工整、绚丽、精美","特别是川端并不以故事情节取胜,只着重对人物的感情和内心的描写,心理与客观、动与静、景与物、景与人的描写是那样地和谐统一,对我有很大的启发,触动了我的创作灵感"。①川端文学以这种错位的方式在中国的亮相,是经典作品生命力的体现。它从另一个角度昭示了经典传播的轨迹。

综上所述,《伊豆的舞女》在我国走过了一个漫长的传播之旅,由早期的译介、探析性的论文,发展到涉及主题、人物、叙事和创作技法的深入研究,还表现为替中国作家"捉刀代笔"的形式——激发后者的创作灵感。特别要强调的是,学界研究视角的不断变化,反过来又促进并加深了读者、研究者对《伊豆的舞女》的理解。事实上,这种研究视角的不断改变,在日本文学的经典传播中具有代表性,其他如森鸥外的《舞姬》,夏目漱石、芥川龙之介、志贺直哉的系列小说,川端康成的《雪国》、《古都》等,在我国的研究过程中也出现过类似的情况。《伊豆的舞女》在我国的经典之旅,本身就是经典。

三、心灵的洗礼

短篇小说《伊豆的舞女》全文不足两万字,却以清新哀婉的笔调和精致细巧的表现力,呈现了"我"的内心转变,同时描写了少男少女之间纯洁而青涩的爱慕之情。这篇小说带给读者恬淡的意境,在一代又一代的读者心灵深处产生了强烈的共鸣。

小说中的"我"与舞女们结伴而行,只有短短四天的时间,即天城岭—汤野两天和下田两天。然而,就在这短暂的四天里,艺人们——尤其是舞女阿熏——天真无邪、朴实善良的行为影响并改变了"我"孤僻、麻木、胆怯的扭曲性格,心灵受到了洗礼,"我"开始懂得人间的温暖,并积极、主动地帮助别人。这是小说想要表达的主题。

从叙事结构来看,小说使用的是第一人称叙述的方式,即通过"我"的视野来讲述故事,以"我"的眼光来看待舞女,感受舞女。这样的话,我们有必要弄清"我"最初是一个什么样的人?"我"当时最渴望得到的是什么东西?为什么"我"会对一个贫困的、受人蔑视的舞女产生好感?从第一次见到舞女到最后的分别,"我"的内心经历过何种变化?以下就让我们来分析这篇小说的叙事特点和故事情节,探明情节的展开是如何上升到主题——心灵的洗礼——的。

从人物描写来看,"我"这样剖析自己:"我都二十了,由于孤儿脾气,变得性情乖僻。自己一再苛责反省,弄得抑郁不舒,苦闷不堪,所以才来伊豆旅行",②正因为这种孤僻,所以初次见到舞女时便产生"一股天涯羁旅的情怀",大有沦落天涯、同病相怜的意思。当时,"我"误以为舞女应该深谙男女之情,加上受茶店老婆婆轻蔑话语的煽动,又看她们是下等的流浪艺人,晚上住宿不定,"我"便一时燃起邪念,心中暗想:"既然如此,今晚就让那位舞女到我屋里过夜吧。"然而当"我"和流浪艺人开始结伴而行,逐渐了解他们之后,才发现流浪艺人们是多么朴实、善良和友好。尤其是舞女阿熏的天真无邪,深深地触动了"我"的内心。例如,小说中描写当"我"追上她们一行后,舞女阿熏

① 王晓鹰:《从川端康成到托尔斯泰》,《外国文学评论》1991年第4期,第127页。

② 高慧勤译:《伊豆舞女》,参见《雪国》,人民文学出版社2008年版,第3页。以下同一文本的引文皆在其后用括弧方式注明页码。

一见"我"走过来,随即默默地"让出自己的坐垫,翻过来放在旁边"留给"我"坐;看"我"掏出香烟,阿熏"又把女伴面前的烟缸挪到我身旁"。相比之下,"我"由于内心慌乱又故作正经,当场连一个点头致谢的动作都没有。在此,舞女的朴实善良和"我"的乖僻、胆怯的内心跃然纸上,一目了然。后来,"我"无意中又看到了浴池里舞女阿熏那天真无邪的举动:

　　　　忽然,一个裸女从昏暗的浴池里头跑出来,站在更衣场的尖角处,那姿势就像要纵身跳下河似的,张开双臂,喊着什么。她一丝不挂,连块手巾都没系。她正是那舞女。白净的光身,修长的两腿,像一株幼小的梧桐。……她还是个孩子啊。看见我们(注:指"我"和阿熏的哥哥),竟高兴得赤条条地跑到光天白日里,踮起脚尖,挺起身子。(中略)我好开心,爽朗地笑个不停。仿佛尘心一洗,头脑也清亮起来。脸上始终笑眯眯的。

　　　　舞女那头秀发非常浓密,我当她有十七八了呢。再说,她打扮成大姑娘的样子,以至于我才会有那么大的误会。[p. 10]

到此,"我"不但立刻打消了让舞女"来我屋里过夜"的邪念,而且内心也随即得到了净化,豁然开朗。随即"我"开始以大学预科生的身份来对待小妹妹一般的舞女,也仿佛理所当然地对阿熏产生了爱怜之情,生怕她在卖艺时被人欺负:"鼓声一停,我就受不了。身心仿佛已沉没于暴雨声中。……今晚舞女会不会遭人玷污呢?"[p. 9]接下去作者通过几段小景,一方面表现"我"内心一次次净化的过程,同时巧妙地展现"我"与阿熏之间看似平静却朦胧、青涩的爱慕之情。比如,养母让舞女给"我"送茶,舞女局促不安,将茶水撒在地上;"因为屋里只有我们二人,起初她离得老远的,要伸长胳膊才能下子。渐渐地,她忘其所以,专心致志,上身竟遮住了棋盘。那头美得异乎寻常的黑发,简直要碰到我的胸脯。蓦地,她脸一红",跑开了[p. 15];当"我"爬上山顶小憩时,舞女赶快为"我"让座、掸土;看到路边有一堆捆扎好的竹子,她挑了最粗的一根给"我"做手杖,等等。后来,"我"与流浪艺人们结伴而行,无意中听见舞女们小声夸奖"我"是"好人"时,真是感激不尽,进而朴实地感觉到自己真的是个好人。小说里有这样一个插曲:为了替漂泊中夭折的婴儿送葬,"我"慷慨解囊,以至囊中羞涩,只好借口说学校即将开学,由下田乘船回东京。次日当"我"来到码头时,舞女竟已在那里。她没有说一句话,也没有任何的表情,只是默默地为"我"送行。"渡船摇晃得厉害。舞女依旧紧紧地抿着嘴,望着一边。我抓住绳梯,回过头去,她似乎想道一声珍重,却又打住了,只是再次点了点头。渡船已经返航归去,荣吉不停地挥舞着我方才送他的那顶鸭舌帽。直到轮船渐渐离去,舞女才扬起一件白色的东西。"[p. 23]

船开了,舞女从"我"的视野中渐渐消失。"我"回到船舱,"任凭眼泪簌簌往下掉。脑海仿佛一泓清水,涓涓而流,最后空无一物,唯有甘美的愉悦"。[p. 24]

虽然"我"与舞女萍水相逢,相互间始终没有直接的言语交流,但彼此的心中渐渐充满了倾慕。舞女那天真、烂漫、清纯和细致入微的举止,如温暖的阳光照亮"我"内心的孤僻和阴影。"我"通过和流浪艺人——尤其是阿熏——四天的结伴旅行,从一个乖僻、胆怯、冷漠的人转变成为开朗、愿意帮助别人的人。在小说的第七节,当矿工请求"我"一路上照顾老太婆时,"我"爽快地答应了。"我甚至想,明天一早,带老婆婆去上野站,给她买张去水户的票。那也是自己应该做的。"[p. 24]帮助别人成为"自己应该做的"事情,可见流浪艺人们的质朴和善良已经对"我"的性格产生了潜移默化的影响。它标志着"我"那孤僻、阴郁、麻木性格的彻底改变。

小说通过细腻生动的心理描写,将人物形象刻画得栩栩如生,饱满灵动;无形之中,仿佛唤起了读者埋藏于记忆深处的初恋情结。另外,小说还刻意描写巡回艺人们的艰辛生活:他们常年漂泊,风餐露宿,却无忧无虑,自由自在。他们之间充满着和谐的家庭氛围。他们所处的社会地位虽然低微,但精神上却是充实的。虽然到处都写着歧视他们的标语,但是他们仍然以温暖、关爱待

"我"。离开他们,就意味着离开了温暖,再回到那个令人厌烦的"高等学校的宿舍生活"。

在这篇小说中,读者可以看到这样一条叙事链:"我"想和巡回艺人们结伴而行(渴望)——"我"能和巡回艺人们同行(满足)——"我"不得不离开巡回艺人们(回味)。从另一个角度来看,也可以理解为"不知温暖——尝到温暖——回味温暖"的过程。《伊豆的舞女》所描写的"我"与舞女之间的朦胧恋情令人感伤,但也让人体会到青春的美丽与忧郁,也许正因为如此,这部小说才会穿越时空,至今仍然感动着众多读者的心灵,成为日本抒情文学史上不可超越的经典佳作。

川端康成在《汤岛的回忆》里写道:"舞女说的,千代子答应了。好人,这个词在我心里吧咯一声爽快地落了下来。是好人吗?是的,我对自己说,是一个好人。我明白在平凡的意义上好人是什么意思。从汤野到下田,即使无意识地回想起来,我也只是想着自己作为一个好人成了她的旅伴,为能这样而高兴。在下田时隔着一扇拉门也好,在汽船上也好,被舞女说你是一个好人时我感到的自我满足,以及我对说我是好人的舞女的倾慕之情,让我畅快地流下了泪水。现在想来,这真是一件不可思议的事,是尚未成熟的标志。"①这一段文字无疑包含了作者对《伊豆的舞女》的肯定,而且也是这篇小说为读者所喜爱的另一个理由。

我国部分读者往往将川端康成的《雪国》作例子,认为川端康成的小说——包括《伊豆的舞女》在内——都缺少故事情节,没有高潮,因而将《伊豆的舞女》仅仅看作一个懵懂的、少男少女的恋爱故事。假如这一见解成立,那么《伊豆的舞女》绝不会成为一个经典。事实上,《伊豆的舞女》绝非仅仅讲少男少女的爱情,而是讲一个性格乖僻、胆怯的学生改变成一个性格开朗、愿意帮助他人的经过。可以说,将《伊豆的舞女》视为懵懂的、少男少女的恋爱故事,这是一种误读。正确的解读是:它讲述了一个性格乖僻、胆怯的大学预科学生获得心灵洗礼,开始积极融入社会的故事。生活在社会最底层的流浪艺人,感动了大学预科学生;人情的温暖、人与人之间的关怀打动了读者,带来了阅读的愉悦,这才是《伊豆的舞女》成为日本文学经典的根本原因。

(作者单位:浙江大学外国语学院;杭州师范大学外国语学院)

① 叶渭渠:《独影自命——川端康成文集》第六章第三节,广西师范大学出版社2002年版,第124页。

故事,作为一种媒介和隐喻

——门罗《青年时代的朋友》中的双重想象模式

金慧茜

内容提要:爱丽丝·门罗讲故事的方式极为独特,既立足现实主义,又有所超越,她笔下的小镇生活在平静的表象下,潜藏着一股变动的暗流和焦虑,使得门罗的小说呈现出故事的可解释性与不确定性之间大量灰暗、模糊的地带。写于 1973 年的《青年时代的朋友》可作为这方面的代表,其中叙述的地位超越故事本身,以至于故事和人物成为一种媒介和隐喻,真正指向的是叙述中流露的情感以及"我"所体验的深刻而无法回避的人际生存际遇,这一切可以通过该小说独特的双重想象模式得到发掘。

关键词:艾丽丝·门罗;叙述;隐喻;双重想象模式

一、显性的双重印象

门罗的小说"不断探索经验现实之外的事物"①。《青年时代的朋友》以"我"的梦境开端,梦中出现的第一个人物则是母亲。"梦中,妈妈依然活着",与妈妈联系在一起的是家的场景:"我发觉自己是在家中那间破旧的厨房里,妈妈正在餐桌上擀着馅饼皮,或者正用那只带红边的乳白色旧桶吸着盘子","还有些时候,我会在街上,在我再也见不到她的地方碰上她"。② 显然,妈妈的感觉无处不在,而"我"的关注点似乎也只在母亲。这个开头值得注意,事实上它一开始就铺垫了一种迷离的、模糊的背景色:梦境不属于现在的"我",而是过去的"我",梦境指向的时间则更久远,是妈妈仍然活着的时候的场景。这种追溯之追溯给妈妈的形象添上了多层映像。梦中的母亲"看上去棒极了"③,欢快,幽默,但这些却是现实生活中失去的。叙述者只寥寥提到梦中的妈妈与记忆中有很大不同,但对真实的母亲却始终无法捉摸,正是因为妈妈的建构是从"我"的梦中开始的。

母亲初到格里夫斯学校时,"神情中既透着温柔,又有几分顽皮,丰满的双腿上套着有些磨碎的不透明长筒袜"④,但很快叙述的重点就转移到了格里夫斯家人身上。一方面,母亲的形象淡出了,另一方面,她则悄悄藏到文字背后,通过自己的视角带读者走进占小说主体的格里夫斯家的故事。母亲既提供叙述,也作为其中的角色体现了她的关键性,这便产生了《青年时代的朋友》中的第一重想象。

小说显性的故事,即格里夫斯家故事的中心人物是弗劳拉,一个卡梅伦派教徒(关于这个教

---

① Hallvard Dahlie. "The Fiction of Alice Munro"//*Ploughshares*, vol. 4, No. 3, 1978, pp. 56—71.

② Alice Munro. *Friend of My Youth*. New York: Vintage Books, a Division of Random House Inc, 1991, p. 3. 中译本可参考了童剑平译《青年时代的朋友》,下同。

③ Alice Munro. *Friend of My Youth*. New York: Vintage Books, a Division of Random House Inc, 1991, p. 3.

④ Alice Munro. *Friend of My Youth*. New York: Vintage Books, a Division of Random House Inc, 1991, p. 4.

派,小说中做了很多相关论述)。在母亲的故事中,弗劳拉是一个健美、善良、快活、宽容、自我牺牲的女人:她安慰母亲可不必遵守那些不开化的信条;原谅未婚夫罗伯特与妹妹的偷情,并亲自为埃利筹备婚礼;照顾病重的妹妹埃利,"并把全部家务活儿都包了……天不亮就起床,似乎从不疲倦"[①];容忍有着"虚伪的灵魂"[②]的,残酷又暴躁的护士阿特金森,甚至接受罗伯特第二次背叛自己而与护士结婚。门罗善于用空间作为象征,特别强调了"房子"这一意象,"房子被出乎意料地分隔开来"[③],弗劳拉占据了较为破旧和艰苦的地区。即便到罗伯特和阿特金森护士结婚以后,这种分离的格局依旧没被打破,一边的外墙被粉刷一新,另一侧依然是"光秃秃的墙面"[④],显示着一种威严与克制。母亲眼中的弗劳拉被塑造成庄严而神秘的老处女(The Maiden Lady),是以"忍耐和谦恭为遮掩"[⑤]的上帝的选民,是克勤克俭的卡梅伦派教徒,她和凡俗世界、和性是不相关的。相应地,与弗劳拉形象相对的埃利、阿特金森护士则是丑陋,甚至畸形的,小说中这两个人物带有强烈的漫画和反讽色彩。埃利弯着背,极度紧张,"身上有股病床味"[⑥]。对于她的两次死胎和一次流产,门罗用了一个反讽,"上帝对贪欲的奖赏便是死婴,白痴,兔唇,肢体猥琐还有畸形足"[⑦]。而对于阿特金森护士挤占了格里夫斯家,"我"戏谑地成为"作孽的人反而发迹了"[⑧]。然而,这些尖酸刻薄的语言所讽刺的对象却是暧昧的,到底是对埃利们的道德斥责还是对弗劳拉们的暗暗嘲笑?

那么,以上母亲讲述的故事,即第一重想象中的弗劳拉在多大程度上真实呢,她是否就是一个道德典范?关于这一点,小说事实上已经有所暗示。在得知母亲当初写作《没结婚的女士》一书的心愿,"我心里很清楚,或者说我自认为心里非常清楚母亲给这几个字所赋予的涵义……那时,我有十五六岁,我深信我能领会母亲的心思。我能想象出母亲会如何处理弗劳拉这个人物,以及她已经完成的构想"[⑨]。之后,叙述者将弗劳拉的故事重新梳理了一遍。多次出现的"我深信"(That was what I believed)终于使我们明白,以母亲视角讲述的格里夫斯家的故事以及品德高尚的弗劳拉终究是"我"个人理解中的,是"我"对母亲心意的体会和揣度!Deborah Heller 还注意到一处细节,母亲说:"如果我曾是一个作家的话……"(If I could have been a writer)"母亲对自己未完成的心愿的回想点明了这样一个事实,即在我们看来那个生动的,经常性搞笑的故事是作为女儿的叙述者的成果,因为毕竟她才是真正的作家。"[⑩]因此,第一重故事本质上是"我"想象的母亲眼中的弗劳拉。

正是"我"脑海中构筑的这个弗劳拉的印象激发了"我"对权威的反抗。于是显性的第二重想象开始了。这时,她成了一个邪恶的人,是长老会教派的女巫,伪善,迂腐,读有害的书,"吃了苦头反以自己的宽容为欢喜,暗中察看着埃利生活的不幸"[⑪],最后"被性欲的力量和凡人的贪婪所击败"[⑫]。当时十五六岁的"我"的第二重想象更多是基于青春的叛逆,对母性权威(mother-power)的

---

① Alice Munro. *Friend of My Youth*. New York: Vintage Books, a Division of Random House Inc, 1991, pp. 6—7.

② Alice Munro. *Friend of My Youth*. New York: Vintage Books, a Division of Random House Inc, 1991, p. 14.

③ Alice Munro. *Friend of My Youth*. New York: Vintage Books, a Division of Random House Inc, 1991, p. 6.

④ Alice Munro. *Friend of My Youth*. New York: Vintage Books, a Division of Random House Inc, 1991, p. 17.

⑤ Alice Munro. *Friend of My Youth*. New York: Vintage Books, a Division of Random House Inc, 1991, p. 20.

⑥ Alice Munro. *Friend of My Youth*. New York: Vintage Books, a Division of Random House Inc, 1991, p. 6.

⑦ Alice Munro. *Friend of My Youth*. New York: Vintage Books, a Division of Random House Inc, 1991, p. 11.

⑧ Alice Munro. *Friend of My Youth*. New York: Vintage Books, a Division of Random House Inc, 1991, p. 20.

⑨ Alice Munro. *Friend of My Youth*. New York: Vintage Books, a Division of Random House Inc, 1991, p. 19.

⑩ Deborah Heller. "Getting Loose: Women and Narration in Alice Munro's Friend of My Youth"//Harold Bloom. *Bloom's Modern Critical View: Alice Munro*. New York: Infobase Publishing, 2009, pp. 103—21

⑪ Alice Munro. *Friend of My Youth*. New York: Vintage Books, a Division of Random House Inc, 1991, p. 20.

⑫ Alice Munro. *Friend of My Youth*. New York: Vintage Books, a Division of Random House Inc, 1991, p. 21.

抵制,也许还有两代人之间的隔阂。门罗的创作始于20世纪50年代,与"二战"后"垮掉的一代"的兴起时间大致相符。小说中的"我"也多少带有当时青少年的特质:渴慕男人,讨厌母亲成长年代的过分庄重,假正经和性冷淡。此外,"我"曾明确宣称"弗劳拉对性行为的厌恶正是她在我的故事中沦为不幸,而在母亲的故事中却大受赞扬的原因",[①]这句话几乎极端化了两人之间的对立。虚构的第二重想象尽管在细节真实和叙事权威上不及母亲视角的讲述,但随着小说的进行,这已经不再重要,因为我们会发现叙述的力量将大于故事本身,本以为清晰的变得模糊了。现在从表面看来,第一重想象与第二重想象无疑相互抵制,但这也仅仅是暂时的表象而已。

二、偏移与替代

双重想象模式使我们很难感知一个确切、明晰的故事,且门罗显然也无心提供所谓的绝对真相。那么,相对真实在《青年时代的朋友》中是否存在,即母亲眼中的故事和"我"眼中的故事是否具备一个较稳定的可把握的印象呢?表面上看,答案是肯定的,通过上文可发现弗劳拉在母亲眼中是隐忍、牺牲的圣徒,在"我"看来则是虚伪狡诈的女巫。然而,仔细分析发现,无论是母亲眼中的还是我眼中的弗劳拉都是一个变动的形象,其身上带有大量的盲点和非定点,同时伴随着叙述者悉心安排的"空隙"和隐喻。

小说中有几处值得注意的细节。最初母亲来到压抑的格里夫斯家是有所抵触的,打算周日回家,但弗劳拉却慷慨地为母亲解除规矩的束缚。正因如此,母亲与弗劳拉结成了朋友。此外,弗劳拉有一种快乐的情绪,教母亲玩射击游戏,驾着马车赶镇上集市。"黑黑的头发,皮肤晒得也微微有些发黑,从容中透着敏捷和果敢,她看上去简直像个吉普赛女首领,母亲暗自这样想。"[②]"吉普赛女首领"这个比喻无疑带有反叛色彩,充满了野性、肉体的美感,自然不是庄严虔诚的圣徒所具备的,是对弗劳拉形象的偏离。除了身体上的健美,弗劳拉的精神特质同样有待阐发:她将自己与罗伯特的婚期延后,对罗伯特与姐妹俩同住也毫不感到尴尬,她似乎以自己的行动驳斥了体统:"人们不知道如何对弗劳拉说,这样不成体统。弗劳拉会问为什么。"[③]她为病中的埃利所读的书不是什么古典著作,而是关于苏格兰生活的故事,关于小淘气和滑稽的老祖母的故事。诸如此类的例子都给弗劳拉添上很多异质性色彩,使我们发现弗劳拉并不如我们表面上那么简单,而这类异质性的成分作为不同的印象映射到人物身上时,也消解其形象的确定性。阿特金森护士有一句话很值得我们重视:"根本不是,对不对?我能理解。也根本不是宗教的缘故。那么是因为什么呢?她们不在乎!"[④]如果弗劳拉的美德和品格与宗教无关,而只出于自然天性的"不在乎",那么她的灵魂几乎可以从虔诚圣洁的一个极端走向大胆、叛逆的另一个极端!从这点看来,上文谈到的"我"的第二重想象确有其合理性。

格里夫斯家和弗劳拉的故事并不是以全知的上帝口吻讲述的,始终以第三人称有限视角,是与母亲和"我"的想象模式密切相关的。而这,就是《青年时代的朋友》中的故事和人物最终成为媒介和隐喻的原因。

叙述者的情绪体验与弗劳拉形象的变动形成缠绕并进的两条线。母亲对弗劳拉的感觉亦是

---

① Alice Munro. *Friend of My Youth*. New York: Vintage Books, a Division of Random House Inc, 1991, p. 22.

② Alice Munro. *Friend of My Youth*. New York: Vintage Books, a Division of Random House Inc, 1991, p. 8.

③ Alice Munro. *Friend of My Youth*. New York: Vintage Books, a Division of Random House Inc, 1991, p. 10.

④ Alice Munro. *Friend of My Youth*. New York: Vintage Books, a Division of Random House Inc, 1991, p. 13.

复杂变动的,她不太喜欢弗劳拉将房间清洗得过分干净:"无情的强光穿过擦得干干净净、没挂帘子的窗户。简直是具有破坏性的清洁。母亲睡的床单是漂浆过的,却令她像起了皮疹一样不舒服。"①这是与母亲最初对格里夫斯家的胆怯压抑一致的。过分清洁的隐喻,代表了完全剥离一切污秽的圣洁,但恰如正反相生一样,过分纯粹和对异质的排除不仅难以达到,甚至也是病态的,不健康的。就这样,来自母亲的体验不经意间达到了揭露其自身的效果,母亲的不适感说明其内心深处未尝没有青年时代的反叛和被压抑的冲动。进而,我们可以顺理成章地解释母亲为何对弗劳拉的身体美有强烈的羡慕,亭亭玉立,仪态端庄,看上去像个女王。当然,羡慕还与她自身状况有关,小说开头便写明母亲身患瘫痪多年,一直忍受病痛折磨,因此她所构建的故事中有对自身缺陷的弥补,这种对自身的投射,对得到理解的召唤或许才是母亲真正想传达给"我"的。但是,我们可以看到,十五六岁的"我"当时并没有完全理解妈妈的意图,愤愤然将母亲所说的一切都与宗教、"上帝的选民"等概念联系起来,并自认为理解了母亲未能写成的那个故事的全部。

"我"的觉醒,则要到小说中提到的几封弗劳拉的来信。对于母亲的怜惜、义愤以及对阿特金森护士的指责,弗劳拉来信说,"她不清楚母亲是从哪里听说的那些事,但似乎是母亲搞错了,要不然就是听信了心怀恶意的人说的一些话,或者是过于匆忙地做出了一些不公平的结论……"②母亲构建的弗劳拉正式开始瓦解,故事的权威性发生动摇。之后,"母亲去世前不久,收到了一封真正的弗劳拉写来的信,当时我还没有离开家"③,信中说明她离开了格里夫斯家,在一家商店当店员,与罗伯特和阿特金森的关系很好。叙述者认为这是一封令人不安的信,略去了她一直以来极其关注并加以放大的事情,如上帝的意愿、那座教堂等。这封信使我们彻底不再纠缠于到底哪个弗劳拉的故事才是真的,开始反思故事背后的意味。此时"我"清醒地意识到当初自己误读的可能,感到不安,并逐渐将关注的目光转回到母亲身上,注意到她漂亮的字因患病已面目全非,还有那些只写了一行开头的寄给她"青年时代的朋友"的信,但"我想不起开头写着'我亲爱的、我最钦佩的弗劳拉'这样的一封信",④当断裂的珠子被重新串起,"我"逐渐明白真实的弗劳拉不过是一个隐喻性的符号罢了,真正的主角是母亲!母亲时刻传递出的对爱与怜悯的渴求;对青年时代朋友的追忆是对青春的追忆,对弗劳拉的感情中糅合对健康与美的渴慕,青春的压抑、克制、躁动、叛逆和激情,还有年老的病痛、孤独、失落等复杂情愫落入回忆中的灰暗的投影。总之小说中很多省略,模糊和难以言明,这一切,正如 Gayle Elliott 所认为的,当初听故事时,十五六岁的女儿("我")⑤并不了解——以上形成母女关系的一重错位。

母女关系的第二重错位在我看来是母亲同样不完全理解"我"。很有力度的一个词是 mother-power,是叙述者在听母亲用庄严刺耳的声音讲述故事的时候内心感受:"那似乎病魔的威胁。我心里有一种无聊和孝敬的巨大困惑,一种不可抗辩的畸形的母性力量。"⑥面对母性权威,"我不得不措辞尖刻,话带嘲讽地与她争辩,试图将她击垮。但最终,我还是放弃了这个念头,代之以沉默来与其对抗。"很大程度上,正是沉默加厚了"我"与母亲之间的隔阂。但是我们不能误认为"我"从

①　Alice Munro. *Friend of My Youth*. New York:Vintage Books, a Division of Random House Inc, 1991, p. 7.

②　Alice Munro. *Friend of My Youth*. New York:Vintage Books, a Division of Random House Inc, 1991, p. 19.

③　Alice Munro. *Friend of My Youth*. New York:Vintage Books, a Division of Random House Inc, 1991, p. 21.

④　Alice Munro. *Friend of My Youth*. New York:Vintage Books, a Division of Random House Inc, 1991, p. 24.

⑤　Gayle Elliott. "A different Tack":Feminist Meta-Narrative in Alice Munro's "Friend of My Youth". *Journal of Modern Literature*, Vol. 20. No. 1(Summer, 1996), p. 80.

⑥　Alice Munro. *Friend of My Youth*. New York:Vintage Books, a Division of Random House Inc, 1991, p. 20.

未回应过母亲，"说我在几乎无所寄托的时候没给她任何安慰，没有很好地陪伴她，这并非事实"。[1]"我"当时对弗劳拉的故事有自己的想法，这便是我参与母亲的青春的方式，"我"私下编造的故事已回应了母亲的无所寄托，尽管此第二重想象表面以一种抵制的看似荒诞的方式。"我"构建故事这一行为本身是在试图理解母亲，且在现在看来，"我"当初的构建有其合理的一面，因为不管是母亲还是弗劳拉都可能包含反叛乃至阴暗的品质。

就这样，年少时"我"片面刻板印象导致的对母亲部分不理解，以及母亲因"我"的沉默导致的对"我"的部分不理解构成"我"与母亲关系的双重错位，对此，Coral Ann Howells 提供了一个很好的说法 intimate dislocation（亲密关系的脱位）。有关弗劳拉故事的双重叙述背后浮现的是母女关系这一门罗小说中极为常见的主题。

三、对立的调和

加拿大著名女作家玛格丽特·阿特伍德说，门罗的小说呈现出一种混合的状态，发挥了女性写作精密化、细节化推敲和考古般发掘的特点。"深度解剖"[2]是更接近门罗作品内核的词，"深度解剖"的对象是人性。门罗关注平静甚至平庸的生活本身，并因这一切极其地兴奋和激动。她的多数作品表现出日常生活中强烈的探险精神，正如《青年时代的朋友》中以变动的多重叙述展露精神和情感的危机，埃利的歇斯底里，阿特金森的荒诞，以及弗劳拉或母亲自己可能的放纵。此外，晚期作品《逃离》中试图从沉闷夫妻关系中逃脱的卡拉，《机缘》中随渔夫私奔的女学者朱丽叶等人物都蕴含了平凡女性身上集聚的爆发力。门罗的小说似乎永远包含一种环绕的圈形结构，即叙述线条尽管交错混杂但总会受制于远处的某一点，最后回到它的控制之中，这是深刻的生存关系与作为个体的人之间的牵扯和张力，人们最终无法摆脱这种普遍的力量，母女关系（mother-daughter situation）的蕴旨是最典型的表现。

门罗对母女关系的体察是对人基本生存境遇的提炼。她承认自己对于母亲与女儿的故事有特殊的兴趣，并着意在大量作品中描绘这种充满矛盾的亲密与抵制。门罗早年的一部小说《男孩子与女孩子》[3]中"我"与母亲的关系就颇类似于《青年时代的朋友》。对于妈妈，我认为"她比爸爸和气，也比爸爸好糊弄，可是我不能信赖她，也不知道她说的话，做的事，真正是为了什么。……她总在打我的主意。"[4]妈妈希望"我"能够帮助她做屋里的家务活，阻止"我"参与爸爸养狐狸的工作。而"在我看来，她这样做完全是出于刚愎自用，完全是在试验她的力量。我倒没有想到她可能是感到孤独，或者有点妒忌。"[5]这里我们又看到了一个很熟悉的词"力量"，类似于《青年时代的朋友》中的母性力量（mother-power）。当然这是当时作为孩子的"我"的主观想法，现在则承认自己对母亲的孤独或是妒忌的忽略。《男孩子与女孩子》和《青年时代的朋友》揭示了某种相似的母女关系，都带着隔膜，都存在误解，都发酵于叙述者成长过程中的两代人的差异与冲突。有趣的是，这两篇小说中的妈妈都是教师，而门罗本人的母亲恰恰也是教师，父亲则和《男孩子与女孩子》中一样是狐农。多部作品中影射的不太满意的亲情关系，家的破败印象以及门罗本人大学辍学结婚的经历让我们不禁遐想：这些因素与其带有自传性色彩的作品之间有何联系。

① Alice Munro. *Friend of My Youth*. New York：Vintage Books, a Division of Random House Inc, 1991, p. 20.
② 《众说爱丽丝门罗》，《南方都市报》2013 年 10 月 13 日。
③ Alice Munro. "Boys and Girls"//*Dance of the Happy Shades*. New York：Vintage Books, August. 1998. pp. 67—77.
④ Alice Munro. "Boys and Girls"//*Dance of the Happy Shades*. New York：Vintage Books, 1998. p. 71.
⑤ Alice Munro. "Boys and Girls"//*Dance of the Happy Shades*. New York：Vintage Books, 1998. p. 71.

  重新回到《青年时代的朋友》中的亲情错位,小说最后,因为真正的弗劳拉的来信,双重想象模式开始走向一种融合和统一,因于"我"的成长,也因于人性深处最隐秘的牵系。小说中有两处涉及梦境,分别位于开头和结尾。对梦的理解,开头写道:"梦境消失,我想,那是因为梦中的希望过于坦率、梦中的宽恕过于温厚的缘故吧。"①坦率的希望是母亲在"真实生活中失去的勃勃生气"②以及和健康一同失去的亲密的母女关系。事实上,多年后的"我"回忆往事,对母亲一直怀有一份愧疚,这也是叙述者谈到梦中的宽恕过于"温厚"时为何有隐隐的失落和绝望感,我们感到"我"似乎宁愿要母亲的不宽恕和责骂,因为激烈的情感需要一种有分量的表达。然而,母亲给予的却是平平淡淡的回答:"哦,很好","晚来总比不来强。我确信总有一天会见到你的"。③ 联系梦境重复的结尾,我们不难理解,在看到母亲对病痛毫不在意时,"我"为何有种上当受骗的感觉。因为,"我"对母亲的抵触、隔膜、愧疚、怜悯与"我"对她的爱早已密不可分。当宽恕来得过于温厚,轻飘,消解了内疚与怨恨的同时,也"把我珍藏至今的、苦涩的爱变成了幻影——毫无用处、多余的东西,就像幻觉的妊娠一样"。④ 因此,正如哈罗德·布鲁布指出的,爱作为门罗作品中的主题"并不美好,也不诚实,不能给生活中的快乐增加任何确定性"。⑤ 门罗通过对心理现实的描绘挖掘出生活表象下人们本质上不完满的生存关系。

  小说最后,以梦的形式调和并进一步淡化了之前双重想象构建的"我"与母亲的故事的对立,也使故事隐喻背后"我"与母亲关系错位的现实在"我"的成长和之后的理解中的获得接纳。当然,接纳并不意味着解决,只是承认差异,承认完全理解和接近真相的不可能。差异无法消除,错位无法纠正,这也许才是生存的真相。因而梦中的"我"见到母亲时,会说,这么长时间没来看你,"我不是感到惭愧,而是感到遗憾"。⑥ (I would say that I was sorry I hadn't been to see her in such a long time-meaning not that I felt guilty but that I was sorry I had kept a bugbear in my mind...)愧疚没有太多意义,互相的"误读"总是不可避免地发生。

  《青年时代的朋友》中的双重想象,包含多重隐喻,既是对真相不同角度的探索,也是"我"与母亲的关系变化的揭示,还是对人身上包含的正、反、善、恶等众多矛盾的意指。门罗显然认为并不企图为生活概括些什么,因为这可能是愚蠢的,倒不如用连贯性较弱的短篇小说揭示一些零星的片面,而这也是门罗写作的哲学——对可能性的探索,多重印象的重叠:就像神秘的卡梅伦教派,可能是虔诚的教徒,也可能是异端的改革和反叛者。

(作者单位:浙江大学中文系)

---

  ① Alice Munro. *Friend of My Youth*. New York: Vintage Books, a Division of Random House Inc, 1991, p. 3.

  ② Alice Munro. *Friend of My Youth*. New York: Vintage Books, a Division of Random House Inc, 1991, p. 3.

  ③ Alice Munro. *Friend of My Youth*. New York: Vintage Books, a Division of Random House Inc, 1991, p. 4.

  ④ Alice Munro. *Friend of My Youth*. New York: Vintage Books, a Division of Random House Inc, 1991, p. 25.

  ⑤ Harold Bloom: Introduction of *Bloom's Modern Critical View: Alice Munro*, Infobase Publishing, 2009, p. 2. "that love is not kind or honest and does not contribute to happiness in any reliable way." (Selected Stories, p. 236).

  ⑥ Alice Munro. *Friend of My Youth*. New York: Vintage Books, a Division of Random House, Inc, 1991, p. 4.

"焦虑时代"的爱情与婚姻

——威斯坦·休·奥登的爱情诗及其婚恋观①

蔡海燕

内容提要：爱情是一个亘古的话题，其旋律在文明的更替和时代的发展中呈现出不同的节奏，也会在每个人的肺腑中传唱出别样的曲调。现代英语诗人威斯坦·休·奥登的创作主题之一是多重层面的爱，他的爱情诗折射出他在不同时期的情爱观念。从"肉性之爱"到"灵性之爱"，再到"婚姻之爱"，这其中既包含了他对自身荒唐生活的反思，也有他对婚恋关系的理解。虽然他本身匮乏婚姻的事实联结，但他的设想未尝不是构建家庭秩序的一种努力，这无疑给岌岌可危的现代爱情注入了一股关乎践行信念的清泉。

关键词：奥登；克尔凯郭尔；人爱；神爱

没有爱，人类或许不能存在一天，而我们对爱的体验却又不可避免地受到时代的局限。在人类的童年时代，人们以爱神的名义恣情纵欲，中国有"高禖祀典，奔者不禁"的记载，罗马的爱神从神妓升格为女神，人们不加掩饰，不施束缚，不落牵绊，他们的爱情从本质上来说是"根本不受控制"的性本能，"因为它并非要征服的敌人，不是需要管制的危险的叛逆；它得到了解放"。②可是在资本运作的社会里，爱主要取决于互惠互利，一个人在充分考量了对方的交换价值（比如容貌、谈吐、家世、地位等）之后，才会给予相应的情感。简·奥斯汀是描写此类爱情（或者说婚姻）的代表：《傲慢与偏见》的开场白便是有钱的单身汉要娶才貌相当的太太；《劝导》中的安妮·艾略特因为拉塞尔夫人的劝说而撕毁婚约，期望会找到更好的良配；而根据毛姆先生的考证，奥斯汀本人对这种情爱观也是持赞同态度的，她在信中写过类似于"单身女性都容易受穷，实在太可怕了，这是人们赞成婚姻的一个强大理由"的话。③到了奥登（W. H. Auden）生活的"焦虑时代"④，社会不但仍然以资本运作为特征，而且进入了消费时代，分期付款的消费方式大行其道，社会鼓励立即消费、提前消费，绝不拖延欲望的满足，这些都成为现代爱情岌岌可危的重要元凶。作为 20 世纪英语诗坛的领军人物，奥登不但写出了现代"肉性之爱"的尴尬处境，还在深入反思之后走向了"灵性之爱"，并表达了他对"婚姻之爱"的独特理解。

---

① 本文系国家社科基金项目"奥登诗学研究"（12CWW028）和教育部社科基金项目"奥登诗学思想研究"（11YJC752001）的阶段性成果之一。

② 克尔凯郭尔：《非此即彼》，封宗信等译，中国工人出版社 2006 年版，第 12 页。

③ 毛姆：《巨匠与杰作》，李锋译，南京大学出版社 2008 年版，第 48 页。

④ "焦虑时代"语出奥登的诗作《焦虑时代：一首巴洛克式的牧歌》（1944—1946）。这部作品以丰富的语言表现力和对现代社会诸方面问题的深刻关注而赢得了 1948 年的普利策奖，而"焦虑时代"也自此成了现代社会的代名词。

一、肉性之爱:爱欲与文明

艾略特曾以"荒原"象征西方现代文明,给人以发聋振聩的警醒。毁灭性的武器、欺骗性的政治、压抑性的生活,社会的不稳定性和不确定性导致了个体存在的迷惘与困惑,人们无法确立自己的主体性地位,也无法完全行使个人的意志行为。这样的现代人,为了获得情感的补偿,试图通过"爱"对精神或生理进行"减压",只不过在他们周围出现的"爱"的给予者,同样是身陷囹圄的现代人。他们都是爱的渴求者,也都是爱的匮乏者,这样的两两结合,往往强化了现代生活的荒原性,用奥登的话来说,就是"焦虑时代"的危机性。早期奥登是这种情爱观的实践者,他与小说家衣修伍德(Christopher Isherwood)的短暂结合就是为了缓解外部压力,而他本人的柏林之行更是很好地说明了这一点。我们且看他的一段日记内容,记录了 1928 年至 1929 年间在柏林与之发生过性行为的男孩子的名单:

> Pieps
>
> Cully
>
> Gerhart
>
> Herbert
>
> Unknown from Passage
>
> Unknown from (semi-illegible name of bar)
>
> Unkown in Köln
>
> Unknown from (semi-illegible name of bar)
>
> Otto. ①

奥登不仅在日记里记录了他们,还在诗歌中或直接或间接地折射出这种情爱模式。他的文学遗产委托委托管理人门德尔森教授(Edward Mendelson)曾明确指出:"奥登的早期诗歌,写的是热烈而短暂的爱欲。"②而他的传记作者卡彭特(Humphrey Carpenter)干脆给出了实例,认为《这挚爱的一个》(1929)的开篇诗句——"这挚爱的一个的面前/那些人一个接一个地出现"(CP:36)③,就是奥登彼时所面临的爱欲现实的直观反映。④

爱情对于早期奥登来说,更像是性自由的代名词:"生命也自有其激情;/学生的身体如同他的想象力/让事实来凑合理论竟也成了流行。/我们是尾巴,是堕落、乖离、/的那一代人中的一分子,/成长于父辈们参战的那个年代,/为'爱'这个词平添了新的光彩。"(《致拜伦勋爵的信》,1936,CP:110)奥登在此描绘了一代人的情爱肖像画。他们"成长于父辈们参战的那个年代",也就是第一次世界大战期间,社会的动荡不安造就了人心的无所归依,他们是"尾巴",是"堕落"和"乖离"的一代。"让事实凑合理论"在此暗示了弗洛伊德理论的流行。弗洛伊德本人并不是性自由的倡导者,他生活于维多利亚女王的时代,强调的是理性引导欲望。新时代的人们从他的理论中找到了狂欢和堕落的借口,将追逐欲望"合法化",为"爱"这个词添加了"新的光彩"。这种爱欲,类似于克尔凯郭尔所归纳的"肉性之爱",它在本质上是不忠实的:"它之所爱,不止一个,而是全部,也就是说,它

---

① Humphrey Carpenter. *W. H. Auden：A Biography*. Boston：Houghton Mifflin Company，1981，p. 97.

② Edward Mendelson. *Early Auden*. New York：The Viking Press，1981，p. 22.

③ CP 即 W. H. Auden, *Collected Poems*. Ed. Edward Mendelson. New York：Vintage Books，1991. 为节省篇幅,本文出自该诗选的引文,均随文加括号标注。

④ Humphrey Carpenter. *W. H. Auden：A Biography*. Boston：Houghton Mifflin Company，1981，pp. 96—97.

谁都勾引。它仅仅存在于瞬间,但此瞬间就其概念而言,乃许多瞬间之总和","它实际上只是持续不断的重复"。① 奥登早期创作的《更离奇的今日》(1928)、《临危犯险》(1929)、《这月色之美》(1930)、《那晚当快乐开始》(1931)、《梦》(1936)、《摇篮曲》(1937)等诗篇,比较典型地反映了这种"肉性之爱"。比如,在《摇篮曲》里,抒情主人公的爱欲观念是"一夜之情",他让"我的爱"枕着自己的手臂安眠,同时又发出警告,明确告诉他这是"不忠的臂弯",最后甚至祝愿自己的爱人享受"每一个人类之爱",也就是毫无私心地让爱人在今宵之后,与更多的人共度良宵。乍看之下,这位抒情主人公非常体贴细腻、全无私心,而实际上他只是现代人泛爱论的一个代表。正所谓多情便是无情,他表面上追逐自由的爱情,放纵自身的爱欲,实际上却是缺乏爱的能力,无法将"确切无疑、忠诚"(CP:157)与爱人同享。

当然,并不是所有现代人都奉行爱情自由、性自由。奥登在《某晚当我外出散步》(1937)中借一位恋人之口唱出了人们对恒久爱情的向往,但他显然没有给我们留下过多的幻想空间。紧随其后,我们听到了城里所有的座钟发出的嘲笑声:"哦,别让时间欺骗你,/你无法征服时光……"(CP:134)面对无限延展的时间,人的有限经验完全没有与之抗衡的底气,这也是"肉性之爱"沉湎于瞬时性的最好借口。另外,"城里"的时钟不仅指出了恋人们在时间面前的无能为力,还提到了恋人们所必须面对的社会环境:"哦,站着,站在窗前/当热泪已情难自禁;/你将去爱你畸形的邻人/用你畸形扭曲的心。"(CP:135)"畸形的"(crooked)在这里具有双关含义。其一,"crooked"与"straight"相对,暗指"同性恋的"。在同性恋的社会身份仍然阴暗而模糊的时代背景下,奥登因其自身的性向问题有过很长一段时间的压抑与焦虑。他曾经试图向主流社会屈服,与一位女子订了婚,但柏林之行结束后迅速与未婚妻解除了婚约。在给友人的信中他这样写道:"正如你所知,我之前订婚了,但现在已经解除了婚约。这种事情再也不会发生在我身上了。这并不是婚姻的问题,而是我自身。"②他虽然彻底认清了自己的性向选择,却并不能如释重负。社会的偏见,亲人的质疑,这些外在因素无形中造成了他巨大的心理阴影,以至于他曾解释说,"在某种程度上,同性恋是一种恶习,就像咬手指"③。在强势的社会"正统"面前,少数派的爱情,哪怕是基于生理天性的爱情,也必得遭受种种磨难,甚至有可能被彻底压垮。其二,"crooked"也可以指"不正直的"、"不老实的"。在"焦虑的时代",理想化的爱情与并不美好的社会形成了强烈的反差,它脆弱得就像是黄粱美梦。当阿诺德满怀期待地在多佛海滩吟唱"啊,爱人,愿我们/彼此真诚……"(《多佛海滩》,彭少健译),企图以爱情的温暖来抵御荒原般的社会现实的时候,年轻的奥登对此却毫无信心。同样的观点在之前的《30年代的新人》(1934)里有更为明确的表达:"一千万个亡命之徒列队走过,/高五、六英尺,或七英尺多,/希特勒和墨索里尼摆出了献媚姿势,/丘吉尔正在感谢选民们的祝贺,/罗斯福对着麦克风,凡·德·卢贝④笑着/而我们第一次相遇了。"(CP:129)希特勒、墨索里尼、丘吉尔、罗斯福以及范·德·卢贝,这些名字轻而易举地帮助我们回忆起20世纪那个"卑劣欺瞒的十年"(《1939年9月1日》,1939)⑤。时局动荡,社会骚乱,人心惶惶,即使我们"相遇"了,又如何手牵着

① 克尔凯郭尔:《非此即彼》,封宗信等译,中国工人出版社2006年版,第34页。
② Auden's letter to Bill McElwee in summer 1929, see Humphrey Carpenter. *W. H. Auden: A Biography*. Boston: Houghton Mifflin Company, 1981, p. 104.
③ Humphrey Carpenter. *W. H. Auden: A Biography*. Boston: Houghton Mifflin Company, 1981, p. 105.
④ 凡·德·卢贝:荷兰共产党人。1933年2月27晚,位于柏林的国会大厦发生火灾,现场发现了未燃尽的纵火燃料和一个嫌疑犯马里努斯·凡·德·卢贝。卢贝被捕后经受不住严刑拷打,承认国会大厦是他纵的火,为的是反对纳粹党。纳粹党借此事件大做文章,进一步巩固自身势力。
⑤ W. H. Auden. *Selected Poems*. ed. Edward Mendelson. London & Bostan: Faber and Faber, 1979, p.86.

手走向端可相信的未来？在奥登笔下，无论是面对恒久的时间是否经得住考验，还是面对恶劣的现实能否相聚相守，爱情都有其无可奈何之处。

更为可悲的是，即使恋人们克服了重重磨难结为连理，也很难将爱情进行到底。奥登在《攀登F6》(1936)里安排了两个普通市民作为领唱，讲述了他们平庸的婚姻生活:A 太太和 A 先生是现代社会里极为寻常的一对夫妻，或许本是情深意笃的一对，带着举案齐眉的美好设想步入了婚姻的殿堂，也或许根本就是婚姻市场上的买卖双方，条件合适了便组成家庭单位。无论是前者还是后者，我们都无法从中寻觅到爱情的踪影。A 太太的生活内容为操持家务，然后像其他太太们那样，在"别墅的炉子旁等待着我们的丈夫"。然而，她们又十分清楚地知道，丈夫们是"一支凶残的、溃退着的部队"，他们已经自身难保，无法继续扮演传统意义上顶天立地的丈夫角色。①在 A 先生的唱词里，我们分明感受到了他的迷茫、彷徨、无助和恐惧，这样的他又有什么力量去支撑她的精神世界呢！婚姻原本是两个孤独的人在苍茫宇宙中为自己定位的一个独特而持久的位置，但是作为婚姻基础的现代爱情如此疲弱无力、无所作为，那么现代婚姻也根本无法许诺这种确定性和意义性。

二、灵性之爱:爱情与"爱之能力"

奥登对"肉性之爱"实践与书写，并不意味着他完全赞同这种情爱观。露西·迈克蒂安米德(Lucy McDiarmid)曾指出，奥登的早期诗歌创作有一个明显的倾向，虽然他认为面对"疏离的、不幸的社会"，"两人的结合是一种调解方式"，但是这种努力往往以失败告终。②正如马尔库塞在考察压抑性文明中的爱欲时所言:"性欲的这样一种释放为不堪忍受的挫折提供了周期性的必要贯注的机会，它加强了而不是削弱了本能压抑的基础。"③因此，奥登在"焦虑时代"越是追逐"热烈而短暂的爱欲"，便越是深陷情感的囹圄，而转折点出现在 20 世纪 30 年代末。我们且看《哦，告诉我那爱的真谛》(1938)中的一段:"当它到来，会事先没提个醒，/而我正好在挖鼻子？/它会在早晨按响门铃，/或会在公共汽车上踩我的脚趾？/它会像天气变化那样发生？/它会客气招呼还是粗野无礼？/它会彻底改变我的人生？/哦，告诉我那爱的真谛。"(CP:145)在这首谣曲里，"哦，告诉我那爱的真谛"作为叠句重复出现了多次，萦回缭绕之中加重了诗人探寻爱情真相的恳切，仿佛那是发自他灵魂深处的最真挚的呼唤。由此可见，奥登只是对产生爱情的现代土壤深表怀疑，却对真正的爱情怀有期待。

与此同时，我们发现奥登创作于 1940 年前后的诗歌，比如《谜语》(1939)、《预言者》(1939)、《若我能对你说》(1940)等，爱情的基调已经发生了明显的变化。在这些诗篇中，奥登不但像从前那样认为爱情是结束混乱、重构秩序的途径——"情侣们向对方跑去/畏怯中燃烧着梦想……"(《谜语》,CP:258)，还赋予了爱情以现实的恒久性意义。这种爱情，用克尔凯郭尔的话来说，就是"灵性之爱"。与"肉性之爱"不同的是，"灵性之爱"内含辩证法:一方面，"灵性之爱"包含着疑问和不安——会不会幸福，能不能得到回报，愿望能否得到满足等，而"肉性之爱"却总是草草地结束;另一方面，"灵性之爱"的对象是有着细微差异的个体，"肉性之爱"则把一切都堆到一处，其基质在于抽象的男人或女人，至多不过是肉感程度的差异。所以，克尔凯郭尔总结说，"肉性之爱"是时间

①　W. H. Auden and Christopher Isherwood. *Plays and Other Dramatic Writings*, 1928—1938. Princeton: Princeton University Press, 1988, p. 297.

②　Lucy McDiarmid. *Auden's Apologies for Poetry*. Princeton: Princeton University press, 1990, p. 47, see Rachel Wetzsteon. *Influential Ghosts: A Study of Auden's Sources*. New York & London: Routledge, 2007, p. 91.

③　马尔库塞:《爱欲与文明》，黄勇等译，上海译文出版社 2012 年版，第 184 页。

的弃儿,或者说,它消灭了时间,而"灵性之爱"是时间的延续。①

《疾病与健康》(1940)可谓奥登赞颂克服了瞬时性的"灵性之爱"的代表作品。门德尔森教授称之为奥登阐释婚姻神学的诗体论文②,而奥登研究专家富勒先生指出了一个细节:该诗虽然题献给了曼德尔鲍姆夫妇,实则写的是奥登与切斯特·卡尔曼(Chester Kallman)的爱情,只是后来应曼德尔鲍姆太太的请求才增加了题献。③在此,我们很有必要回顾一下奥登与切斯特的恋情。1939年4月,奥登初识切斯特,一个比他年轻14岁的美国大男孩,旋即坠入了爱河。他送给切斯特一本布莱克诗集,并在扉页上特意写下——"当它到来,会事先没提个醒,/而我正好在挖鼻子?"如上文引述,这是《哦,告诉我那爱的真谛》里的两行诗,该诗段结尾处还有一个疑问——"它会彻底改变我的人生?/哦,告诉我那爱的真谛",而在随后送给切斯特的诗集《在这座岛上》(*On This Island*,1937)里,奥登对这个疑问做出了肯定的回答。他在扉页中写下了这样的赠言:"致切斯特/你让我明白了真谛/(我那时是正确的;它的确如此)。"④在切斯特身上,奥登第一次看到了超越短暂爱欲的灵魂相契,也看到了死生契阔的持久相依。仅仅过了一个月,他就给自己戴上了婚戒,还计划着与切斯特一道蜜月旅行。然而,令奥登始料未及的是,他俩在感情投入的强度上并不对等。一年以后,切斯特心猿意马,撇开奥登出去寻欢。从狂喜到绝望,从亢奋到消沉,爱在瞬间走向它的对立面。由爱生恨所产生的强烈嫉妒心啃噬着奥登的理智,使他一度陷入了想要掐死切斯特的魔障之中。⑤后来的《小夜曲Ⅱ》(1953)就是对这种精神状况的直观体现:"请让月华倾泻,以免,/黑暗之中突然之间,/有人从床上独自惊醒/把自己的狂怒听见/宁愿心中所爱丢了性命。"(CP:577)

当一个人更多地把爱看成是被爱的问题,而不是主动去爱的问题的时候,他拥有的便不可能是一颗丰沛充盈的满足之心,那更像是一颗斤斤计较的得失之心,"在我们自私的爱情里也过于小心"(《疾病与健康》,CP:319)。在天秤失衡的瞬间,原本就误入歧途的爱瓦解了,取而代之的是"愚蠢"、"痛苦"乃至"犯错"。切斯特固然犯了错,清醒后的奥登也自认犯了错,他的错在于误解了爱的本质,在于将爱看成是一种交换,而不是发端于自己身心的能力。他之所以最终扭转了爱情的态度,一方面是源于他对切斯特的深厚感情,另一方面在于他的宗教信仰。艾伦·雅各布斯(Alan Jacobs)在分析奥登的信仰转变时曾一针见血地指出,奥登恋上卡尔曼与其皈依基督教有深刻的内在联系。⑥面对失恋的痛苦和绝望,奥登在内心的狭促之地实现了克尔凯郭尔所谓的"跳跃"(leap),把信仰变成了一种期待而非验证,获得了存在的勇气和力量。⑦正是基于此,奥登才在《疾病与健康》中写道:"亲爱的,我们总是屡屡犯错,/如此笨拙地对待我们愚蠢的生命……"(CP:319)这"屡屡犯错",既是奥登对自身恋情的回顾,也是对克尔凯郭尔在《非此即彼》里所表达的重要观点("在上帝面前我们总是错⑧")的呼应。

从"肉性之爱"到"灵性之爱",奥登经历了情感与信仰的双重"跳跃",因而即便切斯特表现得

---

① 克尔凯郭尔:《非此即彼》,封宗信等译,中国工人出版社2006年版,第34—35页。

② Edward Mendelson. *Later Auden*. London:Faber and Faber,1999,p. 153.

③ John Fuller. *W. H. Auden:A Commentary*. Princeton:Princeton University Press,1998,p.391.

④ Humphrey Carpenter. *W. H. Auden:A Biography*. Boston:Houghton Mifflin Company,1981,p. 259.

⑤ Humphrey Carpenter. *W. H. Auden:A Biography*. Boston:Houghton Mifflin Company,1981,pp.311—312.

⑥ Alan Jacobs. *What Became of Wystan:Change and Continuity in Auden's Poetry*. Fayetteville:The University of Arkansas Press,1998,p.74.

⑦ 克尔凯郭尔在《恐惧与颤栗》的"亚伯拉罕颂"这一章节里指出,信仰不是心灵的直接本能,而是以"弃绝"为前提。一个人首先通过无限弃绝的行动而放弃了对有限事物的要求,然后充满信赖地投身于荒诞之中,并且重新获得了有限的事物。参见克尔凯郭尔:《恐惧与颤栗》,刘继等译,贵州人民出版社1994年版,第1—10页。

⑧ 克尔凯郭尔:《颤栗与不安》,阎嘉等编译,陕西师范大学出版社2006年版,第189页。

轻浮，他也持之以恒地付出自己的爱："在爱的绝对指令下，欢庆吧，珍贵的爱；／一切机会，一切爱，一切逻辑，我与你，／都拜那'荒诞'所赐才能存在……"（《疾病与健康》，CP：319）"荒诞"（absurd）是存在主义哲学里经常用到的一个词。克尔凯郭尔作为存在主义哲学的开山鼻祖，首次赋予"荒诞"一词以现代哲学的含义。在他看来，基督精神是荒诞的，没有人能够按照理性去理解和证明其合理性，也没有人可以将其付诸行动。真正的信仰是一种全然不顾这种荒诞性的意志的行动，譬如亚伯拉罕面对上帝看似荒诞的严酷考验没有任何迟疑。在《疾病与健康》里，曾向亚伯拉罕发出指令的上帝说出了另一个"荒诞的命令"，也就是需要信徒们毫无保留地去执行的诚命——"欢庆"（rejoice）。艾伦·雅各布斯指出，"欢庆"这个词与奥登所信仰的英国国教有关。按照英国国教的传统，信徒们在进行总忏悔（the General Confession of sin）之后，立即举行圣餐礼，以此消除隔阂、抚慰苦难，因而圣餐礼在某种程度上就是"欢庆"。①对于奥登而言，属于他的"欢庆"就是虔诚地接受上帝派送给他的"切斯特"。需要注意的是，虽然奥登在此写到了"我与你"，但他并没有奢望切斯特会做出同样的爱之回馈。事实上，在经历了切斯特之背叛、失恋之绝望的短暂的几个月之后，奥登与切斯特达成了共识：他们俩仍然维持密友关系，但绝不再发生肉体关系，切斯特可以自己寻找性伴侣。②以我们世俗的眼光来看，这完全是一条不对等的"条约"，奥登却心甘情愿地接受了下来。

若干年后，奥登为我们留下了一段感人肺腑的诗行："倘若星星燃烧着我们无以为报的／投向我们的激情，我们作何感想？／如果对等的感情无法产生，／让我成为爱得更多的那个人。"（《爱得更多》，1957，CP：584）这更像是他一个人的爱之宗教，信仰旅程的起点在于去爱，而不是索取爱。若然有幸得到应答，那也只是机缘巧合之下的礼物。在此，我们可以为奥登做出这样的结论：真正的爱不再是"热烈而短暂的爱欲"，也不再是互换互利的交换，而是超越了短暂时间和有限物质的爱之能力；只要爱之能力存在，那么无论得到应答还是失去回应，它都将继续存在下去。

三、婚姻之爱："对应结构体"

门德尔森曾直言，奥登的中后期诗歌献给了"婚姻"③。由于自身的同性恋身份，也由于感情没有得到对等的应答，奥登的爱情经验只停留在了"爱之能力"上，但这并不妨碍他对婚姻做出种种设想。我们前面已经提到，在与切斯特坠入爱河不久之后，奥登就为自己戴上了婚戒。而在《疾病与健康》里，奥登一方面剖析了现代爱情和婚姻所面临的重重危机，另一方面又试图重构婚姻秩序，向"爱"、"造物的精华"、"幸福的接吻礼"、"誓言的圆周"等关涉婚姻幸福的要素致敬。结合这首诗歌的标题，我们很容易联想到基督教婚礼上最常见的誓言："无论贫穷或是富贵、疾病或是健康，悲伤或是快乐，都相亲相爱，不离不弃，直到死亡将我们分开。"奥登曾给朋友去信说："这么多年的经历让我相信，我真正需要的是婚姻。"④《恋爱中的奥登》（Auden in Love，1985）的作者多萝西·法南（Dorothy Farnan）也曾明确地指出："奥登对婚姻有着持久的兴趣，包括婚姻的形式和促

① Alan Jacobs. *What Became of Wystan: Change and Continuity in Auden's Poetry*. Fayetteville: The University of Arkansas Press, 1998, p. 79.

② Humphrey Carpenter. *W. H. Auden: A Biography*. Boston: Houghton Mifflin Company, 1981, p. 314.

③ Edward Mendelson. *Early Auden*. New York: The Viking Press, 1981, p. 22.

④ Auden's letter to A. E. Dodds on 11 July 1939, see Humphrey Carpenter. *W. H. Auden: A Biography*. Boston: Houghton Mifflin Company, 1981, p. 259.

成婚姻的方式。"①

　　根据奥登的设想,婚姻的基础是双方的"爱之能力"。当彼此的"爱之能力"交汇在一起的时候,婚姻便是水到渠成的事情。这样的婚姻,是换了一种形式的"灵性之爱",或许我们可以套用克尔凯郭尔的另一个语汇来表述——"婚姻之爱"(conjugal love)。奥登在《克尔凯郭尔导读》(A Preface to Kierkegaard,1944)这篇文章里曾引述过克尔凯郭尔的"婚姻之爱":"浪漫之爱可以在瞬间得到完美地诠释,婚姻之爱却不行,因为一位理想的丈夫体现于生活中的每一天,而不是某个瞬间。"②"浪漫之爱"同"肉性之爱"一样,都是时间的弃儿,唯有"灵性之爱"和"婚姻之爱"可以消弭了时间的缝隙,走向永恒之经验。所谓永恒,并非是恒定不变,而是指相爱的两个人在给出婚姻的誓言之后,凭借意志抵御各种各样的诱惑,并且克服纷繁复杂的磨难,持续不断地赋予誓言以现实的意义。这种婚姻生活,类似于一个虔诚的基督徒把信仰灌注到每一天的日常琐事里,或者说,"婚姻之爱"与宗教信仰是一体的。关于这一点,奥登借助克尔凯郭尔关于人生三个阶段(审美、伦理和宗教)的理论进行过阐释:

　　　　一位已婚男士与一位已婚女士相互吸引,想要私通。他们去咨询"审美",后者面带笑容地问:"你们相爱么?真的相爱?非常确信这一点?那么,孩子们,我祝福你们。"为了保险起见,他们又去咨询"伦理",后者惊呼:"你们竟敢有这样的念头!无论如何,这都是不可原谅的。好啦,好啦,别哭哭啼啼了。我会帮助你们的。我这儿有效果良好的镇静药,每隔三个小时吃两片。"

　　　　最后,他们去咨询"宗教"。未及他们述说故事的来龙去脉,"宗教"就开口了:"我知道你们要问什么。如果你们并不相爱,那么这问题就非常不切实际了,你们应该为浪费我们大家的时间而感到羞愧。如果你们真的相爱,我虽然高兴,但并不赞同。忍耐吧,赞美上帝。"③

　　由此可见,在20世纪40年代前后,奥登对"婚姻之爱"的理解打上了鲜明的克尔凯郭尔烙印。但值得注意的是,奥登对克尔凯郭尔的迷恋并非一以贯之,他的情爱生活与婚恋观念也随之产生了些许变化,或者说,强调的侧重点发生了迁移。奥登曾这样反省他对克尔凯郭尔的态度:"正如帕斯卡尔、尼采和西蒙娜·韦伊,克尔凯郭尔也是一位很难被读者恰如其分地评价的作者。当我们最初阅读他们的时候,他们的独创能力(他们用前所未闻的声音说话)和深刻见解(他们说出的前所未有的内容令人铭记在心)一下子俘获了我们。然而,随着我们越多地阅读他们,内心的疑问也就与日俱增。我们发现,他们因为过分强调真理的某个侧面而忽略了其余的各个方面。这样的质疑很有可能轻而易举地转变我们对他们的态度,从最初的热衷走向同样仓促而夸大的嫌恶。"④那么,奥登诟病克尔凯郭尔的地方主要在哪里?我们不妨看看奥登在晚年的轻体诗集《学术涂鸦》中对克尔凯郭尔的描述:"塞壬·克尔凯郭尔极其/努力地尝试/向上纵身而弹/但却跌成一团。"⑤这里的"向上纵身而弹",用到了我们在前文已经解说过的克尔凯郭尔术语——"The Leap",但紧随这行诗之后,奥登却用了"fell"一词,而且还为这样的跌倒加了修饰语"in a heap"。短短四行诗,

　　① Dorothy J. Farnan. *Auden in Love*. New York:Simon and Schuster,1985,p. 168.

　　② W. H. Auden. "A Preface to Kierkegaard", in W. H. Auden. *The Complete Works of W. H. Auden. Vol. Ⅱ*,Prose,1939—1948. ed. Edward Mendelson. London:Faber and Faber,2002,pp. 217—218.

　　③ W. H. Auden. "Lecture Notes", in W. H. Auden. *The Complete Works of W. H. Auden. Vol. Ⅱ*,Prose,1939—1948. ed. Edward Mendelson. London:Faber and Faber,2002,pp. 168—169.

　　④ Rachel Wetzsteon. *Influential Ghosts:A Study of Auden's Sources*. New York & London:Routledge,2007,pp. 102—103.

　　⑤ 奥登:《学术涂鸦》,桑克译,古吴轩出版社2005年版,第60页。

大致为我们描摹了这样一幅情景画:克尔凯郭尔在精神领域纵身跳跃,然而承载精神的肉身却不可避免地向下沉降。克尔凯郭尔过多地把目光投向了上帝、投向了绝对的精神,奥登对尘世的依恋却更深,他在讽刺克尔凯郭尔注定跌倒在地的时候,其实已经表现出他对肉身需求的客观存在性和天然合理性的认同。

这似乎回到了早期奥登的"肉性之爱":"恋人们的灵魂与肉体/并无界限:当他们躺在/她宽容而迷人的山坡上/如往常般神魂颠倒,/维纳斯传送了庄严的幻象/出于超自然的投合,/出于博爱和希望;/而一个抽象的洞见/在冰河与岩石之间/唤醒隐士的世俗欢欣。"(《摇篮曲》,CP:157—158)彼时,灵魂与肉体、恋人与爱神、抽象的洞见与世俗的欢欣全都交织在一起,更重要的是,人爱的热度甚至能够穿越冰河的严寒和山川的距离,直达隐士们的内心,搅扰崇高的神爱。这首创作于1937年的谣曲,把重点放在了人爱对神爱的征服上,也是奥登自身追逐"肉性之爱"的生动体现①。而后期奥登对肉身需求的重视,往往伴随着限制条件,更多地强调人爱与神爱的和谐共融。用奥登研究者艾伦·雅各布斯的话来说,奥登的人爱观念已经与神爱观念密不可分了。②奥登甚至专门撰文阐述这一点:"最近,某些圈子里的人倾向于认为爱欲观念(或者渴望结合)与神爱观念(或者无私奉献)格格不入、互不调和,并分别给它们贴上了异教和基督教的标签。在我看来,这种思想倾向否认了自然法则的美好秩序,是摩尼教邪说的复苏。"③从中我们可以推断,奥登所理解的人爱,是包含爱欲的爱情或者婚姻。他认为,我们可以借由人爱来体会神爱;那些宣扬禁欲思想或者轻视爱欲的人其实都是异教分子,因为他们否认了上帝所创造的人类躯体的完整性。

在此基础上,我们便能更好地解读奥登后期非常重要的抒情诗《爱宴》(The Love Feast,1948):"深夜,在楼上的房间 / 我们大伙以爱的名义 / 遵从收唱机的福音 / 聚集到一起","望教者们走了进来;/专注的双眼激情满满/在乳房和裤裆上游移/有人喷射,有人叫喊/……我很抱歉,但并无歉意/主啊,让我纯洁吧,但不是现在。"(CP:613—614)这首诗乍看下来,很容易给人留下艳情诗的印象。深夜聚会上的爱欲呈现,与随处可见的宗教术语交织在一起,的确会让不了解奥登思想的人备感困惑。富勒在分析此诗的时候,特别强调了该诗的宗教性内容:开篇提及的"楼上的房间",与《新约·马可福音》第14章第15句中耶稣与信徒们相聚的房间相对应;参加聚会的人被称作"望教者们",他们是准备接受洗礼的新信徒;最后一行引用了圣奥古斯丁的名句"主啊,让我纯洁吧,但不是现在"(《忏悔录》,Ⅷ,16)。④当然,这首诗的标题也别具匠心,影射了早期基督教的爱宴(agape,love feast),即信徒们共同进餐,传递友爱。富勒的宗教阐释,再结合后期奥登对神爱应与人爱和谐共融的理解,该诗的主旨已经跃然纸上了。或许我们还可以用奥登自身的经历加以注解:奥登曾写给切斯特一句话——"上帝选择通过你来向我展现至福"⑤。

奥登说过:"神爱(agape)是对人爱(eros)的升华和完善,而不是对人爱的否定。"⑥感官的狂喜与虔诚的信仰,有限的肉身与宽广的心灵,眼前的爱人与无边的上帝,这些看似不可调和的方面被

---

　　① 奥登出生于虔信基督教的家庭,曾一度是虔诚的信徒,但在青少年时期因为自身的同性恋取向和思想困惑而放弃了宗教信仰。

　　② Alan Jacobs. *What Became of Wystan: Change and Continuity in Auden's Poetry*. Fayetteville: The University of Arkansas Press, 1998, p. 74.

　　③ W. H. Auden. "The Things Which are Caesar's", in W. H. Auden. *The Complete Works of W. H. Auden. Vol. Ⅲ, Prose*, 1949—1955, ed. Edward Mendelson. Princeton N. J.: Princeton University Press, 2008, p. 198.

　　④ John Fuller. *W. H. Auden: A Commentary*. Princeton: Princeton University Press, 1998, p. 412.

　　⑤ Humphrey Carpenter. *W. H. Auden: A Biography*. Boston: Houghton Mifflin Company, 1981, p. 300.

　　⑥ W. H. Auden. "The Things Which are Caesar's", in W. H. Auden. *The Complete Works of W. H. Auden. Vol. Ⅲ, Prose*, 1949—1955. ed. Edward Mendelson. Princeton N. J.: Princeton University Press, 2008, p. 198.

奥登有机地整合在一起。他不断赋予人爱以神圣的意义,认为人爱是神爱的补充,而"婚姻之爱"更是上帝的福音:"就像亚当夏娃/命定的典范,/回应那完整的一/组成对映结构体/二人重叠交合/仍能区分彼此/凭借各自名姓。"(《喜歌》,1965,CP:761)正如亚当和夏娃,每一对真正的人间夫妻都回应了上帝的指令,他们各有"名姓",却又"重叠交合",形成了一组"对应结构体"(enantio-morph)。在这里,"名姓"强调了他们本身的独立人格,"重叠交合"既是精神的相通也是肉身的结合,而"对应结构体"就是对"名姓"和"重叠交合"的更为抽象的概括。这个词通常解释为互为镜像却不完全相同的一对晶体或分子,用在此诗的语境里极为合情合理。按照奥登的设想,丈夫的爱、妻子的爱、上帝的爱,全都融合在婚姻的契约中,形成极为牢固的力量,这或许是我们在苍茫的世界中为自己找寻的最为恒久的支撑力。

四、结　语

　　奥登的爱情诗折射出他在不同时期的情爱观念。从"肉性之爱"到"灵性之爱",再到"婚姻之爱",这其中既包含了他对自身荒唐生活的反思,也有他对理想关系的期待。步入中年之后的奥登,对爱情和婚姻充满了美好设想。尽管他本身匮乏这种事实联结,但他的设想未尝不是构建家庭秩序的一种努力:"每个家庭都应该是一座堡垒,/配备最为持久的动力装置"(《平凡的生活》,1963,CP:715)。这动力装置,便是作为丈夫和妻子的"对应结构体"在精神和肉身都彼此交融,以对上帝的虔诚来应对婚姻生活中偶尔出现的危机或诱惑,以对上帝的赞美来充实世俗人生中难以回避的琐碎与庸常。正是在每个人都必然面对的情感生活领域而非宗教层面上,奥登的爱情诗给予我们丰富的启迪意义和认知价值。

（作者单位:浙江财经大学人文学院）

论华莱士·史蒂文斯茶诗的主题思想

马晓俐

内容提要：华莱士·史蒂文斯是美国 20 世纪最重要的著名诗人之一，他被称为"诗人中的诗人"和纯粹的诗人。他在早期阶段就创作了两首以茶为题的诗歌：《茶》(1915)和《在红宫品茶》(1921)。而且，它们均被收录在 1923 年诗人出版的第一本诗集《簧风琴》中，《在红宫品茶》位于诗集的中心位置，而《茶》一诗则是倒数第二首。这样的精心布置反映出诗人对茶的情感及茶诗的重要性。本文聚焦诗人的创作背景和两首茶诗，阐释诗人探索现实与想象时所表现对茶的理解及创作的主题思想。

关键词：《茶》；《在红宫品茶》；意象；生态；主题

华莱士·史蒂文斯是一位传奇式人物。他大学就读于哈佛大学，在纽约法学院获得法律学位。1903 年取得律师资格之后开始在哈特德福意外事故保险公司工作，1934 年就任副总裁并一直工作到退休。但是作为"业余诗人"的身份，他在 20 世纪诗歌文坛上占有重要地位。他被誉为"诗人中的诗人"、"纯粹的诗人"和"批评家的诗人"，主要作品包括：《簧风琴》(1923)、《秩序观念》(1936)、《拿蓝色吉他的人》(1937)、《超小说笔记》(1942)和《必要的天使》(1951)。

近年来关于东方文化对诗人史蒂文斯的影响论研究国内外学者关注较多，但是史蒂文斯与茶及其茶诗的研究却非常贫乏。生活中，史蒂文斯不仅喜欢饮茶，而且经常写信与朋友探讨茶的文化意义和品质。长期以来，史蒂文斯的茶诗研究一直受到忽略和不公平的对待，这本身是一个非常令人费解的问题，因为"事实上，无论茶是作为一种商品还是一种文化形式都融入了史蒂文斯诗歌生活的两个阶段：早期阶段，茶促进《簧风琴》诗集的出版，使人联想到美学、声音实验、间或意象主义，更重要的是东方主义；后期阶段的那些富含哲理的长诗则经常展示出诗人对茶的鉴赏能力等"[1]。《茶》和《在红宫品茶》两首诗歌都是史蒂文斯的早期作品，在第一本诗集《簧风琴》中占有重要地位。茶诗歌反映出诗人对茶的认识和茶哲学的理解。这两首茶诗一长一短，都采用了题目中有茶字，而诗中不再出现茶字的创作手法。这与我国宋代诗人林和靖的《山园小梅》一诗有着异曲同工之效果。虽然《山园小梅》一诗中自始至终没有出现"梅"字，但被公认为是咏梅诗歌中空前绝后的作品。史蒂文斯的两首茶诗充满现实和想象的对比，主题意义晦涩难懂。也许，茶诗中的异国风俗文化令人费解，也许来自东方神秘物品茶的传奇和哲学色彩令西方学者却步，也许……因此，当国外史蒂文斯评论界在对比研究《在红宫品茶》和其他诗歌时，会出现避重就轻的现象，焦点主要聚集在诗句："我是我走过的世界，我看到/听到或感觉到都来自我自己；那里我发现我自己更真实和更奇怪。"而对茶与诗歌创作主题之关系置之不理，避而不谈。而这正是本文构思的源头及研究聚焦点。史蒂文斯的茶诗表现了诗人对"茶的哲学"领悟和探索现实与想象之关系的主题思想。

---

① Nico Israel. "Wallace Stevens and the World of Tea" // *The Wallace Stevens Journal*, 28.1(Spring 2004), pp. 3—22.

一

　　史蒂文斯对茶情有独钟,他不仅有喝早茶和办公室独自饮茶的习惯,而且喜欢和朋友探讨茶的品质。1937 年 10 月 8 号的信中他这样写道:"我在尽力想办法买到质量最好的茶叶。这里大多数茶叶都很普通,没有什么价值,然而你最近一次给我那些茶叶散发出一种自然的芳香和品质,我非常喜欢。我想再买些和上次一样那种精选茶叶,随信汇款给你 100 卢布,我对数量没有要求,只要能够买到质量上等的茶叶,能买多少,你看着办就行。"[1]至于茶叶最早什么时候走入诗人的生活,这一点很难断定。但著名史蒂文斯研究专家琼·理查森(Joan Richardson)这样认为:"诗人在哈佛期间产生对东方物品的兴趣,其精华已经发展成为他性格中不可缺少的一个组成部分。"[2]史蒂文斯在 1897－1900 年间在哈佛学习,当时波士顿艺术博物馆内已收藏有较为丰富的东方艺术品。而茶无论作为物品还是文化,都是东方文化的代表和重要组成部分。极有可能,当时馆内收藏与茶相关的艺术品等引起诗人的兴趣,由此产生后来对《茶之书》的研读和委托朋友异国购买好茶等系列活动。关于东方文化对诗人的影响论研究,史蒂文斯评论界形成两种结论,一是,东方主义令史蒂文斯非常着迷,使诗人早期抒情诗的创作具有"异国特征","中国绘画手法"或者日本"俳句"的风格;二是,史蒂文斯对东方艺术和文学的兴趣没有持续到超过 20 世纪 20 年代"时尚趋势",或者至少没有影响到他出版《簧风琴》之后的诗歌创作。[3] 显然,从两首茶诗的题目中,我们可以看出"异国文化特征",因为在西方历史上,茶叶被称为来自东方的一种神秘的"药用饮品"和"灵魂之饮",被比喻为希腊南部山谷黑里孔山上的甘泉。《茶》一诗也明显具有日本"俳句"的风格。《簧风琴》中同时收录两首茶诗也表达出诗人对茶及茶诗的喜爱程度。

　　更为重要的是,在史蒂文斯快要完成哈佛学习期间,闻名的日本传统文化推动者冈仓天心(Kakuzo Okakura)担任波士顿艺术博物馆的馆长。琼·理查森(Joan Richardson)认为史蒂文斯读过冈仓天心的两本著作:《茶之书》和《东方理想国》,他曾经把部分内容摘抄在笔记本上。《茶之书》是一本作者在日本和西方历史交战的关键时刻用英文撰写的书,是一本关于日本生活方式的教学法式的说明书,读者群被假定为对东方文化一无所知的美国人。该书的开篇《人性的茶杯》中写道:"从一般接受意义上来说,'茶的哲学'并不仅仅是审美主义。因为它还表达了我们(日本人)从伦理和宗教角度对人和自然的全部见解。它属于卫生学科,因为它强调清洁卫生;它又一门经济学科,因为它舍弃繁琐和奢华,展示简洁中的舒适自在;它还是一门道德几何学,它界定了我们对宇宙认识的空间比例感。它使所有追随它的信奉者成为有品位的贵族,由此而代表着东方民主的精髓。"[4]可想而知,冈仓天心对茶的解释如何促动史蒂文斯的琴弦。或许东方茶叶的神秘性,也或许茶与"审美"、"简洁"、"宇宙"等之间的关系吸引了史蒂文斯,事实是,他后来一直不停地探索茶叶。在一封 1935 年冬季写给朋友詹姆斯·A. 鲍尔的信中,史蒂文斯曾提到寄钱委托一位在中国广东岭南大学读书的学生本杰明·科克(Qwock)买中国茶叶一事。他点明要买那种"博学茶",

---

[1]　Nico Israel. "Wallace Stevens and the World of Tea" //*The Wallace Stevens Journal*, 28. 1(Spring 2004),pp. 3—22.

[2]　Joan Richardson. *Wallace Stevens*:*A Biography*:*The Later Years*,1923－1955. New York:William Morrow,1988,p. 33.

[3]　Zhu Zhengming. *Wallace Stevens and Oriental Culture*. The City University of New York. 2001,p. 34.

[4]　Kakuzo Okakura. *The Book of Tea*:*The Illustrated Classic Edition*. 1906. Boston:Tuttle Publishing,2000,p. 18.

即"中国文人墨客喜欢喝的那种茶叶"。①同年，史蒂文斯在回复大吉岭基地联合茶叶公司的 H. H. Bartes 信中这样写道："虽然不想打扰你，但我必须向你请教些问题……我对茶叶了解得很少。……当我在旧金山想买些中国茶时，有人告诉我 30 美元可以买到一磅品质最好的茶……我想旧金山的那个人似乎在给我开玩笑吧。但是，当时我对茶叶一无所知，我很想了解清楚事实。"②后来，他收到茶叶公司寄来的"优质花香橙黄白毫"红茶及回信："这是能从山上采摘制作的最优质茶叶。……我们从来没有听说过世界上任何地方生产的茶叶有卖 30 美元一磅的。旧金山的那个人当然是在跟你开玩笑。"③在同一个时期，史蒂文斯开始和锡兰总部的伦纳德·凡·葛泽尔（Leonard Van Geyzel）有书信往来。或许有一个事实并没有被经常注意到，1937 年 9 月 14 日，正是在史蒂文斯写给伦纳德·凡·葛泽尔的第一封信中，不仅提到给妻子和女儿买圣诞节礼物，而且清楚地说要买茶叶。"我们家有三口人：我和妻子史蒂文斯夫人，还有 14 岁的女儿。我妻子可能想要一条项链，如果能够在锡兰买到的话…… 我自己想要一些茶叶，比如说，5 磅精选上等茶叶，不需要是同一种类的。我正在考虑可以买一些直条形的茶叶：那种我以后可以直接买到的。也许你可以在包装袋上标上贸易商的价格和名称。我喜欢的另外一种茶叶是那种在其他任何地方都弄不到手的，至少在一般市场弄不到手的那种茶叶。那种免税的茶叶你可以单独寄给我。"④虽然他自己总是说对茶叶"了解很少，一无所知"一类的话，但是他被朋友称为茶叶鉴赏家。从史蒂文斯的信件中，我们可以看出史蒂文斯对茶的认识和了解很多，称得上是行家。他很谦虚，然而他的用词产生一种语气，表达出史蒂文斯"一种男子汉气概和谦虚兼有炫耀"的含意，如"（他在）开玩笑；其他地方弄不到手的"等。这种自谦语气与冈仓天心茶道思想不谋而合："茶道是一种伪装隐藏着的道。""茶道是一种艺术，你可能会发现他隐藏的美丽，同时也表现你所不敢揭示和面对的东西。它是一种自嘲的高尚秘密，平静却彻底，因此它自身也是一种幽默，即一种富含哲理的微笑。在这个意义上，所有真正的幽默大师都算是茶哲学家（tea-philosophers），——如萨克雷，当然还有莎士比亚。颓废主义诗人在反对唯物主义时，也是在一定程度上开辟了茶道之路。"⑤19 世纪末到 20 世纪初，随着海洋贸易的迅速发展，中国的茶叶被大量输入到欧美各国并逐渐普及，同时工业革命带给欧美各国的繁荣昌盛发展也产生许多社会和环境污染问题。因此，生活中的茶叶以及《茶之书》启发了史蒂文斯对西方世界繁荣背后的哲学反思。无论从茶的卫生、简洁，还是谦虚、幽默等方面，我们都可以看出史蒂文斯非常认同冈仓天心的观点"现今的工业制度正在使世界各地的真正文雅越来越艰难"，他用诗歌呼吁社会比以往更需要茶和茶的精神。

二

《茶》是一首非常短小的"俳句"式诗歌。他表现出诗人用心灵感受事物，并产生想象的创作灵感。该诗虽然简短，却不乏诗人的离奇想象、意境奇特和晦涩难懂等特征。它给读者的第一印象是诗人的语言含糊不清，内容和意象均不明确。这正是诗歌隐隐约约表达出茶艺术带给诗人的微

---

① Selected and edited by Holly Stevens. *Letters of Wallace Stevens*. Faber and Faber, 24 Russell Square, London, 1966, p. 301.

② Nico Israel. "Wallace Stevens and the World of Tea"//*The Wallace Stevens Journal*, 28. 1(Spring 2004), pp. 3—22.

③ Nico Israel. "Wallace Stevens and the World of Tea"//*The Wallace Stevens Journal*, 28. 1(Spring 2004), pp. 3—22.

④ Selected and edited by Holly Stevens. *Letters of Wallace Stevens*. Faber and Faber, 24 Russell Square, London, 1966, p. 324.

⑤ Kakuzo Okakura. *The Book of Tea: The Illustrated Classic Edition*. 1906. Boston: Tuttle Publishing, 2000, p. 25.

妙感觉,陌生又神奇,但充满朦胧的"美的诱惑"。同时映射出诗人初识茶叶和"茶的哲学"理念时痴迷但费解的心情。也可以把它看作一首对茶叶的赞美诗,只不过诗人选择了一种特殊的赞美方式。

　　诗歌分为八行排列,是一首一句话自由诗,这样一个长句却蕴涵着无穷的想象力和张力,犹如一幅动人的自然画卷,把现实与想象的矛盾相结合,表现了诗人对茶、艺术和现实的主张。全诗如下:

茶

　　　公园里,大象的耳朵
　　　在寒霜中皱缩,
　　　小径上的落叶
　　　像耗子般跑动,
　　　你的灯光倾在
　　　闪亮的枕头上,
　　　海的阴影,天空的阴影,
　　　像爪哇的雨伞。

　　该诗的题目为"茶",但是诗歌里却从头至尾不见茶字,初看似乎令人费解,很难把诗歌的题目与内容联系起来。这是诗人采用的一种修辞手法,是诗人在有意拉开现实与想象的空间断层之美。另外,史蒂文斯在诗歌《船的风景》也采用了同样的手法,以船为题目,然而整个诗的主体部分再也没有提到"船"字,读者只能意会和关联诗中的喻义。

　　诗人在早期创作时期一直处于双重身份的自我困境之中,但是他始终坚持有意区分自己作为律师的职业身份和练习创作的诗人身份。"唯一实际的生活……作为一个忙碌的商人,一个挣钱的律师……如果不可避免将成为戏剧中伪君子角色,在私人生活里是一个体面的人……正如我毫不犹豫地相信这一切,我相信事实与事实相遇会产生效能和必要性——以想象为背景。"①逐渐地,诗人开始越来越适应和喜欢这样的"两分法"的生活,白天和晚上与现实和想象形成对称方式。白天作为公司律师职业身份的现实生活,晚上的作为诗人进入想象的世界。1909年诗人写埃尔希的信中这样写道:"天色已暗,我打开台灯……——饮茶仪式已结束。——我不应该猛地脱掉黑色法官帽和长袍,而立刻换上象征权力的白色法官帽和一套五颜六色——或有可能,一套江湖小丑的戏装?因为当我坐在窗前开始写作,我面临现实,是其中的一部分,但当我打开台灯和拉下窗帘——一切都不在真实,至少不需要,这样我便迅速进入世外桃源。"②显然当时史蒂文斯已经意识到"现实和想象"两分法的主题。这种有意颠倒现实与想象中的自我身份和矛盾对于诗人是一种需要,至少诗人自己是这么认为的。这一点也在后来诗人的社会和生活中得以证实,因为他一直都没有放弃公司工作,而同时在诗歌创造中对自我进行不停地解析和发现。

　　基于以上的工作和创作双重身份的背景,诗人于1921年创作了《茶》。根据该诗歌的排列形式和主题意义,现实和想象的两分法得以充分表现。八行排列的诗歌一分为二构成两个部分。前一部分,以皱缩的大象耳朵代表丑陋的现实,后一部分出现灯光和闪亮的枕头,自然进入想象世界。想象的灯光不仅照亮美丽,而且有效地忽略了丑陋的现实。该诗歌整体"结构紧凑、集中、简

　　① Susan B. Weston. *Wallace Stevens*, *An Introduction to the Poetry*, 1977, Columbia University Press, New York, p. 10.

　　② Selected and edited by Holly Stevens. *Letters of Wallace Stevens*. Faber and Faber, 24 Russell Square, London, 1966, p. 134.

洁,明显带有洛可可式的艺术风格,节奏轻松、诙谐,色彩清淡柔和"①,然而,诗歌前后两个部分产生完全不同的意象,有怪异,有丑陋,有生动,有幽默,充满象征,意义复杂凌乱。

诗歌从前一部分的"公园里,小径上"转入后一部分的"灯光,闪亮的枕头上"形成一种由外入内的过程。室外是寒霜产生的恶劣气候和环境,而室内的灯光和枕头充满温暖。诗人对室外的描写使人联想到似乎是在美国深秋季节的情境,公园里大象冷得缩起耳朵,落叶则铺满小路,不时被秋风吹起。随着诗歌第二部分"你的灯光"的出现,诗歌意境也产生光明和生机。诗人选择第二人称的叙述方式留给读者更多想象的意会空间。"你"指代谁?"你的灯光"又是一种什么样的灯光呢?美国作家和批评家范维克登(Carl Van Vechten)认为这首诗的"每一行"都"以某种方式传递着茶的印象和感觉",那么"你"有可能指"茶"。"茶的灯光"象征智慧之光,因为茶叶有醒目提神作用,被称为"灵魂之饮"。茶的灯光照在夜幕下闪亮的枕头上,犹如饮下一杯热茶,使身体产生温暖。他认为,按照逻辑诗的倒数第二行应该读作跨行连续,但却被提前并加了逗号,原本应该是"茶阴影和海阴影的"。②

"你"也可以暗指一位人类的聆听者(一位客人或者自己的爱人/亲人),他/她听到不知来自何处的声音——假设在美国东北的一个公园里,落叶铺满小路——异国的、色彩丰富的地方联想到灯光、大海和东方的天空,产生一种温暖,这种温暖反常地发生在一个想象中的雨伞的阴影处。她/他的矛盾心理延伸到诗歌中对地理的描绘。这种变体会改变人们对"天空阴影"发出的亮光和空间的感觉,但是,它不会削弱最后一句"像爪哇的雨伞"的比喻效果,强大有力却令人困惑。虽然爪哇是一个起源于大面积种植香料和茶叶贸易的殖民地,但是,该诗中"爪哇"并没有使人联想到殖民主义或现代性的生产力,而是茶叶或聆听者带给饮茶人或讲话的人的一种慰藉品和保护伞。

诗歌的最后两行隐含着三层含意,一是海阴影和天阴影本身像一把巨大的雨伞,大海和天空的颜色与阴影形成一明一暗的色彩对比;二是你发出光亮照在爪哇的雨伞上;第三种含意可能最不令人满意,即"你的灯火照在光亮的枕头上"比喻为爪哇的雨伞。根据诗歌的整体内容,可能第二种含意更容易被接收,但是这种理解与诗歌排行的英语语法和标点符号却是矛盾的。该短诗的复杂性也由此凸显。

此外,爪哇的雨伞是什么样的呢?是一把漂亮的阳伞还是普通雨伞?如果是阳伞,为什么不直接用阳伞(parasol)一词?该词曾经出现在史蒂文斯早期没有发表的一首诗歌"粉红阳伞的叙事曲"。难道史蒂文斯仅仅是更喜欢"爪哇的雨伞"听起来更好?诗歌中出现的这些"混乱"和"荒谬",也或许是一种修饰的"败笔",正如早期史蒂文斯评论家富兰克林评论说,《簧风琴》诗集是"论有序的随意性:或许像宝石,但缺少明确的意义"③。但是,强调爪哇雨伞和茶之间关系的困惑却正好表达出诗人和茶叶之间的困惑关系。

我们回到诗歌的开始,"公园"的身份不明,但可以联想到"茶叶种植园",假设寒霜中皱缩的大象耳朵为加工处理过的卷曲茶叶,那么被比喻成耗子般跑动的落叶则犹如一副茶叶在热水中舞动着展开身体的画面。诗人在前四行描写出茶叶的两种外在形式,虽然给人丑陋和怪异,但也许这正是诗人自己最初认识茶叶的印象。后四行诗中,诗人笔锋一转,"你的灯光"出现,关于茶的描写也由外至内,茶叶被饮用之后会在身体内部产生保护作用,是来自异国的身体庇护伞。茶叶带给人们欣慰和启示,这种启示已经时时刻刻存在——潜在地——那里。工业革命时期,欧美国家繁

---

① Robert Buttel. *Wallace Stevens*: *The Making of Harmonium*. Princeton: Princeton UP, 1967.

② Carl Van Vechten. "Rogue Elephant in Porcelain."//*Yale University Library Gazette* 38(October 1963), pp. 41—50.

③ Nico Israel. "Wallace Stevens and the World of Tea"//*The Wallace Stevens Journal*, 28.1(Spring 2004), pp. 3—22.

荣发展的同时也导致空气、江河污染等问题,诗歌前半部分表现了诗人对现实世界的不满和失望。随着茶叶大量输入欧美各国,茶文化空前繁荣发展,大大丰富了西方文人的哲理思想。与此同时,冈仑天心及其著作《茶之书》促进诗人对西方社会繁荣背后的反思,产生创作《茶》一诗的动力。诗歌的后半部分从"你(暗指茶)的灯光"开始,以"爪哇的阳伞"结束,诗人吟出自己对充满高雅宫廷文化的爪哇的向往。那里有他曾经特别熟悉和钟爱的文化氛围,那里曾经是世界茶叶贸易中心。茶被暗喻为爪哇的阳伞,也是诗人向往的。有茶的世界是文明有序的世界,是诗人想象中的世界。这与前半部分描写的丑陋、无序、冷酷的外部现实世界形成"二分法"对比。现实生活中的茶也是哲理和想象的载体。诗歌最后以异国的鲜明色彩结束,反映了诗人的积极思想。

三

　　1921 年,史蒂文斯再次写了一首以茶为主题的诗歌,题名为《在红宫品茶》,它被认为是《簧风琴》诗集的核心部分。哈罗德布罗姆认为,读者只有在理解《在红宫品茶》这首诗以及它与《雪人》等诗歌的关系,才能明白史蒂文斯对诗歌和人类的焦虑以及他如何从中获得慰藉的中心思想。诗歌中的"红宫"指通往史蒂文斯作为诗人的未来发展之路,他认为《在红宫品茶》很容易被理解为一首哲学诗歌,一首唯我论或主观理想主义的练习诗,也或许可以解读为是像佛罗伊德那样的心理理论,假设一种潜意识精神主宰影响着意识精神生活。这是一首关于诗人通过想象构建自我,然后又发现自我经历的诗歌。在这方面诗人的创作或许是极端的,但是它使诗人的自我更加自我,因此,他发现自己"更加真实和更加陌生"。

　　贝茨(Bates)评论说"红宫"华丽的体态就是那种体态至少符合通过反讽《簧风琴》中的早期主要人物。纯粹的诗人不同于一般诗人,因为前者把自己定位于史蒂文斯的称作的纯诗歌的思想:想象,超出局部的拓展意识,……东西南北共同拥有的一种思想。该诗表现了想象的地理的类比形式。诗歌开始似乎和茶根本没什么关系。论证的焦点是在自己想象的世界发现自己"更真实也更陌生"的含义。茶字除了出现在诗歌题目之外,其他地方再也没有出现,而与茶(tea)押韵的海(sea)出现两次,"那里穿越我的海是什么?"和"我是那海的指南针"。该诗将海的无限漂泊与暂时的方位和庇护(或许也是一种奢侈)并列一起,联想到宫廷和茶,方位能带来在一个世界或作为一个世界"发现自己"。该诗的要旨是瞬间涌出的狂喜:"我的思想金黄般油脂/我的耳朵赞美诗听到。"正如 Anthony Whiting 指出的那样,"在'红'的宫廷品茶一诗同时表现出创造感和喜悦感,这不同于带有怀疑的反讽里所表达的那种创造和喜悦"。那些真实的、吸引人的感觉一部分起源于茶,茶用它的能力包围了周围的空间。茶是"那里"的一部分,在那里发言者发现自己"更真实和更陌生"。

　　但在"那里"是指"哪里"呢? 为什么用 palaz 而不直接说宫殿(palace)? Palaz 是现代土耳其语的宫殿的拼写。事实上,1923 年史蒂文斯《簧风琴》出版那年,正是土耳其帝国瓦解之后转向现代社会,阿塔土克(Mustafa Kemal Ataturk)命令把土耳其语从阿拉伯语转为拉丁语字体。但是,准确地说,史蒂文斯异国的冲动想法与阿塔土克的现代化进程是相对立的。从 palaz 这个词可以看出,史蒂文斯似乎引起土耳其毡帽、咖啡馆和俄国式茶壶的壮观,甚至很大程度把"红"的宫廷与希腊传统宗教的某种仪式联想到一起,那种油膏抹在胡子上(现在希腊的一部分仍然在土耳其的统治范围)。虽然这种接近东方是一种经历自我发现的虚构场景,但是东方本身那时已经不再或者即将不再"陌生",因为西方的自我启蒙和实现的观念可以联想到同一世纪的东方。该诗歌被认为是纯虚构的世界,"Hoon"是一个模糊的东方智人,自己快乐地生活在自己大脑创建的世界里。

"Hoon"可能表示"英雄月亮"，在史蒂文斯早期诗歌中，月亮和太阳大约表示想象和现实。"Hoon"说的他的自我和世界的感觉，事实上是唯我论的，——他总结说自我是唯一的现实。他全副武装着"紫色的"皇家外衣。

史蒂文斯与茶及文化有着难解之缘，茶是诗人创作的源泉之一。不仅如此，中国的古代茶诗，如卢仝的"七碗茶诗"也影响了史蒂文斯创作思想，正如早期作品的评论家戈兰·蒙森（Gorham B. Munson）曾说："无可否认，他（指史蒂文斯）……受到中国诗歌的影响……由于他这种训练有素而且行之有效的细腻作风，史蒂文斯一直被人称作是中国式诗人。"

总体而言，史蒂文斯的咏茶诗语言和结构精简，压缩性强，但是节奏美妙，使人产生阅读的愉快，最后达到深思状态，形成思想的复杂性。

（作者单位：浙江大学外国语言文化与国际交流学院）

威廉·布莱克画境中的《天真与经验之歌》

应宜文

内容提要：本文以绘画艺术为视野，从绘画技法、风格流派、艺术创作、审美意象等方面解读了威廉·布莱克的诗歌《天真与经验之歌》。基于布莱克诗歌《羔羊》与《老虎》诗画融合的原作进行图文互通、互文见义的比较研究；分析了《花儿》、《病玫瑰》等诗篇的艺术表现特点；探索了绘画创作与视觉审美意象对深入理解诗歌寓意的关键作用。

关键词：诗画融合；互文见义；象征寓意；视觉想象

"威廉·布莱克是英国著名的诗人、画家和雕塑家。"①他是一位"文艺兼长、独具个性"的天才，又是西方浪漫主义文艺思潮中具有开创之功的奠基人，对西方近现代诗学的发展产生深远影响。古今中外的知名学者长久以来关注与探讨他诗歌中所蕴藏的深刻内涵和象征寓意，他的诗句充满着铿锵有力的节奏、生动流畅的韵律以及美轮美奂的意境。

1794 年首版的《天真与经验之歌》是诗学巨人威廉·布莱克最为经典的诗集之一，这部诗集分为《天真之歌》与《经验之歌》两部分，前者描绘了世外桃源般的美景，赞美心灵的纯洁与善良，后者展现了惨绝人寰的场景，揭示了现实环境的世故与丑恶，两者诗文质朴、对比鲜明、爱憎分明，代表了英国工业时代来临人们截然不同的两种精神状态。

值得一提的是，"他在世时主要以绘画与雕刻闻名。他最擅长的是铜版蚀刻。那是他表达思想、幻想和精神世界的另一种语言。他为自己所有的诗卷配上了精美的插图"。②布莱克的绘画创作中凝聚了他的艺术才思与情感，体现了他对生活与艺术的真知灼见，他的诗与画如影随形、互文见义，其诗歌未尽之语，却在他的绘画语境中自然流露。

一、诗歌《羔羊》与《老虎》的原作比较

如果我们没有读过布莱克的诗歌，初见他的版画《羔羊》（*The Lamb*），会看到一个纯真的小男孩站立于一群毛茸茸的羔羊前，正以和蔼可亲的姿势去呵护一只向他抬头仰望、扑面而来的小羔羊，小男孩与这只羔羊的眼睛彼此凝视，小男孩的眼神似乎在说"来吧，来吧，让我来保护你，小羔羊……"作画者似乎抓住了这"生动的一瞬间"，让小男孩与动物之间萌发"对语"，顿时产生通灵一般。画中其余的羔羊仍在悠然地吃草，远处的山谷层峦叠嶂，一切皆宁静而安详，在静态的画面中更加衬托出小男孩与一只羔羊"对语"情景，自然而清新，欢乐而和谐，充满了童真与情趣。（见图

---

① 吴笛：《外国诗歌鉴赏辞典（古代卷）》，上海辞书出版社 2009 年版，第 1181 页。
② ［英］威廉·布莱克著、张炽恒译：《威廉·布莱克诗集》，上海三联书店 1999 年版，第 7 页。

一）然而，小男孩与羔羊是布莱克诗歌中天真与宗教的象征，小男孩代表耶稣，羔羊代表基督，"他是羔羊，在基督教传说中往往用以象征为洗清人类罪恶而被牺牲的羔羊——基督"①。布莱克在原作中刻画的这种"通灵"正是其诗歌中所要表达的寓意：耶稣和基督化身为一体，是宗教赋予的最高意义。

相比而言，布莱克的诗与画合而为一的作品《老虎》（The Tiger）以更为简练而大胆的手法集中刻画了一只老虎，其眼睛炯炯有神迸发出火光，神情威猛而冷酷，四肢强壮有力且笔触分明，在背景大树的烘托下，俨然一副"森林之王"的态势。（图二）恰如《老虎》诗词所述"你炯炯的两眼中的火？"②（诗歌原句：Burnt the fire of thine eyes？③）"使用怎样的手腕和脚胫？"④（诗歌原句：What dread hand？And what dread feet？⑤）"造出了你怎样的威武堂堂？"⑥（诗歌原句：Dare frame thy fearful symmetry？⑦）但是，从中世纪到文艺复兴时期的西方绘画中，动物或植物始终是作为人物的背景而存在的，画面中"老虎"的主体形象一方面表明布莱克具有先验性的已开始探索"对自然的模仿"，另一方面足以阐明布莱克诗歌中赋予的象征意义，"老虎就是人性恶的化身，它象征了欲望、激情、暴力和罪孽"⑧。

图一　《羔羊》

《羔羊》是《天真之歌》的核心，而《老虎》又是《经验之歌》的核心。两者的画面对比强烈：在《羔羊》的原作中，布莱克运用了多变的线条来表现植物，用蜿蜒曲折的线条表现藤蔓，用轻柔娇嫩的枝叶构筑起一幅对称式的布局空间，将诗歌文字恰如其分地镶嵌在版面的上方，画面留下的笔触体现了诗歌的节奏韵律，轻盈地、柔和地，不断地低声私语："woolly bright"和"tender voice"。然而，在《老虎》的原作中，布拉克运用了生硬的线条来表现粗壮的大树，光秃的枝干，看不见一片绿叶，了无生机的大地，犹如"秋风扫落叶"一般冷酷无情的画面来象征工业社会的冷漠与苦痛。大树的枝干穿插于诗歌之间，采用枝干巧妙地将诗歌的段落章节分隔开。仿佛述说着："What the hammer？"和"What the chain？"⑨加之，两者画面主体形象"一群羔羊"、"一个天真的小男孩"与"一只威猛的老虎"的比较，从而营造出富有冲击力的视觉效果，深化了诗歌寓意中"善与恶"、"道德与原欲"、"纯真无邪与冷漠世故"的对立因素。

从《羔羊》和《老虎》的构图来看，两者也有共同之处。在《天真与经验之歌》诗集中，无论诗歌还是绘画都不具有孤立意义，布莱克的画与诗成为一个整体，彼此相互支撑、相辅相成，具有统一的画面节奏，在画境中强化了诗歌的内容，诗歌的文字成为画面的内容补充。诸如《保姆之歌》

①　刘云雁：《羔羊赏析》，摘自吴笛：《外国诗歌鉴赏辞典（古代卷）》，上海辞书出版社 2009 年版，第 1181 页。

②　郭沫若译：《老虎》，摘自吴笛：《外国诗歌鉴赏辞典（古代卷）》，上海辞书出版社 2009 年版，第 1194 页。

③　Nicholas Marsh. *William Blake*：*The Poems*. US：PALGRAVE MACMILLAN. 2012，p. 79.

④　郭沫若译：《老虎》，摘自吴笛：《外国诗歌鉴赏辞典（古代卷）》，上海辞书出版社 2009 年版，第 1194 页。

⑤　Nicholas Marsh. *William Blake*：*The Poems*. US：PALGRAVE MACMILLAN. 2012，p. 79.

⑥　郭沫若译：《老虎》，摘自吴笛：《外国诗歌鉴赏辞典（古代卷）》，上海辞书出版社 2009 年版，第 1195 页。

⑦　Nicholas Marsh. *William Blake*：*The Poems*. US：PALGRAVE MACMILLAN. 2012，p. 79.

⑧　张德明：《老虎赏析》，摘自吴笛：《外国诗歌鉴赏辞典（古代卷）》，上海辞书出版社 2009 年版，第 1196 页。

⑨　Nicholas Marsh. *William Blake*：*The Poems*. US：PALGRAVE MACMILLAN. 2012，p. 79.

（*Nurse's Song*）、《一颗毒树》（*A Poison Tree*）、《小男孩迷路了*》（*The Little Boy Lost*）、《飞蝇》（*The Fly*）、《升天节》（*Holy Thursday*）等原作都以图文并茂、互文见义的形式呈现，这亦然成为布莱克的诗画创作特有的一种风格。

图二　《老虎》

二、《天真与经验之歌》原作的绘画技法、风格流派与艺术表现

"用崭新的眼光去观看一幅画，大胆地到画中去寻幽探胜却是远为困难而又远为有益的工作。人们在这种探险旅行中，可能带回什么收获来，这是无法预料的。"①欲知布莱克作品的内蕴与意义必先看其原作。当我们在还原18世纪英国历史场景的绘画语境下解读布莱克的作品时，往往又带给我们一种崭新的视觉艺术体验以及对诗歌意象的诠释。

从其创作技法来看，布莱克主要采用"铜版蚀刻"，这是影响他艺术审美创作的因素之一。这种技术的优势在于使版画创作产生像直接手绘一样自如的线条，并能够与绘画同构；其不足之处是蚀刻线条的精确度很难把握，故而画面效果不如铜雕版画那么细致，比布莱克早三百年的版画家丢勒（Albrecht Durer）曾尝试蚀刻技法，但最后因无法达到铜雕版画那种精细效果而被迫放弃。布莱克却将这种"铜版蚀刻"技术运用得心应手，他运用这种自如的线条来表现植物、藤蔓、花草、茎叶、布纹和衣纹，起到构图布局与分隔画面的作用，他在传承中又有出新，使其创作的诗与画同构，画面中呈现笔法灵动、墨色交融，自然传神的效果。

图三　《花儿》

从其绘画风格来看，18时期的英国和法国是典型的"理性时代"，即使是当时保留至今的建筑也反映出强烈的理性规则，与布莱克同时代的英国版画家威廉·霍格思（William Hogarth）的作品也体现了理性基调，"他写了一本书，书名叫《美的分析》（*The Analysis of Beauty*），书中说明一条波浪线永远要比一条有棱角的线美的观念"②此时英国乃至欧洲的版画崇尚以写实主义与精细摹写为主导，但是，布莱克却丝毫未受到18世纪英国主流艺术风格的影响，在《天真与经验之歌》诗集中，布莱克自创、自刻、自画、自印，其诗画融合、画风独特，表现出一种轻松自如、写意洒脱、充满激情的浪漫主义诗意空间与艺术境界。

从其艺术表现来看，《天真与经验之歌》是布莱克最富有想象力与夸张意味的诗画作品集之一。诸如《天真之歌》中的诗篇《花儿》（*The Blossom*）（见图三），

---

① ［英］贡布里希：《艺术发展史——艺术的故事》，范景中译，天津人民美术出版社1992年版，第16页。
② ［英］贡布里希：《艺术发展史——艺术的故事》，范景中译，天津人民美术出版社1992年版，第260页。

画面中以象征植物的激情律动的线条描绘了一种欢乐、幸福、热烈的场面，线条代表诗歌中的节奏韵律，让人们联想到充满生机的大地、郁郁葱葱的草枝、热情似火的旋律，人们犹如小鸟一般自由自在地穿梭其中，产生无限的想象空间……进而使这首诗歌的寓意深入人心"在绿绿的树叶下面，一朵幸福的花儿"①（诗歌原句：Under leaves so green，A happy blossom②），原作的诗文在图像的映衬下得到升华，诗画互文显得更为贴切、自然与纯净。又如《经验之歌》中的诗篇《病玫瑰》（The Sick Rose）（见图四），布莱克在艺术创作中运用了夸张的手法，诗句中"The invisible worm"（这无形的飞虫）在画面中却被放大得历历可辨，而玫瑰的"毒刺"在画面中也被添枝加叶且铺张扬厉，进一步烘托出这首诗歌的深刻寓意。可见，布莱克是一位极富想象力的画家和诗人，他擅用夸张而具有视觉创造力的艺术表现手法，使其作品情趣盎然、出神入化。

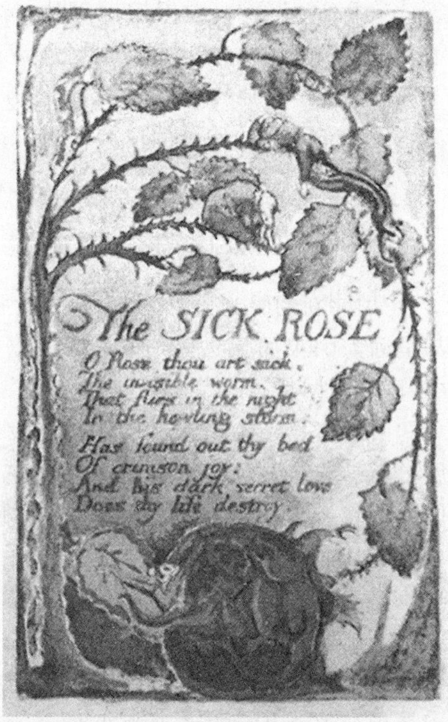

图四　《病玫瑰》

三、"诗中有画，画中有诗"的视觉审美意象

绘画作品是画家心灵的写照，也是画家艺术观念与情感的体现。威廉·布莱克的诗集《天真与经验之歌》的特点在于诗与画之间具有精妙的互文关系，从其诗集封面、卷首插图乃至每一首诗歌的再现，都采用图文并茂、融为一体的构图与表现形式。倘若不曾将其图像结合文字整体来理解，很难体会与欣赏诗歌所赋予的真正内涵。"大凡符号形象，都是某种无形的、模糊的、不可捉摸的概念、含义、感情的具体例证，它将无形的变为有形的，把不可知的变为可知的，把埋藏于心理深层的变为可见的。它们大都简明扼要，说明性强，因而能将深刻的道理简化，将不可表达的变为可表达的。"③诗歌的创作者往往寻找不同的途径来表达不可直白、难以直述的审美意象与情感。在《天真与经验之歌》诸多诗篇中，布莱克以独特的绘画语言作为符号形象，将其诗歌中不可捉摸的概念、含义、感情，用视觉图像刻绘出来，让人们知晓他埋藏于内心深处的箴言与呼唤，形成了诗集独具特色的"画中有诗，诗中有画"的视觉审美意象。

我国古代的文人也非常注重绘画与诗词的联系。"唐代王维也曾提出'诗中有画，画中有诗'的美术创作意境，他既是诗人，又是画家，他的绘画作品以诗入画、笔墨清新、格调高雅、意境高远。宋代苏轼首次以文人画为基础并提出'士人画'的美学概念，他不仅能诗善画，而是把诗歌创作与绘画创作融于一体，将人品、学品、绘画表现、文学修养、创作随想一一体现在画面之中。"④思古观今，中西文化早已将视觉之美、文学之美、听觉之美视为一体，彼此融合足以见其异曲同工之妙。

诚然，诗歌与绘画都是创作者心灵的映照、思想的窗户、情感的体现，诗歌与绘画彼此呼应、互

---

① 王艳霞：《威廉·布莱克诗歌译评》，光明日报出版社 2013 年版，第 116 页。

② Nicholas Marsh. *William Blake：The Poems*. US：PALGRAVE MACMILLAN. 2012, p. 163.

③ 滕守尧：《审美心理描述》，中国社会科学出版社 1985 年版，第 219 页。

④ 应宜文：《论文学家鲁迅的〈拟播布美术意见书〉》，见《中文学术前沿》第四辑，浙江大学出版社 2012 年版，第 79 页。

文见义、诗画相长。如果说,绘画雕刻给人们以视觉美的享受,那么,文学诗歌则给人们以心灵美的愉悦,使人们的心田得到阳光雨露的滋养,又使人们感受到文化的熏陶与内心的充盈。诗歌中的含蓄美、凝练美、意境美、空灵美、简远美再现于视觉图像之中,从绘画语境中赏析诗歌的寓意,从视觉审美的角度理解诗歌的象征意象,将为当代诗学研究开辟一条新途径。

(作者单位:浙江工业大学艺术学院)

浙籍作家关于翻译准则的论争及其启迪意义

吴　笛

内容提要：翻译准则指的是翻译标准和翻译方法。翻译标准是指翻译活动过程中达到一定要求的准则，而翻译方法则是达到这一准则的具体手段。浙籍作家关于翻译标准与翻译方法的论争非常激烈和丰富。归纳起来，主要有尊崇"信、达、雅"、主张直译、主张追求神味和神韵、主张等值翻译与多元互补、主张"归化"、"异化"并举等五个方面。然而，译家的翻译理论与具体实践之间的冲突，以学科兴趣为主导，对跨学科语境的忽略，以及对翻译的文化传播功能的淡漠，都是应该进行反思和重新审视的。关于翻译标准的论争，极大地促使了翻译文学的发展。我们如今重温这些论争，定会得到深刻的启迪意义。一是关于译者角色的启示，二是关于翻译目的的启示，三是关于理论与实践关系的启示。这些启示，对于新时期的翻译文学的发展，对于文化对外传播，以及遵循和探索更为客观、辩证、科学的翻译原则，发挥文学译者的文化使者的作用，无疑具有重要的意义。

关键词：浙江作家；翻译准则；跨学科语境；文化传播

在文化强国的语境下，文学翻译所承担的是历史使命，因此，对于翻译理论以及翻译准则的研讨，常常涉及的不只是一个翻译标准问题，而是涉及民族文化建设。

一

翻译准则指的是翻译标准和翻译方法。对于翻译标准和翻译方法，古今中外许多学者和翻译家作过各种论述。根据《现代汉语词典》的解释，标准是指"衡量事物的准则"。应该说，翻译标准是指翻译活动过程中达到一定要求的准则，而翻译方法则是达到这一准则的具体手段。有什么样的标准就有什么样的方法。标准不同，达到这一标准的方法自然也就不同了。因此，本文所用的准则包含上述两个方面的含义。

关于翻译准则，人们达成共识的恐怕首先是忠实、准确。英国学者纽马克认为："翻译标准必须能够衡量某种翻译方法是否准确，是否最大限度地重视了原文的意义。"[①]纽马克认为翻译标准必须能够衡量某种翻译方法是否准确，是否最大限度地重视了原文的意义。准确（accurate）和简洁（economical）并且认为译文是否准确可以通过回译（back-translation）来进行检验。

美国学者托尔曼认为：翻译要达到的效果，"就是要构成这样的句子，即今天的读者读到这个句子所产生的印象，与原作者同时代的读者读原作时所获得的印象完全一样，并尽可能唤起同样的思想和情感"。[②]

---

① 廖七一等：《当代英国翻译理论》，湖北教育出版社 2001 年版，第 159 页。
② 郭建中：《当代美国翻译理论》，湖北教育出版社 2000 年版，第 7 页。

英国翻译理论家泰特勒则认为："好的翻译应该是能把原文的优点全部移植到译文中去,使译文读者就好像原文读者一样,既能清楚理解,又有强烈感受。"①

在浙江翻译文学界,关于翻译标准与翻译方法的论争也是非常激烈和丰富的。归纳起来,以下几种观点颇具代表性。

一是尊崇"信、达、雅"这一翻译标准。

在我国,得到学界广泛认可的翻译标准是严复在翻译《天演论》(1897)中提出的我国近代最为著名的"信、达、雅"这一翻译标准。严复写道:"译事三难:信、达、雅。求其信,已大难矣。顾信矣不达,虽译犹不译也,则达尚焉。海通以来,象寄之才,随地多有;而任取一书,责其能于斯二者,则已寡矣。其故在浅尝,一也,偏至,二也,辨之者少,三也。"②

这一翻译标准也被浙江译家所认可,张元济在为浙江吴兴译者应时(溥泉)所翻译的《德诗汉译》(1914年1月在浙江印刷公司印刷发行,并于1939年由上海世界书局再印)一书所写的序言中,高度肯定和赞赏这一翻译标准,并以此标准首先对"直译"进行了批评。郁达夫也于1924年在《读了珰生的译诗而论及于翻译》一文中,表示了对信、达、雅翻译标准的认同:"信、达、雅的三字,是翻译界的金科玉律。"但他同时认为,信、达、雅是翻译本身的标准,而达到这一标准,译者需要具备"学"、"思"、"得"三个先决条件,也就是强调对原文的"精深的研究"、"致密的思索"和"完全的了解"。

其后,对"信、达、雅"所作的种种阐释,更是加深了对翻译标准的理解和尊重。

二是主张直译,保存原作风姿。

浙籍作家鲁迅和周作人则极力主张直译,并且以"保存原作的风姿"为翻译标准。

翻译是形式与内容、方式与目的的统一。究竟是否保持和传达以及如何保持和传达原文的形式和内容,不仅仅是方式、方法问题,还涉及翻译的目的。鲁迅主张直译,不仅是要传达西方文化的内容和精神,也要引进西方语言的表述方式,以期为中国的语文增添活力。他在《域外小说集》的序言中发出了振聋发聩之声:要将异域文宗,引入华土,以打开国人的视界和思想界域:"异域文术新宗,自此始入华土。使有士卓特,不为常俗所囿,必将犁然有当于心。按邦国时期,籀读其心声,以相度神思之所在。则此虽大涛之微沤与,而性解思惟,实寓于此。中国译界,亦由是无迟暮之感矣。"③在《答曹聚仁先生信》中,鲁迅更是明确表示,在翻译过程中,不但要从外语输入新的字眼,还要输入新的语法原则:"中国原有的语法是不够的,而中国的大众语文,也决不会永久含胡下去。……有些新字眼,新语法,是会有非用不可的时候的。"④

鲁迅的直译绝对不是字对字的死译,他的直译观,对于当时流行的文言文意译而言,是一个具有重要价值的反叛,反映了我国翻译标准和翻译方法的进步。

三是主张追求神味、神韵。

在形式与内容的关系方面,我们不妨先引用朱光潜关于诗歌翻译的论述,他说:"形式可以说是诗的灵魂。"在他看来,在诗歌所载的信息总量中,语义(内容)不过是低层次的信息;而文体(形式),如音韵、节奏才是高层次的信息。

浙籍作家反对逐字的形式对应,多半主张保持原文的神味、神韵,在这一方面,茅盾、朱生豪、

---

① 廖七一:《当代英国翻译理论》,湖北教育出版社2001年版,第167页。
② 姜治文、文军:《翻译标准论》,四川人民出版社2000年版,第13页。
③ 鲁迅:《〈域外小说集〉序言》,载刘运峰编:《鲁迅序跋集》,山东画报出版社2004年版,第199页。
④ 鲁迅:《鲁迅全集》第六卷,人民文学出版社1981年版,第77页。

飞白等译家的观点尤其具有代表性。

茅盾早在 1921 年便提出了"神韵"论。他在 1921 年的《小说月报》上两次发表文章,提出并且强调神韵的重要意义:"就我的私见下个判断,觉得与其失'神韵'而留'形貌',还不如'形貌'上有些差异而保留了'神韵'。……译本如不能保留原本的'神韵'难免要失了许多感人的力量。"①

而朱生豪在评价已有莎士比亚译本时指出:

历观坊间各译本,失之于粗疏草率者尚少,失之于拘泥生硬者实繁有徒。拘泥字句之结果,不仅原作神味,荡焉无存,甚至艰深晦涩,有若天书,令人不能卒读……

余译此书之宗旨,第一在求于最大可能之范围内,保持原作之神韵,必不得已而求其次,亦必以明白晓畅之字句,忠实传达原文之意趣;而于逐字逐句对照式之硬译,则未敢赞同。凡遇原文与中国语法不合之处,往往再四咀嚼,不惜全部更易原文之结构,务使作者之命意豁然呈露。不为晦涩之字句所掩蔽。每译一段竟,必先自拟为读者,查阅译文中有无暧昧不明之处。又必自拟为舞台上之演员,申辩语调之是否顺口,音节之是否调和,一字一句之未惬,往往苦思累日。②

飞白则主张神形兼顾。飞白的主要翻译成就体现在译诗艺术方面。他所提出的"神形兼顾,把诗译成诗"的原则,言简意赅,表明对文学翻译标准的理解和追求达到一个更高的境界。

四是主张等值翻译与多元互补。

等值翻译理论(theory of equivalence)是西方学界较新的理论观点。等值翻译理论要求译入语(target language)与源语(source language)的值相等,使译文在读者中产生原文作者通过其作品想要达到的效果和作用。美国语言学会主席尤金·奈达(Eugene A. Nida)曾经提出了他关于等值翻译的著名的定义:"所谓翻译,是指在译入语中首先在意义上,其次在文体上用最贴切而自然的对等语再现原文的信息。"③等值翻译理论之所以在翻译界产生了巨大的影响,就在于这一理论避开了直译意译之争,不再纠缠于直译、意译这两个难以界定的概念而各自的原则在实践上又模糊不清的倾向,汲取了以前翻译理论中的合理成分,对翻译进行了更为系统的规范。根据有关概述,等值翻译中,形式等值和风格等值两个方面观点较为明晰。形式等值是指译文结构、语法与原文等值,风格等值则要求译文的风格与作者的写作风格、语言风格及时代风格、文体风格等相一致。

美国社会语言学家弗斯和哈里德甚至认为,仅形式等值就包括以下六个层次:"1)语音等值,即译入语的语音在发音或听觉方面与译出语等值;2)音位等值,即保持译出语中的某些语言单位区别性特征;3)形态等值,即保留译出语的词根、词缀和复合词等;4)词汇等值,即译入语与译出语在词汇的意义上对等;5)句法对等,即译入语的语法范畴、词序、句型等替代译出语中对等的项目;6)语义等值,即译入语与译出语在意义上对等,不只是词义上的简单对等。"④

我们从以上引文中可以看出,等值翻译理论的提出,是非常科学、严谨的。

然而,中外文化差异以及在文化生活与社会习俗方面的表现,使得值翻译理论常常只能成为一种很难实现的理想境界,所谓的等值在具体的翻译实践中也往往只能是相对的等值。

浙籍译家飞白就认为对原作的形式只能近似地"模拟",很难等值地"传达"。所以飞白提出

---

① 姜治文、文军:《翻译标准论》,四川人民出版社 2000 年版,第 19 页。

② 姜治文、文军:《翻译标准论》,四川人民出版社 2000 年版,第 17 页。

③ Eugene A. Nida & Charles R. Taber. *The Theory and Practice of Translation*: *With Special Reference to Bible Translating*, Brill Academic Pub, 1982, p. 12.

④ 转引自何慧刚:《等值翻译理论及其在英汉翻译中的运用》,《山东外语教学》2000 年第 2 期,第 47 页。

"逼近原作的形式"的观点,他认为:"翻译的困难在于:原作的形式是用源语(作者的语言)的材质塑造的,与源语血肉相连,剥离源语的同时也就剥离了原作形式,所以不可能要求译者'传达'原作形式,至多只能要求译者采用译入语的材质来模拟,以'逼近原作的形式'。打个比方说,源语和译入语这两所屋子间,虽有一个翻译管道或信道相通,但口径狭窄。不具形式的沙子、水泥浆(例如科技资料)可以自由地通过翻译管道,但假如是一尊维纳斯雕像呢? 由于其价值在于形式,就无法自由通过管道了,如要通过,就不得不放弃或改变原作的形式,把它打碎了倒进管道,但这样一来,'内容'就变成砂石材料了,雕像不复存在。这是非常常见的译诗操作,这也是常言'诗不可译'的原因。提出'逼近原作的形式',实际上是要求译者模仿着原作的形式,在译入语的屋子里,用新的材质重新塑造一个雕像。"①

可见,由于中外语言文化的差异以及我们认识能力的局限,我们在翻译过程中很难达到完全的等值,也很难绝对地遵循某一标准。也许,根据不同的语言和文化特征,结合多种翻译手段,采用多元互补的方法,才能够最大可能地"逼近原作"。

五是主张"归化"、"异化"并举。

在翻译方法方面,究竟是采用"归化"还是"异化",是翻译理论界较长时间一直争议的一个话题。

在五四运动至新中国成立前的一些具体翻译实践中,浙籍作家是主张"异化"的,首推鲁迅。鲁迅说倡导的"直译"说,实际上就是"异化"的具体体现。

而主张"归化"的,主要有傅东华等译家。譬如,傅东华在翻译《飘》的时候,为了便于中国读者记忆和理解,他不仅将书中人物的对话等内容尽可能地中国化,而且还将书中的人名、地名等都译得符合中文特征,让人很难辨出原文的色彩。

在新时期,对于"异化"和"归化"的论争异常激烈。在这一论争中,郭建中的一些观点是较为科学客观的。郭建中的主要科研方向是翻译理论与翻译实践,尤其熟悉当代西方翻译理论,在"异化"和"归化"以及汉译英翻译单位等问题上有独特的建树。

对于"异化"和"归化",郭建中认为两者各有所长,亦各有其短,"由于翻译目的不同,读者对象不同,翻译就必须遵循不同的原则,所产生的两种译本在目的语文化中所起的作用也不一样。"此外,郭建中还提出文本类型的重要性,"文本的类型也往往要求译者遵循不同的翻译原则",譬如以介绍社会文化为目的的哲学著作、政治论文、民间故事等,一般都须以源语文化为归宿,因为这类作品的目的就是要把源语文化介绍给译文的读者;而一些实用性文体的文章,如公告、新闻报道乃至科普著作等,一般可遵循以目的语文化为归宿的原则。他认为,"不论是'归化'还是'异化',在目的语文化中起着不同的作用,都有其存在的价值。"他继而以实例比较和分析得出结论:"翻译中'归化'和'异化'不仅是不矛盾的,而且是互为补充并将永远同时存在。文化移植需要多种方法和模式",对译者来说,"重要的在翻译过程中要有深刻的文化意识,即意识到两种文化的异同"②。但他同时指出,随着两种文化接触日益频繁,以源语文化为归宿的原则将越来越有可能广泛地被运用,最终可能会占上风。

---

① 飞白:《逼近原作的形式》,见吴秀明:《浙江大学中文系教师学术论文选》(下册),浙江大学出版社 2007 年版,第 675 页。

② 郭建中:《文化与翻译》,中国对外翻译出版公司 2003 年版,第 282 页。

二

关于翻译标准的论争,极大地促使了翻译文学的发展。我们如今重温这些论争,定会得到深刻的启示。

一是关于译者角色的启示。

究竟译者是什么角色? 译者的定义这一问题必然联系到翻译的定义。要认识文学翻译的使命,我们必须重新认知文学翻译的定义。

关于翻译的定义,国内外有许多学者和翻译家作过论述,呈现出百花齐放、百家争鸣的局面。

在国外,英美学者关于翻译是艺术和科学的一些观点具有一定的代表性。美国学者托尔曼在其《翻译艺术》一书中认为:"翻译是一种艺术。翻译家应是艺术家,就像雕塑家、画家和设计师一样。翻译的艺术,贯穿于整个翻译过程之中,即理解和表达的过程之中。"①

英国学者纽马克将翻译定义为"把一种语言中某一语言单位或片断,即文本或文本的一部分的意义用另一种语言表达出来的行为"②。并且认为:"翻译既是科学,又是艺术,是技巧。"(Translation is a skill and an art as well as a science.)③

而苏联翻译理论家费达罗夫认为:"翻译是用一种语言把另一种语言在内容和形式不可分割的统一中业已表达出来的东西准确而完全地表达出来。"苏联著名翻译家巴尔胡达罗夫在他的著作《语言与翻译》中声称:"翻译是把一种语言的语言产物在保持内容也就是意义不变的情况下改变为另外一种语言的言语产物的过程。"④

在我国,一些工具书对翻译的解释往往是比较笼统的。《辞源》对翻译的解释是:"用一种语文表达他种语文的意思。"《中国大百科全书·语言文字卷》对翻译下的定义是:"把已说出或写出的话的意思用另一种语言表达出来的活动。"实际上,对翻译的定义在我国也由来已久。唐朝《义疏》中提道:"译及易,谓换易言语使相解也。"⑤这句话清楚表明:翻译就是把一种语言文字换易成另一种语言文字以达到彼此沟通、相互了解的目的。

所有这些定义所陈述的是翻译的文字转换作用,或是一般意义上的信息的传达作用,或是"介绍"作用,即"媒婆"功能,而忽略了文化传承功能。实际上,翻译是源语文本获得再生的重要途径,纵观世界文学史的杰作,都是在翻译中获得再生的。从古埃及、古巴比伦、古希腊罗马等一系列文学经典来看,没有翻译,就没有经典,如果说源语创作是文学文本的今生,那么今生的生命是短暂的,受到限定的,正是翻译,使得文学文本获得今生之后的"来生"。文学经典在不断的翻译过程中获得"新生"。因此,文学翻译不只是一种语言文字符号的转换,而是一种以另一种生命形态存在的文学创作,是本雅明所认为的原文作品的"再生"(afterlife on their originals)。这样,译者不是"背叛者",而是文学生命的"传送者"。源自拉丁语的谚语说:Translator is a traitor. 但是我要说:Translator is a transmitter.

其实,浙籍作家对文学翻译的性质和定义也作过具有一定影响和启迪意义的论述。其中,茅盾的论述最为客观中肯,得到了翻译理论界的肯定。茅盾特别强调文学翻译的特殊性,认为:"对

① 郭建中:《当代美国翻译理论》,湖北教育出版社 2000 年版,第 4 页。

② P. Newmark. *About Translation*. Clevedon: Multilingual Matters Ltd., 1991, p. 27.

③ P. Newmark. *Approaches to Translation*. Oxford: Pergamon Press, 1981, p. 100.

④ 转引自黄忠廉:《变译理论》,中国对外翻译出版公司 2002 年版,第 21 页。

⑤ 罗新璋:《翻译论集》,商务印书馆 1984 年版,第 1 页。

于一般翻译的最低限度的要求,至少应该是用明白畅达的译文,忠实正确地传达原作的内容。但对于文学翻译,仅仅这样要求还是很不够的。文学作品是用语言创造的艺术,文学的翻译是用另一种语言工具,把原作的艺术意境传达出来,使读者在读译文的时候能够像读原作时一样得到启发、感动和美的感受。这样的翻译,自然不是单纯技术性的语言外形的变异,而是要求译者通过原作的语言外形,深切体会原作者的艺术创造的过程,在自己的思想、感情、生活体验中找到关于原作内容的最适合的印证,同时还必须运用适合于原作风格的文学语言,把原作的内容与形式正确无遗地再现出来。"茅盾在此不仅说明了文学翻译的性质,而且提出了应有的要求。有了这样的要求和目标,译文才能达到相应的境界:"这样的翻译的过程,是把译者和原作者合而为一,好像原作者用另外一国文字写自己的作品。这样的翻译既需要译者的全部的创造性,而又要完全忠实于原作的意图,好像一个演员必须以自己的生活和艺术修养来创造剧中人物的形象,而创造出来的人物,又必须完全符合于剧作者原来的意图一样。"茅盾的论述对于文学翻译具有指导性的意义,所以广为关注。

二是关于翻译目的的启示。

翻译是形式与内容、方式与目的的统一。究竟是否保持和传达以及如何保持和传达原文的形式和内容,不仅仅是方式方法问题,还涉及翻译的目的。

究竟什么是翻译? 为谁而翻译? 这些都是值得我们思考的。

我们认为,文学翻译的使命之一在于传承文化。因此,翻译家的使命极为重要、崇高,译者不是一般意义上的"媒婆",而是生命创造者,翻译过程就是不断创造生命的过程。翻译是文学的一种生命运动,翻译作品是原著的新的生命。"杰出的作品生存于永恒的转化和永恒的翻译状态,当一首诗没有运动的空间时,它也就死亡了。"

美国著名诗人 Robert Frost 论述诗歌的定义时说:Poetry is what gets lost in translation. 根据文学翻译的使命,我要说:Poetry is what gets life in translation.

因此,文学翻译的使命更多是在于创造翻译的价值,为传承人类优秀文化作出应有的贡献。我国坚守文化强国政策,必然重视文化传承,认识到翻译实践的使命,重视外国优秀文化的译入。

三是关于理论与实践关系的启示。

一个译者在翻译实践中究竟应该借用哪种翻译理论作为指导? 翻译实践是否一定纳入具体的翻译理论? 应该看到,译者所倡导的翻译标准和翻译理论,与各自的翻译实践有时并非吻合,这主要是因为译家的翻译理想与具体实践之间的冲突,正如郑海凌所说:"翻译标准与翻译的理想境界是不同的。翻译的理想境界是不可实现的,可望而不可即,而标准则是根据人们可达到的限度来制定的,可以使广大译者遵照执行的具体的准则。"[①]

更何况现在的一些所谓最新的翻译理论,其实大多是过去的理论的翻版或重新诠释。譬如,严复所提出的翻译标准"信达雅"已经有一个多世纪了,然而依然显得非常客观和科学,"信达雅"实际上就是"归化"和"异化"的结合。"信"包涵着"异化"的成分,"达雅"则包涵着"归化"的成分。可见,翻译艺术也正是在不断的论争中,得以提高,得以完善。再如,鲁迅的直译观,实际上就是坚守"异化"。

对于"异化"和"归化",两者各有所长,亦各有其短,由于翻译目的不同,读者对象不同,翻译就必须遵循不同的原则。此外,不同的文本类型,不同的源语文献,甚至是不同的国别,都需要灵活采用不同的翻译标准,要求译者遵循不同的翻译原则。不论是"归化"还是"异化",在目的语文化

---

① 郑海凌:《文学翻译学》,文心出版社 2000 年版,第 124 页。

中起着不同的作用,都有其存在的价值。有学者认为,可以根据文化接触的频繁来确定归化或异化原则,譬如,中国与英美等英语文化接触日益频繁,对源语国家文化已经认可,所以应采用异化翻译,以源语文化为归宿的原则将越来越有可能广泛地被运用。这一点,我不赞同。由于不同层面的文化交流,不同的语种或国别的文学也会作用于翻译方法的采用,但是,我认为,中国与英美等英语文化接触日益频繁,其中可以借鉴的要素越来越少,而中文作为译入语文化的规范和语言的丰富性越来越强,反之,如果是我国极少译介的一些小语种的国家的文学,其中的可资借鉴的语言风格以及相应的文化要素反而更强,更值得采用异化翻译。

一般而言,在源语和目的语之间交流尚不充分,特别是目的语尚未成熟、需要外来语言丰富完善的时候,“异化”翻译就具有重要的意义。而当目的语已经充分吸收源语的营养,其规则规范已经达到普遍认可的时候,“归化”翻译也就顺理成章了。就汉英翻译而言,我觉得已经完成了从“异化”向“归化”的演变。翻译过程中,需要考虑的是目的语的审美和认知层面的接受,以及对源语著作的艺术手法和叙事方式等方面的借鉴,而较少语言结构方面的吸收和革新。

“归化”应该是在贴近原文、吸收外国先进文化为目的的“归化”,“异化”也是应该建立在符合译入语的语言规范和文化语境并且被本民族读者所接受基础上的“异化”。离开了民族文化语境,翻译实际上是无从下手的。英国著名翻译理论家皮特·纽马克在谈到语境的作用时说:“语境在所有翻译中都是最重要的因素,其重要性大于任何法规、任何理论、任何基本词义。”①

现以中国古典诗歌——王维的《鹿柴》为例:

空山不见人,

但闻人语响;

返景入深林,

复照青苔上。

这首诗的英译可能多达数十种之多。其中 Burton Watson 于 1971 年翻译发表的译文“Deer Fence”具有典型的诗律学方面的意义:

Empty hills, no one in sight,

only the sound of someone talking;

late sunlight enters the deep wood,

shining over the green moss again. ②

当然,这种不以音步和音节来衡量,而是以“Word”为结构单位的模式也并非 Burton Watson 首创,在西方译者更早一些的译文中时有出现。如 Kenneth Rexroth 在 1956 年就曾将李清照《声声慢》中的诗句译成:

Search. Search. Seek. Seek.

Cold. Cold. Clear. Clear.

Sorrow. Sorrow. Pain. Pain.

Hot flashes. Sudden chills.

Stabbing pains. Slow agonies.

（寻寻觅觅,

冷冷清清,

① Peter Newmark. *Approaches To Translation*. Shanghai Foreign Language Education Press, 2006, p. 113.

② Haun Saussy. *Great Wall of Discourse and Other Adventures*. Cambridge: Harvard University Press, 2001, p. 64.

凄凄惨惨戚戚。
乍暖还寒时候，
最难将息。)①

　　而这一文化语境，在更早的美国诗歌创作中能够找到例证，如威廉斯的《一辆红色手推车》中，就是以"Word"为结构单位的模式，庞德的名诗《在地铁车站》其实也是以"Word"为结构单位的，不过是以实词为结构单位：

The apparition of these faces in the crowd：
Petals on a wet，black bough.

(这几张脸在人群中幻景般闪现；
湿漉漉的黑树枝上花瓣数点。)②

　　Burton Watson 在翻译《鹿柴》时所采用的翻译方法，是符合译入语的语言规范和文化语境并且被本民族业已接受的"异化"，这样能在一定意义上起到通过翻译来丰富民族语言文化的效用。

　　反之，若是只捕捉几个单词的词意，加上主观臆断来构造译文，就会歪曲诗歌主题和意境，从而使得本来通晓流畅的原诗变成玄之又玄的译诗。

　　我们认为，在怎样运用语言，怎样传达原作的内容和形式方面，译者可以在尽力保持原作风格的基础上，采用自己的表达方式，直译或者意译，可以百家争鸣，百花齐放，但是，对于原作的理解，切不可与原作者大相径庭。要做到这一点，就应该把握原作者的思想体系，原作者的创作特色，风格特点，并参考原作者的生活经历，更应把握原诗的词语结构。诗歌译者同时也是一个诗歌评论家，但这种评论，必须采用杜勃洛留勃夫所提倡的"现实的批评"，以"现实的批评"作为文艺批评的原则，批评家必须以作品本身"所提供给我们的东西为依据"，来分析作品，同样，诗译者也应该以原作本身"所提供给我们的东西为依据"，来翻译作品，力求传达作品的全部生命，使得"原作的长处完全移注在另一种语文里，使得译文文字所属的国家的人能明白地领悟，强烈地感受，正像用原作的语文的人们所领悟的、所感受的一样"。

　　综上所述，浙籍作家不仅在文学翻译领域取得了令人瞩目的成就，而且在翻译理论研究以及翻译评论等方面，勇于探索，开拓创新，从而形成了翻译理论研究和翻译实践相辅相成的局面，为浙江以及我国翻译文学的发展作出了应有的突出贡献。回顾中外翻译标准的变迁，梳理浙籍作家的理论观点，对于新时期的翻译文学的发展，对于文化对外传播，以及遵循和探索更为客观、辩证、科学的翻译原则，发挥文学译者的文化使者的作用，无疑具有重要的指导意义。

(作者单位：浙江大学中文系)

---

① 许渊冲：《中诗英韵探胜》，北京大学出版社 1992 年版，第 441 页。
② 飞白：《诗海——世界诗歌史纲》，漓江出版社 1989 年版，第 1145 页。

郁达夫在安庆

——郁达夫行旅系列之二

李杭春

内容提要：郁达夫曾三度赴安庆执教，留下了不少与安庆经历相关的作品。对郁达夫这一段经历与创作之物理、伦理和心理的还原，便于我们考察郁达夫写作从"性的苦闷"到"生的苦闷"的转型，爱情与亲情、孽情与友情关系的处置，以及艺术虚构与人生真实的权衡。

关键词：郁达夫；安庆；教书；写作

在郁达夫抵达安庆的时候，安庆是当时安徽的省会。据史料记载，安庆 1217 年建城，至今已有近 800 年历史；而自康熙六年(1667)安徽建省至新中国成立前，安庆一直是安徽省布政使所在地。所以，这座城市的历史底蕴和文化积淀都非常深厚。尤其晚近口岸开放后，安庆更与上海、南京、武汉、重庆四个沿江城市并列为中国"长江五虎"城市，足见其在政治、经济、文化、军事上的重要地位。而作为省会城市，近代工业化以后，安徽省的第一座发电厂、第一座自来水厂、第一家电报电话局、第一条官办公路、第一个飞机场、第一家现代图书馆、第一张报纸……都作为省会的配套诞生在这里，包括第一所大学。

郁达夫前来任教的安庆法政专门学校，就是当时安徽省唯一经中央政府教育部批准的高等学校。其前身为 1912 年创办的私立江淮大学，1915 年转为省公立安庆法政专门学校。如果从校址看，则前与 1652 年创立的"敬敷书院"、1898 年更名的求是大学堂，后与 1928 年创办的省立安徽大学和 1946 年更名的国立安徽大学，都有一定的源承关系。

郁达夫曾三度赴宜，分别是 1921 年 10 月至 1922 年 1 月，1922 年 9 月到 1923 年 3 月，1929 年 10 月。前两次应邀在安庆法政专门学校担任英文教习兼英文科主任；第三次是去新创办不久的安徽大学，教授"两点钟文学概论"[①]，可惜时间很短，不到十天即因时局动荡并被列入赤色分子黑名单而离返上海，当然，事情完全了断，还是延续到了第二年的 3 月。

一、教书与写作

郁达夫的赴宜执教，与诗人面对的生计问题直接有关。1920 年成婚后，郁达夫必须面对家庭重担。在稍后的两篇纪实体散文《还乡记》和《还乡后记》中，诗人以沉重的心情真实记录了学业有成而生计无着的一代"零余者"的困惑和焦虑。1921 年秋，他接受郭沫若的推荐，只身前往安庆，将教书视为编刊、写作以外的一份正式职业。1922 年春离职返日本完成学业。等秋季学期到来的时候，郁达夫第二次出现在安庆。这一次，他携孙荃夫人一同前来，并在这里开始经营一个三口之

---

① 郁达夫 1929 年 10 月 3 日日记，《郁达夫全集·日记卷》，浙江大学出版社 2007 年版，第 261 页。

家。郁达夫举家前往的定居地并不多,除杭沪京三地,安庆或许亦可视如诗人的第二故乡。

　　郁达夫三次来安庆,都是为教书,为谋职,为生计。作为省会城市,安庆绝不以经济实力雄厚见长,但安庆教育部门当时聘请教授的薪资却可能是同类学校中最高的。据记载,1921年郁达夫来安庆,薪水是每月200元;1929年,被聘为安徽大学教授,聘资是每月340元。作为对比,1927年的时候,郁达夫得过一个上海法科大学德文讲习的兼职,每周6小时课,月薪48元。所以,安庆提供的是很高的薪资标准,足以让一位大学教授维持很体面的生活。

　　来安庆执教,虽然诗人多次表白,教书并不是自己最喜欢的职业,抱怨"教书的如何苦法","如何不愿意教书"①,但事实上郁达夫还是非常投入,每天花"四点钟讲义"加"八点钟的预备",一天十二点钟的劳动在备课和教学上②,颇得同事与同学的好评。并且,此后郁达夫断断续续的从业生涯中,教书是他经常选择的一个职业。他曾经在北京大学、武昌师范大学、广东(中山)大学、上海法科大学、吴淞中国公学等高校任过教、兼过课,讲授英语、德语、文学和统计学。

　　从创作来看,郁达夫的安庆经历对其写作有直接的影响。从郁达夫在国内完成的第一部完整的短篇小说《茫茫夜》,到后来的《秋柳》、《茑萝行》、《迷羊》,都取自这段安庆经历;这些也都是郁达夫创作中重量级的作品。在这些作品中,同事关系和师生关系,家庭伦理和爱情伦理,继而性的苦闷和生的苦闷,这些带有鲜明郁氏色彩的创作内容,自然成为我们今天还原郁达夫安庆经历的重要依据。

　　同事关系和师生关系。郁达夫好诗好酒,豪爽仗义,诚恳善良,胸无城府,又饱读诗书,才华横溢,这样的人在任何社会都是大受欢迎的人。所以,现实中,郁达夫结交广泛,高朋满座,生活充满情致和雅兴。赴安庆时,郁达夫正好出版了《沉沦》并因此受人关注。在安庆法政学校,郁达夫担任英语教习,并兼任英文科主任。作为一个众所周知的语言天才,郁达夫的英文教学是颇受学生和校方追捧和肯定的,郁达夫信任的校长光明甫也非常赏识他,"你成功了,你今天大成功。你所教的几班,都来要求加钟点了"③,这段对话虽然出自《茫茫夜》,但基本可视为一个事实;而作为一个熟读雪莱、歌德、狄更斯、华兹华斯的诗人,郁达夫的英语课想必不单单是枯燥乏味的语言课。这段时间的小说、散文、文艺随笔里随处可见的英语诗文,《芜城日记》曾经透露的"午后要预备讲《欧洲革命史》去"④之类的信息,都可还原当年郁达夫课程内容之丰富和对处于"罗马的黑暗时代"⑤里的学生的吸引力。郁达夫两个学期里积下的"友"债,抑或可在六年后故地重游时表现出来。1929年9月29日午前,郁达夫抵达安庆,10月1日的日记中,就记有"几日来,来访者多,颇以为苦","晚饭后,偕同学数人,上东门城上去走了一圈,倒很想起了《茫茫夜》里的一点描写"⑥这样的文字,让人感受同事关系、师生关系的热络。当然,学校里也有"许多黑暗的地方","课程干燥无味",还有忌刻心很重的"野心家"⑦,和一连串让他"气愤之至"⑧和"万分的不快"⑨的事情,甚至最后仓皇逃出安庆,都是当年郁达夫安庆生活的组成部分。

---

①　郁达夫:《茑萝行》,《郁达夫全集·小说卷(上)》,浙江大学出版社2007年版,第256页。
②　郁达夫:《芜城日记》1921年10月6日,《郁达夫全集·日记卷》,浙江大学出版社2007年版,第34页。
③　郁达夫:《茫茫夜》,《郁达夫全集·小说卷(上)》,浙江大学出版社2007年版,第152页。
④　郁达夫:《芜城日记》1921年10月5日,《郁达夫全集·日记卷》,浙江大学出版社2007年版,第33页。
⑤　郁达夫:《芜城日记》1921年10月2日,《郁达夫全集·日记卷》,浙江大学出版社2007年版,第27页。
⑥　郁达夫1929年10月1日日记,《郁达夫全集·日记卷》,浙江大学出版社2007年版,第260页。
⑦　语出郁达夫:《茑萝行》,《郁达夫全集·小说卷(上)》,浙江大学出版社2007年版,第256页。
⑧　郁达夫1930年1月18日日记,《郁达夫全集·日记卷》,浙江大学出版社2007年版,第270页。
⑨　郁达夫1930年2月1日日记,《郁达夫全集·日记卷》,浙江大学出版社2007年版,第274页。

家庭伦理和爱情伦理。《茫茫夜》、《秋柳》、《茑萝行》等，多少记录了作者安庆生活的点点滴滴，包括家庭生活和爱情经历。这里涉及一个敏感的时代话题，即爱情自由、婚姻自主这一五四以来的精神诉求，这一诉求被理所当然地建构了反专制、反封建的高度和价值。现代中国有幸拥有了鲁迅、郁达夫为代表的一代启蒙知识分子，他们的呐喊与践行为我们打开了通往现代世界的大门。我们既可以看到鲁迅《我们现在怎样做父亲》、《娜拉出走以后怎样》这样的思考；也可以看到郁达夫式的《沉沦》，看到以更病态和极端的方式索求爱情的《茫茫夜》、《秋柳》。为了爱情，为了"一副白热的心肠"，知识可以不要，名誉可以不要，甚至可以大跌眼镜地质疑"难道先生就嫖不得么"①。其实，这样的爱情伦理确乎与其家庭伦理背道而驰。在郁达夫本人，和鲁迅一样，是一个家庭伦理很明白、很传统的人。他孝顺母亲，虽然母亲不太温柔；他尊敬兄长，虽然一度表示与之决裂；他接受妻子，虽然妻子不是他主动选择；甚至他追求映霞另立家庭，也企求家人的祝福。但正是通过这样惊世骇俗的矫枉过正，通过这样"露骨的真率"，郁达夫以一种"艺术"的方式向世人开启了一个"把一些假道学、假才子们震惊得至于狂怒了"②的艺术世界。或许，这是以反伦理建构新伦理的一种方式。

性的苦闷和生的苦闷。安庆教书的两年，正是郁达夫人生中角色深刻转型的阶段。这期间，他完成了学业，组织了家庭，得到了第一份正式的工作，从一名学子、人子，转而变身为人夫、人父。所以，《沉沦》时期单纯的无病呻吟式的"性的苦闷"，此时就为令人不安和同情的"生的苦闷"所取代。苦难的生计、复杂的世事和新生的生命一起奔涌而来，加剧了小说里主人公的惶恐、担忧、无奈和痛苦；同时，也加剧了主人公逃避现实、寻求刺激和麻醉的念想。"性的苦闷"携手"生的苦闷"，让郁达夫的创作既保有率真的个人性，也具有了广泛的社会性。《茫茫夜》，即是这一转型时期的代表性作品——既关注人性，也关注人生。

爱情与友情。郁达夫的文字情感充沛。但是，综观郁达夫的文字，除了写给孙荃夫人和王映霞的情书，其笔下浪漫、真挚、热烈、美好的爱情其实并不多见，多的是从爱情旁逸斜出的两种情感：亲情和挚情。在郁氏情感世界里，亲情和爱情，挚情和友情，总是纠缠在一起，让人难分泾渭。而这一情形，在安庆经历和书写中体现得尤为充分。

亲情和爱情。郁达夫有一个乡间的原配夫人，知书达礼，容貌清秀，从郁达夫私下写给夫人的诗、书、字、文里，我们不难发现儿女情长，也不乏志同道合。两人和诗、对联，讨教文学和诗学，《云里一鳞》和其他几封家书在浙大版《郁达夫全集》首次以全貌示人，其中写于1922年2月从安庆辞职赴日本参加毕业考试途中的一封家书，以"兰坡，我所最爱的兰坡"③直呼爱人，文字之热辣丝缕不输后来写给王映霞的情书。至于夫唱妇随，一起去郁达夫谋职的异地同居，在新文学作家里更是并不多见，即便如鲁迅，夫人朱安赴京也只是伺候母亲的需要；而孙荃，则是诗人发泄"社会上受来的种种苦楚，压迫，侮辱"的"我的最爱的女人"④。遇见王映霞之前，郁达夫后来辑为《日记九种》之一的《劳生日记》、《病闲日记》里，就记载着大量对远在千里之外的夫人和孩子的思念。从1926年11月3日到12月2日这一个月里，郁达夫日记里记载的写给荃君的家书就有11封之多，11月3号这天，因为接到了北京女人的"悲伤"的来信，竟一天"作了两封信去安慰她去了"⑤，互诉相思之苦。这一个月里，郁达夫还分三次给北京寄去400元钱，期间并托人稍带20余元燕窝给孙荃。要

---

① 郁达夫：《秋柳》，《郁达夫全集·小说卷（上）》，浙江大学出版社2007年版，第350页。
② 郭沫若：《论郁达夫》，陈子善、王自立编：《郁达夫研究资料》，花城出版社1985年版，第86页。
③ 郁达夫致孙荃信，《郁达夫全集·书信卷》，浙江大学出版社2007年版，第48页。
④ 郁达夫：《茑萝行》，《郁达夫全集·小说卷（上）》，浙江大学出版社2007年版，第250页。
⑤ 郁达夫：《劳生日记》1926年11月3日，《郁达夫全集·日记卷》，浙江大学出版社2007年版，第36页。

知道,这个时候,郁达夫与孙荃的婚姻已走进第七个年头,也就是常人所说的"七年之痒",但日记记录下来的仍然是让人艳羡的热烈的相思。遇见王映霞之后,诗人新生恋爱,但对孙荃夫人和孩子,仍是写信、寄钱、买燕窝,为她们"牺牲我的一切"①。所有这些事迹,才是我们应该还原的郁达夫与原配夫人之间的真实关系——这是一种升华为亲情的爱情。从某种意义上讲,亲情比爱情,或更具有长久的生命力。虽然,它可能不像爱情那么浪漫传奇,那么惹人关注,但亲情是血浓于水,不分你我,不争高下,是完全的合二为一,裸呈相见。这是人间任何情感不能取代、任何力量不能分割的,是可以相伴一生、相守一世的最绵长的纽带。或者说,它不是爱情的蜕变,更不是爱情的坟墓,它是爱情的升华状态。

　　这样的情感,《茑萝行》里记得最真切。通过这个"不能爱而又不得不爱的女人",郁达夫剖析了这种亲情的力量。"啊啊,我的女人,我的不得不爱的女人,你不要在车中滴下眼泪来,我平时虽则常常虐待你,但我的心中却在哀怜你的,却在痛爱着你的;不过我在社会上受来的种种苦楚,压迫,侮辱,若不向你发泄,教我更各向谁发泄呢!啊啊,我的最爱的女人,你若知道我这一层的隐衷,你就该饶恕我了",和"你倘能恨我怨我,怨得我望我速死,那就好了,但是办不到的,怎么也办不到的,你一边怨我,一边又必在原谅我的,啊啊,我一想到你这一种优美的灵心,教我如何能忍得过去呢",②这两段话,把郁达夫对跟着他一起来安庆的孙荃夫人的歉疚、忏悔之情袒露无余,在无比包容和宽厚的亲情面前,所有的恩怨、喜怒都显得纤弱不堪。

　　"孽情"和友情。在郁达夫安庆写作中,大家更感兴趣更想探究的,应该是婚姻、爱情之外那个"寻花问柳"的于质夫,那个同性爱、恋物癖、逛窑子、吃花酒的于质夫。跟亲情一样,这种情感也从爱情突变而来,我们称它为"孽情"。这里需要辨别的,可能就是"孽情"和"友情"的关系。郁达夫写了不少爱情之外的孽情,还振振有词予人以口实。最为经典的段子有两个,一是质夫选妓女的条件。他要年老貌丑没人怜的海棠。海棠是"鹿和班"里的一名弱者,容貌不佳,身世苦难,鲜有人垂青,还带着个孩子。质夫与海棠的交往,表面上看,像是变态性心理作祟,事实上,或颇类于知识分子对弱势群体的同情,是他的"侠义心"③和"劫富济贫的精神"④在这个特定场合的一次排演,"我要救世人,必须先从救个人入手。海棠既是短翼差池的赶人不上,我就替她尽些力罢"⑤,朋友吴风世也说"人家都知道你对海棠是一种哀怜"⑥。郁达夫写下那些"孽债",可能更想表明的,正是他的这种友爱之心,怜悯之心,一种基于知识分子济世情怀的同情和友情,即便对于最底层的女子也不例外。二是质夫对教员嫖娼的脱辞,"学生嫖得,难道先生就嫖不得么"⑦。那样坦率的一种表白,未尝不是对世俗之见的鄙视和嘲讽。为了自由,可以不要名誉;为了真性情,可以不顾虚伪的道德。这种大胆或源自诗人对同性爱、恋物癖、逛窑子、吃花酒的宽容和理解,对不为社会所容纳的另类群体的某种同情。从某种意义上讲,这或许也是社会文明进步的一种标志。事实上,郁达夫的《茫茫夜》、《秋柳》,包括后来的《她是一个弱女子》、《迷羊》,的确都令人震惊地描述了那样一个非常态的世界,成为郁达夫最受非议、最需甄别的一种写作。

　　①　郁达夫:《厌炎日记》1927 年 7 月 30 日,《郁达夫全集·日记卷》,浙江大学出版社 2007 年版,第 212 页。
　　②　郁达夫:《茑萝行》,《郁达夫全集·小说卷(上)》,浙江大学出版社 2007 年版,第 250 页。
　　③　郁达夫:《秋柳》,《郁达夫全集·小说卷(上)》,浙江大学出版社 2007 年版,第 345 页。
　　④　郁达夫:《秋柳》,《郁达夫全集·小说卷(上)》,浙江大学出版社 2007 年版,第 352 页。
　　⑤　郁达夫:《秋柳》,《郁达夫全集·小说卷(上)》,浙江大学出版社 2007 年版,第 345 页。
　　⑥　郁达夫:《秋柳》,《郁达夫全集·小说卷(上)》,浙江大学出版社 2007 年版,第 358 页。
　　⑦　郁达夫:《秋柳》,《郁达夫全集·小说卷(上)》,浙江大学出版社 2007 年版,第 350 页。

"质夫的意思以为天地间的情爱,除了男女的真真的恋爱以外,以友情为最美。"①显然,这种"友情"是广义的,宽泛的,涵盖一切情感的"友爱"与"同情",是以平和的心接受任何一种存在。这份悲悯,不是推托,不是掩饰,正如鲁迅的大欢喜和大慈悲:"无尽的远方,无数的人们,都与我有关。"②

二、纪实与虚拟

郁达夫采取自叙传形式写作,强调"生活和艺术紧抱在一块儿",即,主张生活就是艺术,艺术就是生活。因此,从理念上讲,自叙传作家都比较着意于体验丰富多彩的个人生活,以便在文学创作中如实展示富有戏剧色彩和传奇色彩的人生素材;但事实上,郁达夫的自叙传,却是在"体验"之外,多有想象和虚构。1922年6月《〈茫茫夜〉发表之后》一文里,郁达夫坦白"我平常作小说,虽极不爱架空的做作,但我的事实(Wahrheit)之中,也有些虚构(Dichtung)在内,并不是主人公的一举一动,完完全全都是我自己的过去生活"③。

那么,在郁达夫的创作中,艺术虚构与人生真实,有怎样的一种"权衡"?

新文学之初,知识分子努力建构平民本位的叙述视角,通过语言、内容、情感、立场的平民化,打破传统等级社会里知识分子(和统治者)对文字和话语的垄断,体现新文学的现代性、平民性,以收获劳工的信任,唤醒底层的同情,从而取得与民众的对话。这是新文学作家致力于抵达的一个目标。所以,跟传统故事里帝王将相、才子佳人不同,也跟今天小说中英雄豪痞、俊男靓女有异,新文学作家主张"劳工神圣",关注"弱势群体",践行"平民文学",其主人公多为社会底层频遭迫压的老中国儿女、弱中国儿女。

郁达夫的自叙传写作,就是通过纪实和虚构的交错,"自叙"与"他叙"的叠加,通过自我贬抑与自我暴露,来呼应那个年代的社会阅读,接近那个年代的社会审美,从而求得社会大众的认同与共鸣,让自己成为"劳工"、"弱者"和"平民"的同党,成为他们的盟友,成为他们的代言人。

郁达夫的这一创作本质,或并未获得应有的认识。90年前,已经出版《沉沦》并遭遇相当误读的郁达夫就表示过他对自己作品的担忧,在1922年3月写下的文艺随笔《艺文私见》中,郁达夫期待"真的文艺批评",期待"真有识见的批评家"④,希望人们不至过于简单地辨认他创作中的真与假。

回到当年的文学现场,郁达夫的创作中,至少有以下三种情形是真假难辨的,或者说诗人是在"以假乱真"——

"哭穷"。经济地位低下是底层平民的显在状态。郁达夫笔下,尤其回国以后写下的小说散文作品,《血泪》、《茑萝行》、《春风沉醉的晚上》、《还乡记》、《还乡后记》……人物的穷愁潦倒是常态。伴随着贫穷、动荡、饥饿和疾病,郁达夫"诉愁诉恨,更诉说无钱"⑤,向世人演绎了一幅幅"生的苦闷"的现实图景。在这些作品中,《春风沉醉的晚上》比较有代表性。作品里有两个主人公。一是知识分子"我",一是纸烟女工"陈二妹"。失业者"我"搬进上海邓拓路贫民窟的一个灰黑破旧的亭子间,正与陈二妹相邻。小说中两次提到钱,先是两人谈及女工的收入:"每月九块钱",饭钱"四块

①　郁达夫:《茫茫夜》,《郁达夫全集·小说卷(上)》,浙江大学出版社2007年版,第148页。
②　鲁迅:《"这也是生活"……》,《且介亭杂文》附集,《鲁迅全集》第6卷,人民文学出版社2005年版,第624页。
③　郁达夫:《〈茫茫夜〉发表之后》,《郁达夫全集·文论卷(上)》,浙江大学出版社2007年版,第32页。
④　郁达夫:《艺文私见》,《郁达夫全集·文论卷(上)》,浙江大学出版社2007年版,第24页。
⑤　郁达夫:《闲情日记》1927年4月2日,《郁达夫全集·日记卷》,浙江大学出版社2007年版,第143页。

钱一个月"；除了饭钱,每月可省下五块钱来,"够你付房钱买衣服的么?""那里够呢!"①后来是"我"得了五块钱稿费。买了一件竹布长衫,搬回一堆零食,洗了一个澡,一下午花掉三块钱,"连我原有的一块多钱合起来,付房钱之后,只能省下二三角小洋来,如何是好呢!"②郁达夫用这样煽情的苦情文字,让人心生对底层民众——知识分子和劳动女工——困顿生活的同情。

而对照《银元时代生活史》,同样是 20 年代初,同样是八九块钱的薪水,陈存仁的记录是"我虽然每月只得薪资八元,但袋中常有铿锵的银元撞击声,气概为之一壮……第一个月,吃过用过,口袋中还余五块钱"③;郁达夫的叙述是"哪里够呢"、"如何是好呢"。一个慷慨铿锵,一个怨艾不尽,究竟孰真孰假?

作为典型的浙西文人,郁达夫的个人生活和家庭生活,基本上是比较殷实、富足、滋润的,用郁达夫自己的话说,平时"挥霍惯了","虽则不是豪富,然而也可算中产"④,最低限度,即使回到家乡,"养养你,养养我,养养我们的龙儿的几颗米是有的"⑤。两相对照,我们不难觉察到郁达夫"自叙传"小说纪实之余的些许虚拟或虚饰,其中多少暴露出来一点"哭穷"的意味,即不是真穷是"哭穷"。究其功能,则在通过放大、夸张知识分子与劳动者面临的贫穷、饥饿状态,展示社会底层民众"同是天涯沦落人"的艰辛和苦难,"替穷人哭",从而对政治现实、对社会加以批判,完成五四知识分子对社会人生的终极关怀和使命。从小说创作来看,这样的虚拟无可厚非;而从阅读接受来看,郁达夫类似"把伤口撒上盐"的"暴露"文字,亦是颇能投当时读者,尤其是年轻读者之好,从而获得他们的共鸣的。

"恨娶"。作为一个等级社会、特权社会,传统中国长期由少数人主宰游戏规则,掌握资源分配。从社会最细胞的家庭关系看,家长至上、男主女从的家庭秩序,导致婚姻关系的种种弊端,比如婚姻须由父母作主,男人可以三妻四妾,等等。这样的社会伦常和等级秩序正是五四新文化运动致力于打破的专制文化的核心弊端。五四一代知识分子,都留有那个动荡、转型时期特殊的经历和身份,他们生长在旧有体制下,接受传统文化教育,包括个人生活也已遭遇父母之命,有一个父母赠送的婚姻,比如鲁迅,也包括郁达夫;但历史的车轮毕竟已经开进了 20 世纪,随着传统帝国的瓦解、科学思想的渗透和现代教育的启动,新思想新文化开始在中国大地飘荡,五四运动应运而生,所以,这一代知识分子自然又成为创造、传播新思想新文化的先驱,并在这样的时代语境下身体力行,甚至以矫枉过正的方式,打破中国社会金字塔式的等级结构和坚厚障壁,实现他们的精神诉求和文化情怀。

与鲁迅身边的朱安夫人不同,郁达夫原配孙荃是一位乡间"才女",能诗会文,且颇具文采,郁达夫称其诗"已欲与文诗相抗矣"⑥,甚至建议她抄清诗稿,自己"当为汝制小序一篇,夸示同人"⑦。可见两者之间颇有共同语言,毫无疑问,这是两人的爱情基础。但作为对比的是,我们也看到,出现在《茑萝行》、《十一月初三》、《还乡记》、《还乡后记》、《一个人在途上》等作品中的那个女人,常被郁达夫以"一点也不爱她"、"不能爱而又不得不爱的女人"称呼,让人联想诗人对原配或是怜多于爱,亲情多于爱情;而我们熟悉的《沉沦》、《南迁》,尤其安庆相关的《茫茫夜》、《秋柳》,更可以看到

---

① 郁达夫:《春风沉醉的晚上》,《郁达夫全集·小说卷(上)》,浙江大学出版社 2007 年版,第 280 页。

② 郁达夫:《春风沉醉的晚上》,《郁达夫全集·小说卷(上)》,浙江大学出版社 2007 年版,第 287 页。

③ 陈存仁:《银元时代生活史》,上海人民出版社 2000 年版,第 19 页。

④ 郁达夫:《茑萝行》,《郁达夫全集·小说卷(上)》,浙江大学出版社 2007 年版,第 263 页。

⑤ 郁达夫:《茑萝行》,《郁达夫全集·小说卷(上)》,浙江大学出版社 2007 年版,第 263 页。

⑥ 郁达夫致孙荃信,《郁达夫全集·书信卷》,浙江大学出版社 2007 年版,第 38 页。

⑦ 郁达夫致孙荃信,《郁达夫全集·书信卷》,浙江大学出版社 2007 年版,第 29 页。

郁达夫不甘既有婚姻、寻求婚外刺激的种种病态的爱情行为和苦闷心理，"恨娶"之心溢于言表。

其实，跟"哭穷"一样，"恨娶"情节也是郁达夫一次巧妙的伪装，他把自己包装成了一个时髦的让人同情的专制婚姻受害者和引人效仿的自由爱情追求者的形象。结合我们对更为纪实的日记和书信的细读，需要明白的是，这里有的是真实的爱情理想，但却加了些虚拟的爱情事实。正是在这样的意义上，我们可以想象郁达夫通过"性的苦闷"的宣泄，试图完成的对传统婚姻、爱情秩序，从而社会等级秩序的撼动。

"卑己"。在虚实难辨的小说散文之外，郁达夫更大量的文字里，我们能看到的是一位诗人对自身才华和才干的自信与自恋。他《四十自述》中自称"九岁题诗四座惊"；他游荡了四所中学，加起来不满一年的初中教育，却在赴日一年后考入名古屋八高，一所日本人都引以为豪的高中；在长兄的引荐下，他在日本与日本诗人和诗人团体往来密切；他考进东京帝大，与郭沫若等一干同学发起成立创造社，主持《创造》丛书和刊物的编辑；他的小说自成一体，影响不凡；他与鲁迅结下了一生的友谊，并共同成为现代小说的泰斗；他一生朋友无数，生活浪漫，经历传奇，是众人艳羡的"富春江上神仙侣"……常识地来看，郁达夫好像没什么理由"卑己自牧"；他的自我认知里，写下的也应该这样的自得与自恋。

但是，郁达夫影响深远的自叙传小说和纪实体散文，留给世人的抒情主人公却常常是一个身无长物、哀哀切切的"零余者"形象，生活困顿，爱情旁落，报国无门，济世无方，总是处在自责自问之中。这种深入骨髓的自卑自怜、自我贬抑，成了郁达夫人物形象里标签式的印记。与"哭穷"、"恨娶"一样，"卑己"，亦是郁达夫在文学写作里完成的一种虚实变招，以自我解剖、自我暴露、自我"牺牲"的方式，显示处于现代社会转型大潮中知识分子的柔弱与无奈。

"哭穷"、"恨娶"和"卑己"，是郁达夫自叙式写作中表露出来的独有的心态和姿态。当年，郁达夫就认为"文艺是天才的创造，不可以规矩来测量的"[①]，他把真相藏在虚拟的文字背后，把真情藏在虚构的故事背后，呼唤真的读者能除去"伏在明珠上面的木斗"[②]，点亮火把，"在黑暗不明的矿坑里，看得出地下的财宝来"[③]。

这是郁达夫对当年，也是对今天的读者的一点希望，一点要求。看得出来，纪实也好，虚拟也罢，他期待的是一个公正的、能深知其内在而不为表象所迷惑的阅读。

（作者单位：浙江大学社会科学院）

---

① 郁达夫：《艺文私见》，《郁达夫全集·文论卷（上）》，浙江大学出版社 2007 年版，第 22 页。
② 郁达夫：《艺文私见》，《郁达夫全集·文论卷（上）》，浙江大学出版社 2007 年版，第 24 页。
③ 郁达夫：《艺文私见》，《郁达夫全集·文论卷（上）》，浙江大学出版社 2007 年版，第 23 页。

论丰子恺在中国文学翻译史上的地位和作用

陆金英

内容提要:本文旨在论述丰子恺的翻译贡献和翻译思想。以典型英日文翻译实践为例,认为丰子恺的翻译观点符合了现代描写译学的原则。而在阐述其在中国文学翻译史上的贡献时认为,作为漫画家、散文家以外的丰子恺在文学翻译方面的地位和作用是极其重要的,无论是对中国艺术教育的普及还是对日本文化的译介,都是独一无二的。

关键词:丰子恺;文学翻译;艺术贡献

一、引　言

丰子恺(1898－1975)是中国现代美术史上富有独创风格的漫画家,也是中国现代文学史上著名的散文家、美术教育家、音乐教育家和翻译家。国内外学术界有关丰子恺的研究很多,主要包括对其漫画、散文、艺术教育思想及思想行为的研究。然而,对于丰子恺作为翻译家的研究,在国内外寥寥无几。本文旨在挖掘作为翻译家的丰子恺在中国文学翻译方面的成就。

二、丰子恺翻译的基本情况

作为翻译家的丰子恺一生的翻译约有 30 多部,译自日、英、俄文等语种,涉及范围较广,有文学(小说、民间故事及文学理论)、美术(理论与教学法)、音乐(理论、传记、教学法)以及宗教等方面。他的翻译可以归纳为三个阶段:

第一阶段:20 世纪 20—30 年代,即抗战以前。丰子恺共翻译了 11 部作品,包括两本译自英文的文学作品(俄国屠格涅夫著,由 Garnett 译成英文的《初恋》和英国斯蒂文森的《自杀俱乐部》)以及厨川白村的《苦闷的象征》、田边尚雄的《孩子们的音乐》、门马直卫的《音乐的听法》等 9 部日文的艺术、音乐理论著作。1934 年由上海开明书店出版其英汉对照本《初恋》是丰子恺翻译的第一本书,他在"译者序"中说,这是他对文笔生涯的"初恋"。

第二阶段:20 世纪 50 年代。新中国成立以后,1950 年,丰子恺以 52 岁的高龄开始学习俄语。一两年后,他就着手翻译俄文书。起初翻译了《学校图画教育》、《听歌唱的教育工作》、《歌唱与音乐》等苏联音乐及图画教学法的书籍约 10 部。以后翻译文学作品,1952 年翻译屠格涅夫的散文集《猎人笔记》,年底译毕。随后又译俄国柯罗连科的长篇小说《我的同时代人的故事》,共四卷。接着,其又翻译日本文学书,译日本作家夏目漱石与石川啄木的作品,《夏目漱石选集》(第二卷)与《石川啄木小说集》先后于 1958 年 6 月及 11 月由北京人民文学出版社出版,他又为该社翻译了德富芦花的《不如归》(1989 年 8 月方才出版)和中野重治的《肺腑之言》(未出版)。

第三阶段:20 世纪 60—70 年代,从事日本文学的翻译。1961 年 8 月 1 日—1965 年 9 月 29 日丰子恺翻译了世界上最早的一部长篇小说,日本女作家紫式部所作的古典文学巨著《源氏物语》(上、中、下)。这部书译完后,正值"文革"开始,译稿存出版社,长期未能出版,直到 1980 年 12 月、1982 年 6 月及 1983 年 10 月先后由北京人民文学出版社出版。1970—1972 年间,他翻译了日本民间作品《落洼物语》、《竹取物语》及《伊势物语》。这三部作品在他去世后,合在一起以《落洼物语》为书名,于 1984 年 2 月由北京人民文学出版社出版。他还翻译了日本汤次了荣的《大乘起信论新释》,于 1973 年在海外以手迹影印本出版。

三、丰子恺的翻译观

丰子恺的译著主要涉及日、英、俄文等语种,他认为,译者要准确地表达原文的意义,但不必拘泥于原文的句法与结构,译出的中文要自然、流畅,为中国读者所习惯,所爱读。

(一)通俗易懂,自然流畅

他在《漫谈翻译》文中明确地说出了翻译的要求。他说,翻译者必须深深地理解原作,把原作全部吸收在肚里,然后用本国的言语来传达给本国人。用一个譬喻来说,好比把原文嚼碎了,吞下去,消化了,然后再吐出来。他在文中又说,有些人硬译,他们的译本必须懂外文的人才看得懂。这是不合理的,人家正是因为不懂外文,才要看你的译文,倘懂得外文,就不必费你的神去翻译了。

所以,丰子恺的翻译观点符合了现代描写译学(Descriptive Translation Studies)的原则。描写译学认为,译文的基本功能是给掌握译语的读者提供信息,它要符合译语的规范,也要符合译语读者的社会心理和社会文化背景。译文要忠实于原文,但是,更要忠实于译语文化和译语读者,否则就失去了译文应有的功能。

丰子恺翻译英文版的《初恋》时,觉得欧洲人说话比中国人精密、周详而紧张,往往用十来个形容与五六句短语来形容一种动作,而造成占半页的长句子。他认为思想的精密与描写的深度是可喜的,但有时读到太长句子,读久了,感到沉闷、重浊。所以他译的时候,遇到句子太长,就切断句子,或变更句法。例如第一章第二节里:

    ··· I did what I liked, especially after parting with my last tutor, a Frenchman who had never been able to get used to the idea that he had fallen "like a bomb" into Russia, and would lie sluggishly in bed with an expression of exasperation on his face for days together.

    ······我恣意做我喜欢做的事,尤其是自从我离开了我的最后的家庭教师以后,越发自由了。这家庭教师是法国人,他想起了自己"炮弹似地"从法国流入俄国来,心中不能自然,常常出现愤慨的神气,连日奄卧在床上。

照原文的语气,这一句的主要意思只是说"我离开了怎样怎样的一个家庭教师之后越发自由了",不应该另外开一端而特别提出家庭教师来说。但没有办法,"my last tutor(我的最后一位家庭教师)"不仅有一个同位语"a Frenchman(法国人)",而且还有一个很长的定语从句,只得把它切断了。

在日文作品的翻译中,丰子恺的译文大体上是直译,但又不拘泥日语原文,在句子结构、音节、词性等都做了某种程度的相应调整。以《苦闷的象征》译著中的一段为例:

    原文:直接経験のことに就いて思ひ起こす話がある。昔から道心堅固に行いすまして、極端な禁欲生活を送った坊さんが立派な恋の歌を詠んでいる。それを見て、この坊さんの私行を疑った人々が多い。坊さんといえども人の子である。たとい直接経験に恋はしなくとも、彼の体験の世界には、美女もあったろう、恋愛もあったろう。殊に性欲に抑圧作用を加えた心的傷害は無論あったであろう。それが歌と云う夢の形に現れたと見ることは決して無理かからぬことだと私は思う。

　　译文：讲到直接经验，想起了一桩事：从前有一个道心坚固地守清行而度着极端的禁欲生活的和尚曾作优秀的恋歌，有许多人看见了，疑这和尚有私行。但我以为和尚也是人子。在直接经验上虽然没有恋爱，但是他的体验的世界中恐怕也有美女，也有恋爱。而性欲上加抑压作用的心的伤害，更是当然有的。他是把这等在称为歌的一种形式上表现出来的，这绝不是无理的看法。

对比原文可以看出，丰子恺的翻译恪守直译的原则，对原文的理解也很透彻，但是其译的文章结构，从句式到篇章在尊重原文的前提下，也顾及到了汉语的表达习惯。

（二）用中国古典文学文体来翻译

1.用中国传统小说章回体

《源氏物语》是世界上最早的一部长篇小说，故事涉及三代人，四朝天皇，经历70余年，出场人物440多人。丰子恺在翻译这部日本古典文学巨著时，使用了一种特殊的风格，类似我国传统的章回小说。全书共五十四回，并根据中国章回小说的习惯，常用"话说……却说……且说……"等语。例如，第一回《桐壶》、第三回《空蝉》、第六回《末摘花》等以"话说"二字开头，在第八回《花宴》中，"且说那个朦胧月夜的小姐，回想那晚间的迷离春梦，不胜悲叹，心中怀着无限思量"，第九回《葵姬》中第三段，"却说已故皇太子与六条妃子所生的女儿……"《源氏物语》的语言简练、典雅，含文言成分较多，又常引用中国古典文学。例如，在第一回《桐壶》中，桐壶死后皇帝派使者去看望桐壶的母亲，桐壶的母亲回复使者说："妾身苟延残喘，真乃薄命之人。狠蒙圣眷，有劳冒箱犯露，驾临蓬门，教人不胜愧感！"在第四回《夕颜》中有写景的句子如下："此时暮色沉沉，夜天澄碧。阶前秋草，烧黄欲萎四壁虫声，哀音似诉。满庭红叶，幽艳如锦。"又如第八回《花宴》中的句子："是日也，气清，景色宜人。百鸟争鸣，娇音悦耳。"这种典雅精炼、古色古香的语言，可以传达原书的一些韵味，具有浓郁的中国古典文学气氛，使中国读者读起来更亲切。

2.用中国古典诗体的形式

丰子恺为了准确传达日本小说中和歌的意蕴，他用中国古典诗体来翻译。《源氏物语》中穿插近八百首和歌，丰子恺翻译时不拘泥于个别字和句，也不按照原来的行数与韵律，认为译诗必须传神。他不主张在译诗时硬搬日文原诗的格律，认为应译成中国人所习惯的形式。因此，他常用中国古诗的七言两句或五言四句进行翻译。例如，以第五回《紫儿》中一句为例：

　　原文：初草の若葉の上をむつるより旅寝の袖も露ぞ乾かぬ

　　译文：自窥细草芳姿后，游子青衫泪不干。

又如以第二回《帚木》中一句为例：

　　原文：咲きまじる花は何れとわかねどもなほ常夏にしくものぞなき

　　译文：群花历乱开，烂漫多姿色。

　　独怜常夏花，秀美真无匹。

用这种中国诗的传统写法来翻译日本和歌，不拘泥于原诗字句和格律，使译文更加生动多彩，读起来流畅，仿佛进入了中国古典诗歌的境界。

四、丰子恺在中国文学翻译史上的贡献

丰子恺的译著主要涉及艺术理论和文学两个方面,其中艺术译著23部,文学14部。作为翻译家,他为中国艺术教育普及文学翻译做出了贡献。

(一)对中国艺术教育普及的贡献

作为美术教育家和音乐教育家,丰子恺认为教师不仅要教学生学会技术,更重要的是要培养他们对艺术的爱好和修养。在20世纪20、30年代的中国,艺术教育还没有合适的教材,而且西洋的文艺理论在中国还是空白。因此,丰子恺在上海师范专科学校、东亚体育学校、春晖中学、立达学园等学校担任图画音乐教师时,利用业余时间阅读了大量的文艺理论外文原著,把全书译出来,或者只摘取其主要观点,加以消化,重新编写成讲义的形式,在课堂上为学生讲述。这个时期,丰子恺翻译了译自日文的艺术、音乐理论书,如厨川白村的《苦闷的象征》、黑田鹏信的《艺术概论》,上田敏的《现代艺术十二讲》,森口多里的《美术概论》,阿部重孝的《艺术教育》,田边尚雄的《生活与音乐》,门马直卫的《音乐概论》等。同时,他还撰写了不少文艺理论作品,如《音乐常识》、《音乐入门》、《艺术教育ABC》、《构图法ABC》、《西洋画派十二讲》、《西洋名画巡礼》、《西洋音乐楔子》、《近代艺术纲要》、《开明图画讲义》、《开明音乐讲义》、《艺术漫谈》、《少年美术漫谈》等。这些译著与创作的作品不仅把西洋的艺术理论介绍到中国来,而且还为艺术教育提供了教材。

新中国刚诞生不久,学校的图画课究竟应该怎么教? 写生还能不能教? 面对这些问题,图画教师们都莫衷一是。在当时担任人民教育出版社社长叶圣陶的鼓励下,丰子恺先后译出了《中小学图画教学法》、《学校图画教育》、《小学图画教学》等书,这些书出版后,在当时的中小学图画教学方面产生了一定的影响,为中小学图画教学指明了方向。此外,他还独译和与小女儿丰一吟及大女婿杨民望合译了《苏联的音乐》、《苏联音乐青年》、《音乐的基本知识》、《幼儿园音乐教学法》、《听歌唱的教育工作》、《歌唱与音乐》、《幼儿园音乐教育》、《小学音乐教学法》等音乐书,把苏联的艺术教育经验介绍到国内,为中国艺术教育的普及做出了很大的贡献。

(二)对日本文学翻译的贡献

除了翻译大量的文艺理论作品外,丰子恺还翻译了许多日本的古典文学作品,尤其是《源氏物语》和《旅宿》。

20世纪50年代末60年代初,代表新中国出版事业的人民出版社拟翻译出版一些日本古典名著,其中对较深奥的经典著作,出版社专门约请了学识渊博、日文功底深厚的专家译著。丰子恺承担了《夏目漱石选集》第二卷中的《旅宿》和紫式部的古典文学巨著《源氏物语》(上、中、下)的翻译任务。

丰子恺最早接触夏目漱石的作品是在他游学日本之时。他在《我的苦学经验》一文中说:"Stevenson和夏目漱石的作品是我最喜读的材料。"所以,他在翻译《旅宿》时显得得心应手。《旅宿》译名为《草枕》,是夏目漱石小说中文体绚丽,技巧新颖的一部具有实验意义的小说。当然也是夏目漱石的得意之作。这部小说是一部文人小说,故事情节松散,大段的文字用于议论小说、诗歌、音乐、绘画、建筑、戏剧、宗教等,大量的笔墨用于挥洒对美的感受,大段的篇幅用于探讨人生的真谛。作品叙述的是一位画家,对压抑人性的现代文明表示异议,试图寻找回东方文明中的超然出世的观念,小说充满了对古今东西人类文明的叙述和思考。小说的翻译符合既是画家又是作家的丰子恺的气质。

丰子恺翻译的《旅宿》充分展示出了《草枕》的文体和神韵。简洁生动的文句,富有哲理的表达,在他的译文里表现得恰如其分。丰子恺采用文言文和白话文相间的句子,在保持原作的风格上,发挥出他作为散文作家的特长,把《旅宿》译得文采四溢,节奏清晰。所以,丰译本的《旅宿》为大多数读者所认可。

《源氏物语》是世界文学的珍宝,自英国阿瑟·韦利(Arthur Waley,1889—1966)于 20 世纪 30年代初选译了这部巨著后,美国、德国、法国先后有了全译本,而在中国则尚无人问津。1961 年 8月丰子恺以极大的毅力和热情投入了这部近一百万字,出场人物达四百四十多人的巨著的翻译工作。1965 年 9 月,经过四年的翻译,他终于高质量地完成了这项艰巨的工作。丰子恺对自己翻译《源氏物语》十分高兴,他在随笔《我译〈源氏物语〉》里自豪地说:"只有中日两国的文学,早就在世界上大放光辉,一直照耀到几千年后的今日。"对于《源氏物语》的翻译,丰子恺说:"直到解放后的今日,方才从事翻译;而这翻译工作正好落在我肩膀上。这在我是一种莫大的光荣!"令人感到痛心的是,这部巨著的译稿,却因"文革"直到 1980 年 12 月至 1983 男 10 月得以出版,而丰子恺先生没有能够亲眼看到它的出版。

出版后的《源氏物语》(上、中、下)受到了学术界的高度评价,它的出版不仅为国内翻译介绍该名著填补了空白,而且在译文表达方面还达到了一个较高的水准。丰子恺翻译的《源氏物语》是国内第一部《源氏物语》的全译本。继丰译版的《源氏物语》后,到目前为止,共有十种全译本出现,它们分别是殷志俊译(远方出版社 1996 年版)、梁春译(云南人民出版社 2002 年版)、夏元清译(吉林摄影出版社 2002 年版)、姚继中译(深圳报业集团出版社 2006 年版)、郑民钦译(北京燕山出版社2006 年版)、康景成译(陕西师范大学出版社 2008 年版)、王烜译(中国华侨出版社 2010 年版)、姚继中译(江苏人民出版社 2011 年版)、林文月译(译林出版社 2011 年版)。然而,这些译本(除了林月文的)或袭用了"丰译本"的译文,或沿用了"丰译本"的和歌,或抄录了"丰译本"的注释等,且都没有注明袭用(沿用、抄录)的原本,更谈不上"是否得到丰子恺先生出版代理人的许可"(何元建:《关于中译本〈源氏物语〉》)了;有的译本虽然有自己独到的译文,但从整个译文的角度看,似乎并没有超越"丰译本"。2012 年 5 月 19 日至 21 日在杭州举行的第二届丰子恺研究国际学术会议上,三菱电机美泰斯株式会社的大桥茂先生对丰子恺"文革"前翻译的日本古典文学巨著《源氏物语》从"古色今香,传统时尚"、"四字熟语,运用自如"、"文化素养,知识面广"、"巧译短歌,别具一格"这四个方面做了具体分析,认为丰子恺的译著做到了中国翻译界和翻译理论中最具影响力的"译事三难:信,达,雅"这一点,全方位地、忠实地再现了原文的风味。

这部巨著的译成,为我国读者提供了一个全面了解并理解这部世界名著的基础,可谓是丰子恺先生对中日文化交流的一大贡献。

此外,丰子恺还翻译出版了《石川啄木小说集》、德富芦花的《不如归》(1989 年 8 月方才出版)以及中野重治的《肺腑之言》(未出版),"文革"中,他还顶着"四人帮"的高压,译了日本的民间作品《落洼物语》、《竹取物语》、《伊势物语》、汤次了荣的《大乘起信论新释》(于 1973 年在海外以手迹影印本出版)。

五、结　语

综上所说,作为漫画家和散文家的丰子恺,在中国文学翻译史上的贡献是多方面的,无论是对中国艺术教育的普及还是对日本文化的译介,都是独一无二的。

(作者单位:嘉兴职业技术学院)

文献史料问题与现当代文学研究的再出发

——"中国现当代文学史料与阐释"学术研讨会综述

章　涛　吴秀明

近 30 年来,中国现当代文学研究领域对史料表现出了日益浓厚的兴趣。受王瑶、唐弢等前辈学者的影响,樊骏、马良春等第二代学人早在 20 世纪 80 年代中期就曾撰文呼吁开展史料研究,并在现代文学的史料研究方法、史料规范和系统性的史料学建构方面积累了相当的经验。进入新世纪后,多所高校和研究机构如清华大学、河南大学和中国现代文学馆也都曾召开有重要学术影响力的现代文学史料会议,留下了不少史料资源和思想结晶。但与此同时我们也必须承认,尽管现当代文学史料研究取得了一定的成就,但较古代文学学科仍具有相当的距离,特别是"当代"文学史料研究由于其特殊的意识形态话语场域、时间纵深结构和复杂文化地理样貌等原因,更是处于很滞后的状态。这种情况也给现当代文学研究工作提出了挑战。

为了深化与拓展现当代文学及其史料研究,2013 年 11 月 16—17 日,浙江大学中国现当代文学与文化研究所与《文艺研究》编辑部在杭州联合组织召开了"中国现当代文学史料与阐释"学术研讨会。来自清华大学、北京师范大学、复旦大学、上海交通大学、南开大学、山东大学、武汉大学以及中国社科院文学所、浙江省社科院文学所等各高等院校和学术研究机构的专家学者近 80 人参加,一共收到论文 35 篇。与会专家就现当代文学史料研究的历史情况与现实困境,史料本体的特殊存在形式,发掘、整理与研究的学科规范,现当代文学史料研究内涵外延、热点难点以及未来发展空间,特别是以往缺乏关注的当代文学史料等问题展开了热烈的讨论,提出了不少颇具新意和启发性的观点。

一、现当代文学史料研究的历史状况和现实语境

会议开幕式由《文艺研究》主编方宁编审与浙江大学中国现当代文学与文化研究所所长吴秀明教授主持。方宁研究员在开幕式谈及本次会议宗旨时,就开明宗义地指出史料问题的提出不仅是研究工作的需要,同时也是支撑一个学科及其发展的"阿基米德点",在当下学风浮躁的学术生态环境下尤有必要值得重视。他认为中国现当代文学研究从来就有重阐释而轻实证的传统,但随着学科的不断成熟发展,越来越多的研究者开始意识到了史料研究在学术整体结构中的重要地位。这种认识转变的可贵之处在于,它不但有助提升我们研究的品格,促进研究范式的转型,同时也有利于推动思想阐释的进一步展开,引导逐步进入"规范化"、"体系化"而使当代文学研究再出发。而近百年来现当代文学丰富复杂的存在,使我们现在已拥有了史料研究的基本条件和基础,因此有必要尽快、有效地开展史料研究工作,以打开新的学术阐释的空间。吴秀明教授在开幕式上也指出,现在学界对文献史料问题普遍缺乏兴趣,不仅造成了批评和反思的"不及物"以及不必要的学术浪费,而且还使现当代文学研究停留在原有比较紧仄空疏的境地。特别是当代文学迄今

已走过六十余年历史,现在是可以并且应该考虑学科的"历史化"、"经典化"问题了,这就离不开文献史料的支撑。因此我们有必要在研究思路、格局、向度和方法上展开一次带有革命性意义的重要"战略转移"。他同时也指出,目前史料研究主要面临着来自客观现实和研究主体两个层面的阻力。只有对现有研究环境、知识结构和思维范式加以认真清理,才能保证史料研究扎实有序地展开,这就向今天的学人提出了"双向打通"的学术新命题。

与会专家首先就现当代文学史料研究面临的历史状况和现实境遇展开了讨论。中国社科院文学所刘福春研究员从"抢救"活史料和新文学文本的妥善修复保存两个方面,指出了现代文学史料工作的紧迫性和重要学术价值。客观情况是,现代文学的大部分亲历者大多年事已高,随时都可能走向生命的尽头,而他们头脑中蕴藏着生动且丰富的"历史现场",如果我们不加以及时记录,就可能造成无法弥补的历史空白;同时,部分新文学时期的史料由于间隔时间久远,又经历战火离乱,留下的原始文本数量极少,且由于纸质材料特殊,作为储存媒介已非常脆弱,如不加以立即处理保存就会造成无法挽回的严重损失,而对这部分原始资料的口述记录、保护和整理工作,直到目前似乎仍没有引起学界的足够重视。复旦大学张业松教授则以《丘东平全集》的史料收集和版本考辨为实证,从较为实际和具体的角度说明了战争这一特殊历史环境对文学史料的生产和当下的史料整理、版本梳考和文本阐释等各方面工作造成的客观障碍。在他看来,动荡的时局不但使得部分第一手史料被毁于战火,使得研究者再难见其"真容",云谲波诡的政党关系和战争局势也会导致史料版本的迅速变动乃至混乱,这在客观上给今天的研究辑佚造成了相当的困难。面对这种情形,仅仅依靠当时文人报端的转述、评论猜想对其进行"重建",难度无疑是很大的。浙江工业大学方爱武副教授则从台港政治文学史料的生成入手,指出中国当代文学文献史料研究中所面临的"地域文化"阻隔,以及这种特殊空间结构背后更为重要的区域性政治意识形态对习惯了大陆"母体"政治空间和体制架构的研究者可能形成的"理解偏差"和"话语错位",造成将立体多面向的台港文学主体和文学史简单"意识形态化"甚至"平面化"的学术失误。而这又恰好反过来证明了研究过程中把握第一手史料、还原真实历史"场域"的重要性和必要性。

上海交大夏中义教授从《文心雕龙创作论》的佚文情态和版本的收入沿革为例,指出王元化在20世纪60年代作为反革命的"胡风分子"之所以能在国家级权威刊物《文艺报》发表文章,正是因为他在文中运动"马克思唯物主义"思想,将刘勰和谢灵运"硬拗"成了"唯物论者",而这也正好证明了政治意识形态对文学史料生产和史料阐释的"扭曲"和"遮蔽"作用。事实上,政治意识形态话语对史料研究空间的挤压同样引起了参会专家的普遍重视,形成了会议上的一个"观点交集"。上海师大杨剑龙教授以现代文学史研究为例,指出由于长期以来以推出"政治标准第一、艺术标准第二"的评价标准,不少现代文学史似乎成为新民主主义史的佐证与阐释,它们以先入为主的观点按图索骥式地运用史料,上纲上线将所有文学事件都纳入阶级视域或干脆就等同于阶级斗争,无视历史的客观性和真实性。这样,史料非但不再具有还原历史的作用,反而成了遮蔽历史的工具。南开大学李润霞副教授以"拔出萝卜带出泥"为题,探讨了以往不被主流学界所重视的边缘性文学样式与缺少史料的挖掘而被保存在"抽屉"里的"地下文学"等一系列非主流文学如何被挖掘,以及如何生成文学史意义的"问题和方法"。她认为,这些"地下文学"史料的复杂性或曰难点则在于,除了考察史料本身外,我们还需要考察史料生产的历史语境以帮助研究者理解文学生长、发生和最后走向的历史规定性和规律性。但也正是潜藏于"历史地表下"的复杂政治文化理路和长期以来形成的意识形态中心的社会集体无意识,压抑了关于非主流文学史料的发掘,导致了很长时间内这类史料的空白。

中国传媒大学颜浩教授、山东大学威海分校周怡教授和浙江工业大学黄亚青副教授都以"大陆之外"的现当代文学史料为对象对此作了探讨。颜浩教授列举了今天学界对张爱玲后半生创作和其他史料研究存在着的各式各样的客观困境,比如作者晚年的深居简出造成的理解隔膜,对同一题材的重复书写带来的阐释困境,英文写作产生的阅读障碍等。而最重要的还是政治因素的干预作用,特别是她流落于香港期间受美国"绿背"思潮冲击下创作的《赤地之恋》等"反共小说",在当下的研究语境中仍扮演着非常尴尬的角色,无形中造成了一段近乎空白的研究领域。周怡教授通过对台湾作家姜贵两部同名长篇小说《白棺》的版本校勘和文本生产语境的考察,指出意识形态的纷争是如何介入文学生产和传播的历史过程,致使出现史料残缺、遗失、被篡改的遗憾和版本互相混淆的危险。他还特别关注到姜贵在大陆和海外现代文学史地位上的错位状态,意在提醒今天的研究者打破传统文学史叙述结构的藩篱和由历史政党矛盾而生的文化偏见,将现代文学史料研究的视野向大陆以外的非左翼作家投射。黄亚青副教授以"文革小报"这一特殊历史语境下的特殊史料为例,指出文学史对此类史料"盲视"的主要原因,在于"文革"后长时间的档案封闭和人为销毁;同时,海外的史料收藏机构则大量保存了"文革"的报刊资料、大学的文学小报,形成了"'文革'在国内、'文革学'研究在国外"的尴尬。她认为大陆学人想要充分利用这批史料,必须亲自远渡重洋出访海外,且其中有相当一部分"犯禁"的史料无法被带回国内深入研究,或者研究成果无处发表,客观上也阻碍了"文革文学"研究的发展。

二、研究主体认知局限对现当代文学史料研究的影响

　　研究主体存在着怎样的认知局限,它们又是如何影响文学史料研究的推进,这也是本次会议讨论的重要议题。在某种程度上,对此问题的关注表明了学界开始真正认识到史料工作的重要性,并从研究主体的思维理念和研究范式等"根源性问题"入手,进行自我总结、自我反思和自我剖析。这也从一个侧面反映了现代文学学科正在有序推进,逐步走向规范和完善。

　　浙江大学陈坚教授以他曾经历的20世纪50年代极端政治运动对史料研究传统的冲击,以及域外史料研究体系的成熟和史料资源的丰富为例,反思了在历史与现实的双重挤压下史料研究的窘迫现状,表达了对当下学界急功近利学风的担忧。他指出现当代文学史料工作的进程明显落后于理论观念的更新,学者往往习惯用先验的理念代替文学史事实和文献材料的描述。因此从过去的"以论带史"到今天的重阐释而轻实证,这"变"中"不变"的背后隐含着深刻的教训,需要引起中青年学者的高度重视。中国社科院文学所刘福春研究员也联系自己亲身经历,指出史料工作琐碎,需要大量投入,且成果出版难度大,更为重要的是在现行的学术评价体系中,史料整理和研究工作难以获得客观公平的判定,学术地位不高,甚至低人一等。这种所谓的"等级"排序不仅脱离了研究实际,有悖于学术研究规律,而且也伤害了研究者的积极性,阻碍了学科的进一步发展。他认为学界应尽快建立独立的现当代文学史料专业队伍,提高史料研究者学术地位,公正评价史料研究成果。他们的发言引来与会者的纷纷感叹,清华大学解志熙教授和华东师大陈子善教授都表达了对史料研究边缘化语境下,史料研究者特别是专注于史料发掘、整理的严肃史料工作者所面临困境的担忧。解志熙教授以体制下评奖人的经验,证实了刘福春研究员的尴尬遭遇在学界内是"普遍规则",尽管已有学者试图加以扭转,但受各方面阻力仍较大。陈子善教授则建议各高校不妨从学科建设层面进行尝试,建立独立的"史料学"学科和相应的基本学术规范和培养方案,同时积极改善学术生态环境,强化史料专门人才的培养和训练。

　　南京师大杨洪承教授从较为宏观的层面指出研究者的立场态度,即"史观"和"史识"在史料的发掘和考证过程中所起到的重要作用。在他看来,如果我们不反思现有的学科思维观念,确立严

格客观的规范标准和统一的史观价值，那么所谓加强史料研究不但流于形式化的口号，甚至反过来会误导和影响学术研究的深入。他为此呼唤学界重塑严谨的学风，研究者必须有严格的史料规范意识和史料鉴别能力，并谨防和警惕历史主观性的史料对研究可能造成的伤害，只有这样才能在保证史料"真实"的基础上对其加以总体关照，提出的见解才有学术意义，经得起历史的检验。复旦大学刘杨博士同样讨论了研究主体的史观认知对史料工作的影响，但在指出理念先行对史料工作带来阻碍的同时，他也注意到史料本身并非如我们想象的那样简单和"客观"，质言之，史料叙述者的历史观和研究者自身的历史观都在研究过程中受到客观环境和"主观性"因素的影响。因此只有正视这种"双重主体性"，将宏观判断和微观的洞察结合起来，才能更好纠正历史观的"当代化"带来的史料取舍和阐释上的局限，推动史料学走向成熟。对浙江工商大学郭剑敏副教授而言，如何突破当代文学制度研究中由新启蒙主义思潮所形成的"认识装置"，还原历史语境的丰富性和复杂性是当代文学史料研究的关键和难题。他以20世纪90年代末当代文学研究方式和研究对象的转变为切入口，探讨研究主体史观的转变是如何反作用于史料研究，从而打破了传统文学史对50—70年代当代文学"一体化"的固定想象和言说方式。

　　另一些学者，则用更为具体切实的例子阐述了主体意识的转变在现当代文学史料研究中的重要作用。苏州大学范伯群教授以上海鸳鸯蝴蝶派的杂文创作发掘和整理为例，批评了现代文学史料工作存在的窄化现象，特别是历史观念的陈旧僵化对史料发掘整理工作产生的重新遮蔽效应，并以实践证明史观更新和新史料"出土"将给现代文学研究的胶着现状注入新的活力。华东师大陈子善教授从史料选本的编纂入手，指出史料的辑佚对象除了传统的研究热门如郭沫若、沈从文的轶文考证发掘外，还应注意到现在仍有数目可观的非作家日记、书信、录音和档案等史料未被系统整理，以及如20世纪30年代电影演员王莹、艾霞的文学创作也未能进入史料研究的范畴。而他们的创作不但具有浓厚的时代气息，而且也受到当时主流文坛的青睐和赞誉，从一个侧面有效地还原当时复杂的历史原景，校正我们关于"30年代"文化生态的想象。沿着这样的思路，他还进而提出研究者需要改变对"史料"的认识和态度，跳出文学史既定的经典作品和经典作品文学范畴，只要有特色和价值，便都可以而且也应该将其纳入研究视野重新阐释。浙江大学吴秀明教授通过对"海外汉学"的考察，提出了研究者应如何应对"域外史料"的新问题。他指出随着知识全球化步伐加快，海外史料和相关研究频频进入国内学人的视野，更在一段时间内引导了学界的热点和前沿方向。一方面汉学家双栖性的特点的确帮助了他们的研究相当有效地切入了中国现当代文学问题，但另一方面，大陆研究者在频繁引用其论著观点时，却缺少对有关观点背后的史料来源的思考和追问。事实上，史料怎样催生"海外汉学"的观点，反过来"海外汉学"的观点又怎样激活史料，彼此形成互渗互证的关系，正是亟须全球化语境下的大陆现当代文学研究者厘清的史识问题。

　　不论是史识的更新还是史观的转型，它们最终都会指向文学史的重述，如何在两者之间保持有效的平衡便成为与会史料专家共同关心的问题。上海师大杨剑龙教授以文学史对鲁迅和林语堂、"整理国故"、"与抗战无关论"三次论争的叙述为例，批评了部分文学史以理念统摄和裁剪史料，本末倒置，先定性质再找材料的叙史方法。比如《中国新文学史稿》在对"学衡派"的批判时就未曾梳理此次争论的具体因果和来龙去脉，而是用鲁迅的《估学衡》直接代替了文学史的独立判断。他强调学术研究必须建立在阅读"原文"、"原刊"的基础上，客观分析历史语境，恰当运用史料，既做到"论从史出"，又不简单被史料"牵着走"，力求还原论争发生内因的复杂性，避免对历史简单化、扁平化处理。浙江工业大学黄亚清副教授对当代民间与"地下"文学史料进行了详细的分类，她指出当下研究者的研究态度和学术生态大环境都存在种种缺陷短板，局限于对边缘史料和"地下"文学史料的考察，其中包括民间与"地下"文学史料地位低下，缺乏合理保存制度和细致的甄别工作,收集方法过于单一,评价过低,史料工作不受保护和尊重等几个关键问题;而这些最终又会反馈为文学史叙述的"空白"和"断裂",甚至直接影响"重返80年代"的研究进程。浙江经济职业技术学院马小敏老师梳理了当代文学中以重要领导讲话、社论、批判文章、内部材料等构成的公共性文献史料。该类史料在研究中往往被视为"鸡肋",她以批判《武训传》这一众所周知的文学史事件为例,通过梳理毛泽东等人在影片前后发表的文章和讲话,并比较其中用词语气和立场态度的微妙变化,指出学界低估了这批史料的历史价值,在恰当的关照下,它们能够还原丰富的当代文学历史现场。

三、关于现当代文学史料研究体系的探讨

如果说今天的史料研究与过去的史料研究有什么不同,那么它们最大差别就在于前者十分强调和突出它的"专业性"、"系统性",致力于构建一个立体周全的研究体系。樊骏曾以洋洋八万余字的篇幅,论述现代文学史料研究工作必须从过去手工作坊式的经验操作走向逻辑有序的"宏大系统工程",换句话说,就是要将零散而不成系统的史料研究提升至综合分析的一个逻辑过程。这也就需要今天的学人从"学科建构"的高度,在史料的发掘、分类整理、重塑研究规范和史料阐释等多重视野下全方位搭建起未来研究的基础平台。

如果说史料是文学研究的基础,那么对史料的发掘、整理和辨析就是基础中的基础。众所周知,对基础性史料工作的漠视将会造成研究视野的僵化、研究内容的重复,导致研究的失效和不必要的学术浪费,甚至直接阻碍学科的进一步发展。另一方面,由于史料工作更多是"考古学"层面的还原,且在操作上需要一定的技术性,这一过程既异常艰苦又十分缓慢。因此在很长时间里,乃至今天,这项"高投入低收成"的工作依然受到了普遍的冷遇。在本次会议上,针对这样一个带有史料"本体"特点的具体技术问题,部分专家结合自己实践,进行了很好的交流和切磋。清华大学解志熙教授在发言中,介绍了自己如何发现、校对与整理沈从文的五篇杂文佚文(分别为《狂论知识阶级》、《都市的刺激》、《明天的"子曰"怎么办》、《统治责任与权力测验》,另有《由怀疑接真理》一文曾被修改后收入《沈从文全集》第17卷,故此处未算),并在此基础上,合情合理地推导出《战国策》派时期沈从文"感时忧国有'狂论'",从纯文学作家向杂文家嬗变的结论,为沈从文的创作和思想研究提供了新的史料。他同时还结合其他史料,对沈从文未参加第一次文代会的原因作出了不同于一般文学史意识形态类型化的猜测,认为由新中国成立前的文艺批判引起的人事尴尬可能才是主要原因。复旦大学张业松教授汇报了近几年有关丘东平作品全集版本沿革及佚书搜寻的努力。经过大量繁琐的考编整理,他不但复原了东平生前身后所有初版集子,摸清了作品的版本情况,使其早期的3个重要作品集得以完璧,并发掘出了他新四军时期的半部佚书;且花费大量精力艰苦采集了近50篇严格意义上的集外文,使其全集收入作品总量较1949年以来所知东平作品总量增加一倍以上,为我们还原了一个鲜活生动的左翼作家形象。山东大学威海分校周怡教授陈述了发掘姜贵小说《白棺》遗失的前两章的过程,并对相关作家生平、期刊运作和政治背景做了细致考证,他同时还强调了原刊原本的第一手史料对作家研究的意义,指出以《白棺》为代表的一批"特殊史料"在大陆现代文学研究界的"沉默",正反映了特殊历史时期复杂的史料存在情况。苏州大学汤哲声教授以"一群被遗忘的翻译家"为题,介绍了包天笑、陈冷、周桂笙、周瘦鹃等自晚清到新中国成立前进行的翻译活动,以及他们陆续为文坛提供的大量优秀的翻译作品为启蒙和民族现代化运动提供的推进作用。

除了新史料发掘外,还有专家对现当代文学史中的文学事件、文学公案等进行细致的考证与

阐释。广西大学彭林祥副教授从出版缘起、出版历程、丛书遗憾和丛书意义等方面,全面梳考了《良友文学丛书》的出版历史和史学价值。他特别强调了该丛书对新文学发展的推动意义和史料作品收集整理之功。浙江大学张广海老师以"团结鲁迅"为例,详细展示了考证这一文学事件所依循的方法和步骤,即通过查阅当事人的回忆或叙述,还原确切的历史场域,再比较其他的党史材料,排除繁复错杂的偏见和意识心态因素。山东大学威海分校孟文博老师介绍了考证郭沫若与李石岑之间历史恩怨的史料经验,以真实的史料揭示郭沫若作为文学家、政治家的复杂文化性格,将意识形态反复置换语境下饱受争议、进而被逐步"平面化"处理的郭沫若形象重新还原为一个矛盾多面、立体的"历史中的人",并进而给出公允的历史评断。他同时提醒研究者在史料的开发、收集工作同时必须注意史料版本的考证,重视原始版本和版本的流变,以免出现基础性的论述错误。

当然,史料发现或发掘仅仅是起点,作为一种研究,它还有一个边界的划定和有效拓展问题,否则就会使精心搜集的史料陷于混乱无序,甚至无法形成研究的"再出发"。在这方面,与会专家也作了有益的探讨。浙江工业大学方爱武副教授三次亲赴台港收集第一手史料,以较一般文学史更为开阔的视野和更为丰富的积累,构架了当代文学视域下的台港文学史料群这一特殊关照角度。经她发掘整理的台湾1982年《查禁图书目录》,也令人信服地勾勒了台湾文学在鲜明意识形态干预下形成的"地域性狂欢"局面。同样将史料视野投向大陆以外地区的还有福建师大辜也平教授、来自埃及的浙大在读博士留学生塔里克和复旦大学研究生陈雪娜。辜也平教授以新加坡著名作家方修在1975年为专栏撰写的文章为基础,指出巴黎方面的汉学家曾推荐巴金和茅盾作为诺贝尔文学奖的候选人,且巴金排在第一位。为当下人们热议的诺贝尔文学奖与中国当代文学关系的研究提供了新的史料。塔里克博士以《圣经》与古埃及出土的大量史料为例,从世界文学史"重构"角度,为中国现当代文学史料研究提供了一个富有意味的"他者"参照。陈雪娜研究生则在比较文化视野下,借鉴大量日本有关文学作品和史料,尤其是通过日本男作家与日本女作家、中国女作家与日本女作家对于战争的不同书写,不但指出了在中日女作家看似"相似"的文学气质表征下存在的悖论性的战争态度差异,同时也证明了现当代文学研究中合理运用域外史料的必要性。

也有的专家根据自己的研究实践,对现有的史料类型作了新的探讨。苏州大学范伯群教授从民国鸳鸯蝴蝶派小说中发现了其"类型化"的特征,并将之与当下"网络小说"联系起来,指出两者之间存在着不可忽视的血缘关系,特别是两者共同面临着文学史的"经典化"问题,或许也可以从中寻找到平衡和转换的关捩。浙江大学黄健教授则关注于现当代文学史料的新表现形态和新的历史特征。他特别指出网络资料在突破当代文学研究的意识形态藩篱和有限储存空间等问题上的重要意义和显在优越性;但与此同时,网络史料的无边界性也容易造成伪史料的泛滥,必须加以认真细致的甄别。武汉大学金宏宇教授认为作家自传应作为史料研究的重要依据,他同时也强调中国缺少忏悔性的、自我审查式的自传,而多自我辩解,甚至自传可能还不如部分小说等虚构文学更具历史真实性;另一方面,体制内的审查制度也可能造成自传叙述的片面化倾向,因此研究者要以辩证的态度对待自传,在切实考辨的基础上加以利用。而通过梳理国语演讲竞赛与运动国语的开展史,河南大学刘进才教授指出文学研究不仅需要灵活运用史料,而且还要有效地拓宽包括政论、教材、期刊等在内的原始史料范围。复旦大学研究生胡楠采用与之相似的史料切入角度,她结合《燕大周刊》上所刊文章、教材选本的具体篇目等文学类史料,以及燕京大学开课记录、课程目录等非文学性史料,综合考察了1922年周作人受聘燕京大学国文系后所进行的一系列新文学教育实践。

在谈及史料"考古学"还原与具体技术处理时,不少专家特别强调了史料考辨的重要,指出在这方面应有严格的规范,如果史料存在问题,那么据此得出的结论就很难令人信服。基于这样的事实和道理,南京师大杨洪承教授提出应更重视那些"无意"的史料(如档案、书信、日记),而年谱(特别是作家本人编写的年谱)和回忆录则必须谨慎使用。福建师大辜也平教授还进而提出了史料的信度等级问题,他认为书信比日记可信,公开文字可能比书信可信,但史料生产语境的复杂性决定了今天我们在使用史料前,需要甄别。河南师大孙先科教授经过细致的考辨,解决了宗璞处女作发表时间的问题,并指出这篇作品存在着日后在她小说中反复呈现的基本元素。广州大学付祥喜副教授以专文指出了《中国当代文学史教程》存在的各类史料差错,并加以纠正。

系统化的史料工作不仅是对史料的技术性处理,无论是新史料的发掘还是旧史料的整理,它们最终指向的是对那个特殊文学话语空间的不断深入理解、还原和阐释,在原始材料的"故纸堆"里重新发现鲜活的历史体验和审美意趣。浙江大学吴晓教授从具体文本出发,将该诗的主题重新阐释为多个主体参与下的人类审美活动。中国传媒大学颜浩教授跨越现代与当代的时间界限,讨论了新史料的发现对作家研究的价值,以及在学术研究中间史料的地位,指出应重视对张爱玲离开大陆后的创作和遗稿的研究,以及它们对今天文学史重述张爱玲所可能产生的影响。福建师大黄育聪老师从不为当下学界所关注的北方戏剧和北方学校话剧入手,以详实的原始史料证明了南开新剧团在传播新文化观念、培养现代话剧人才等方面所作出的贡献,为中国现代话剧史的重述提供了新的视野。北京师大林分份老师从黄药眠的短篇小说《李三宝》入手,探讨了这篇被人们长期忽略的小说所具有的较同期乡土文学更为深邃的思想内涵和更为高远的艺术境界,肯定了其应有的文学史价值。

四、当代文学史料研究的"问题与方法"

现代文学由于学科相对稳定和成熟,加之史料工作启动较早,迄今已有较多的史料研究成果和研究基础。相比之下,当代文学史料工作就不免显得孱弱滞后,"以论代史"的研究与研究的"以论代史"在当下仍颇有市场。这其中有历史的原因,也有现实的桎梏;既有主观认识上的缺陷,也有客观条件上的局限。但无论如何,其现状不容乐观。

令人欣喜的是,在本次会议收到的35篇论文中,居半属于当代文学史料范围。除了前文提到的对当代文学史料的结构性分类外,还涉及史料研究的客观困境、史料选本编辑的原则、史料阐释的限度、史料的经典化等诸多方面,这在一定程度上反映了现当代文学史料研究开始由"现代文学"向"当代文学"转移的态势,而成为本次会议的一个比较突出的"亮点"。

浙江大学吴秀明教授在会上提出当代文学史料研究亟须在时间和空间的双向维度上进行拓展:在历时性的时间层面上,将"当代"史料上溯到1949年以前的"现代"范畴,形成与现代文学史料的纵向承接;而在共时态的空间层面上,则向大陆以外的地域敞开,与海外史料横向关联。通过这种"世界视野和文化还原"的"双构性"观念和路径,拓宽史料研究的内涵与外延。他同时还详细分析了现存"档案制度"对文学研究,特别是对当代文学的史料收集整理的关捩性作用,并呼吁建立一个健全的、"以人为本"的文化保存制度,真正形成对当代文学史料更有根底也更为开放的"全景式敞开"。上海交大夏中义教授呼应了他的观点,强调当代文学研究应注意考察20世纪50年代苏联对中国文学产生影响的史料,认为这不仅能呈现那个时代中国文学创作和批评的历史背景,也能揭示彼时"文史哲"之所以表现出如此面貌的原因。南开大学李润霞副教授则特别关注当代"选本"的生产及其背后的"选家意识"问题。她发现当下选本的编选目的不仅仅是为了达到史料的集成,其中还关系到文学史经典重建和文学史话语权分配,比如对既想当选家又想当史家的主编者而言,他们可以利用编选的行为达到对文学史叙述的强行介入等多层面效果。但如此一来,不但文学史"公权利"的客观性受到严肃挑战,而且史料市场和史料研究机制也会更倾向混乱化和功利化。吴秀明教授和浙江大学章涛博士,还以茅盾文学奖两部"获奖修订版"为例,熔版本校勘与话语结构理论于一炉,具体探讨了 80 年代以来当代文学话语场中隐性存在的精英文学与主流文学话语的"差异竞争"和"规范/妥协"机制。他们一方面指出了修订行为背后意识形态话语的确"在场",另一方面,又以版本修订与当代文学话语场之间的"互文性关系",揭示了意识形态话语在规训异质文学系统时表现出的有限性和矛盾性。它关系到政治话语与艺术话语转换的效率问题,也牵涉文学场域自身的历史转型,折射的正是当代文学内部多方力量冲突交融下呈现的复杂表征。浙师大高玉教授也从版本考据入手,指出 1970 年前后金庸对武侠小说的理解存在明显变化:前期武侠写作追求娱乐消遣,故时常出现代笔和各类叙述错误,后期则向纯文学靠拢,不但更靠近正史叙述,也不再有人代写。这意味着金庸的创作/修改态度已经发生了根本性的转变,因此对作品的修订也已经超出了一般意义上的"修改",而新版小说实际上也已经不能被视作"通俗文学"的典型代表,此时再来研究金庸小说就更需要注意区分版本。

河北大学刘起林教授通过考察 20 世纪七八十年代姚雪垠与茅盾等人的通信和当时文学批评家的研究文章,结合近期发现而又未刊发的小说最新章节,从写作目的、写作方法、情节结构和审美格局、艺术意蕴等角度论证了《李自成》是一部"社会百科全书"式的文本,而非一般文学史所表达的"农民起义叙事"、"农民战争主题"小说。浙江经济职业技术学院马小敏老师反思了当代文学史写作过程中对具有特殊政治印记的文学甚或政治史料的运用问题,认为我们不但要注意极端"左倾"的意识形态话语侵入正常的学术研究,也要警惕另一种意识形态对文学史叙述的矫枉过正,不能使得"重写文学史"这一复杂的当代学术"发动"变成简单的"为否定而否定",而是要在现有资料基础上运用新视角和新方法,作出新的历史认识和结论,这也正是今天当代文学制度研究所亟须的。浙江大学邹淋博士通过对《文艺报》"文学新人"栏目的解读,讨论了 80 年代文学机制的形成历史和运作方式,重现了当代文学转型期的复杂文学场和体制规训下文学主体丰富的生存状态。浙江大学另一位丁晋博士则强调了 2012 年北京人艺公布、出版的一系列的史料和纪录片,将对当代戏剧舞台研究产生的重要作用。

最后,浙江大学姚晓雷教授对会议讨论做了简要总结。他首先感谢诸位到会专家精彩踊跃的发言,让我们从中看到了现当代文学史料研究的发展方向。在肯定现有史料研究成就的基础上,他也从文学史料边界、史料阐释有效性和史料经典化等方面,指出过于模糊的史料概念和经典史料的空缺可能导致研究体系的多重标准,研究成果也难以有效地纳入现有的评价机制等问题。总之,整个研讨会开得热烈、集中而又紧凑,圆满地达到了预期效果。需要指出,为方便专家学人特别是年轻学者和研究生进一步深入,互相讨论交流和细致阐述自己的观点,除了大会集中主题发言外,会议还特意安排由浙江大学黄健教授、苏州大学汤哲声教授和浙江大学盘剑教授、河南师大孙先科教授主持的两个分会场,进行分组讨论。尽管现当代文学史料工作刚刚开始,甚至还步履维艰,但与会代表对史料研究中存在重要问题的深入讨论和多层面拓展,特别是对之前学界较少关注的当代文学史料工作的思考,使人重新看到了本学科发展的新方向,这是此次会议的重要收获,也是它给人留下的最深印象。

(作者单位:浙江大学中文系)

世界文学经典的优质翻译与创新出版

——"世界文学经典普及与传播"学术研讨会综述

凌 喆

2013 年 12 月 28 日,"世界文学经典普及与传播研讨会暨'想经典'丛书首发式"在浙江新世纪大酒店隆重举行。本次会议由浙江省比较文学与外国文学学会和浙江大学出版社联合主办,由浙江省比较文学与外国文学学会文学翻译专业委员会与浙江大学出版社承办。

浙江省社会科学界联合会社团处俞晓光处长,浙江省比较文学与外国文学学会会长、"想经典"丛书主编、浙江大学吴笛教授,浙江大学出版社黄宝忠副社长,杭州天长小学副校长、知名儿童阅读推广人蒋军晶老师,浙江省比较文学与外国文学学会副会长、浙江工业大学毛信德教授,浙江省比较文学与外国文学学会秘书长、浙江大学傅守祥教授,中国计量学院外国语学院院长郭兰英教授,浙江理工大学外国语学院院长蒙兴灿教授,浙江财经大学外国语学院院长章汝雯教授,以及丛书的译者、编辑和长期致力于世界文学经典普及和传播工作的专家和学者们,共 50 余人出席了会议。

本次会议还受到了浙江电视台、杭州电视台、铜陵电视台、《浙江日报》、《都市快报》、《钱江晚报》、《每日商报》、《青年时报》、《中国教育报》、《浙江教育报》、《浙江社会科学》等多家媒体的关注。

本次会议的主题是"世界文学经典的普及与传播",旨在总结我省在世界文学经典普及与传播领域所取得的成绩,探讨世界文学经典普及与传播的规律,进一步加强青少年群体对世界文学经典的认知度与接受度,并为在这个领域里的创新出版出谋划策。

一、经典译介与普及:使命及现代意义

优秀的外国文学经典作品,是人类共同的文化遗产。浙江大学吴笛教授从经典译介与我国文化建设的重要意义、经典研读对于精神文明建设的意义以及经典普及对于文化传承的意义三个方面深入探讨。他认为经典译介是世界各个民族和各个国家之间进行交流和沟通思想感情的重要途径、重要媒介,对于中华民族的现代化进程、中华民族文化的振兴和发展,以及文化强国战略,都具有重要的意义。而外国文学作品的研读,是思想形成的理想渠道;外国文学作品的鉴赏,是激发想象的最佳途径;外国文学作品的研读,是审美享受的理想境界。最后,他期望外国文学研究者们要处理好学术研究与文化普及两者之间的关系,应该让文化研究者成为合格的文化传播者或文化使者,并充分发挥文化使者的作用。

浙江大学出版社黄宝忠副社长也指出,世界文学经典,是人类共同的精神财富,继承并使这笔财富不断增值,是我们作为文化工作者、出版工作者的责任。在我们浙江,翻译与出版世界文学经典就有着优秀的传统,从清末民初以来,王国维、鲁迅、茅盾等文坛巨擘就开始了将国外经典文学译介到中国的努力,之后,更为专业化的翻译家群体人才辈出,飞白先生、宋兆霖先生等诸位前辈

正是其中的表率。而以吴笛教授为代表的中青年一代的外国文学专家、翻译家经过多年耕耘,也已经硕果累累,成为国内外国文学领域的中流砥柱。

浙江工业大学毛信德教授认为,我国的青少年读者渴望着学习世界文学、民族经典,我们不仅是要出版有关世界文学经典普及与传播的理论上的著作,更应该翻译一些深入浅出的世界文学名著,以供给我们广大的青少年学生阅读,启发他们的思想。浙江大学傅守祥教授也呼吁专业学者要处理好学术和普及之间的关系,主动接轨传媒。《日本经典童话》译者,沈阳工业大学慈丽妍副教授则以《外国经典童话翻译的当下意义》为题,从译者的角度补充道,在这个讲求实效,万事追求利益与速度的时代,不但是孩子幼小的心灵而且成人的干枯疲惫的心也都非常需要童话的浸润与滋养,童话是丰富我们心灵的无尽宝藏。

二、世界文学经典的优质翻译

外国文学经典在中国的普及和传播,主要是通过译者翻译。吴笛教授首先对翻译世界文学经典的译者提出了要求。他说,作为译者,理应将文学翻译看成是神圣的事业,将所翻译的文学作品看成是我国民族文化事业的一个重要的组成部分,是民族文化建设的有机的整体,可以说,文学翻译的目的,不仅是建构翻译文学,而且是在一定的意义上为祖国语言文化的发展提供借鉴,使其成为最为科学的最为人们所接受的语言文化。所以,我们的译者要有高度的历史使命感,要让我们的译作在世界文化传播和交流中经得起检验。

浙江理工大学蒙兴灿教授也指出,如今翻译界存在一个问题,大致上就是搞理论的人不搞实践,搞实践的人又不怎么搞理论。理论要靠实践,而实践最后要上升到理论。因此,他希望译者要注意两个方面的紧密结合。只有这样,译作才能够成为精品。

杭州市天长小学副校长,知名儿童阅读推广人蒋军晶老师则从儿童心理的角度提出了自己对儿童文学经典翻译的期望。他希望儿童文学译者能以儿童为本位,研究儿童的阅读心理,希望中小学老师把好的作品尽量挑选出来,传递给学生。他认为译者最大的意义就是打开了一扇窗户,让大家看到了更多的文学,看到了更多的可能,可能多少年后的作家就是目前在阅读这些书的读者,作家虽然无法培养,但通过阅读经典能让成为作家的可能性无限地放大。

三、世界文学经典的创新出版

正如蒋军晶老师所说,我们这个时代是一个最好的阅读时代。因为出版业的繁荣,一名青少年,如果他的家长、他的学校、他的老师足够宽松的话,他可以真正看到许许多多青少年文学经典。但是如何让阅历尚浅的青少年天性贪玩、好奇、缺乏耐心、缺少对深厚情感的体悟、缺乏文学美学的熏陶的青少年,不再仅仅迷恋连环漫画、奇幻、武侠读物,引导他们对经典文学产生阅读兴趣呢?

浙江大学出版社的编辑谢焕开出了良方。他指出,引导青少年阅读经典文学,很难依靠其自觉来进行,而往往是以强迫的方式进行,但这样又会起到适得其反的效果。他说,遵循青少年的天性和兴趣,他们爱玩,就可以将经典文学的形态向他们喜欢的形式靠拢,让他们能在"玩"中"学"。出版社在社交应用与游戏两个方面与经典文学的阅读相衔接,让阅读变得能产生与进行网络社交互动和游戏一样的快乐,那么青少年阅读经典文学的主动性将被极大地提高。

紧接着,他介绍了顺应这样的理念而生的"想经典"丛书在世界文学名著经典出版方面的创新之举:引导青少年的多元智能开发方面的尝试,尤其是创新地把前沿理论和科技引入到推广经典阅读的出版工作中,运用任务本和阅读竞技数字平台等全新模式来调动青少年阅读经典文学的主动性和积极性,以期真正实现在"玩"中"学"的目标。

蒙兴灿教授对此表示赞同,他认为,如何把国外优秀的、经典的文学作品,以青少年能够接受的方式得以推广和传播是很有意义的课题。中国计量学院郭兰英教授则提议通过中国计量学院和杭州市图书馆的合作平台——国际青少年交流中心,把"想经典"丛书传播推广,让它真正发挥的作用。

会议期间还举办了"想经典"丛书的赠书仪式,主办方将该丛书赠送给了杭州天长小学、杭州绿城育华学校、杭州拱宸中学、杭州英特外语学校、与会教师代表以及学生代表。与会小读者声情并茂地为大家朗诵了"想经典"丛书中的片段,引起了全体观众的强烈共鸣。

"想经典"丛书是著名外国文学专家、翻译家吴笛教授历时三年主持开发的一套青少年外国经典文学译丛。浙江外国文学团队在2010年获得国家社会科学基金重大招标项目"外国文学经典生成与传播研究"立项,充分展现了浙江外国文学团队在国内的研究实力和影响。黄宝忠副社长以独到的眼光和非凡的魄力,提出组译一套外国文学经典的主张,于是,该套丛书发挥浙江外国文学团队的作用,适于经典普及,尤其适合青少年阅读,译介外国文学经典佳作,特别是被我国所忽略尚未在中文世界传播的国外各个民族各个时代的文学经典。策划编辑谢焕在实施丛书的过程中,也独具慧眼,提出了一些别具一格的主张。各位译者则充分发挥各自的才智,使得这套丛书的第一辑20本得以面世。这套丛书拟译介世界各国文学精品,尤其是尚未被中文世界所译介的文学经典,并且精选目前最为权威的源语版本,组织优秀翻译力量翻译出版。本丛书首期目标为60部,长期规划为200部。

本系列丛书的价值不仅在于其本身内容的经典和权威,还在于其所具有的极高的附加值。丛书附加了精心研发的"亲历体验"任务本、投入巨资的"古火界"阅读竞技平台、独一无二的"自绘插图"珍藏版,以及金句书签和免费朗诵版下载等多种配套项目。这些附加项目的核心目的是最大程度提高青少年阅读经典文学的兴趣,并在此基础上促进对青少年以想象力为核心的多种能力的全面开发。

(作者单位:浙江科技学院语言文学学院)

智慧文学的智慧诠释

——评《英国玄学派诗歌研究》

聂珍钊

内容提要：吴笛的新作《英国玄学派诗歌研究》，对英国诗歌史上占有重要地位的诗歌流派进行了系统深入的研究，特色鲜明。本书的填补学术空白之功，理论创新之劳，尤不可没。如果说玄学派诗歌是智慧文学，那么，吴笛教授所作的研究可谓智慧的诠释，体现了中国学者在英国玄学派诗歌研究领域的独到的学术立场。

关键词：《英国玄学派诗歌研究》；学术价值；理论贡献

英国玄学派诗歌是 17 世纪与古典主义平行发展的重要文学流派，也是世界诗歌史上最为杰出最为辉煌的诗歌艺术成就之一。玄学派诗人多为牛津剑桥的才子，他们的作品充满了哲理和巧智，可谓智慧文学。"这派诗歌在 17 世纪一度风靡，在 18 世纪和 19 世纪则默默无闻，较少受到关注，但是到了 20 世纪，由于时代的发展和审美情趣的嬗变，玄学派诗歌得以复活"①，艾略特等许多艺术大师继承玄学派传统进行创作，使得玄学派诗歌在世界文学史上的地位得到充分认可。

对玄学派诗歌的研究成为欧美文学界自 20 世纪初以来广受关注的一个研究热点，这一研究热潮，与现代主义文学运动的深入以及"新批评"等文学批评观念的发展，齐头并进，极大地促进了 20 世纪文学的发展。然而，在过去相当长的时间里，英国玄学派诗歌在我国外国文学研究界被忽略，除了多恩等个别诗人外，该派诗人中十多位主要诗人，在我国鲜有研究。

最近，读到吴笛教授的新作《英国玄学派诗歌研究》，我很为中国学者在英国玄学派诗歌研究领域取得的重要成果感到欣喜。由于在英国小说家哈代以及欧美诗歌方面共同的研究兴趣，我一直关注着吴笛教授的研究领域以及追踪着他的最新研究动态，因此对吴笛教授为人为学都有很深的了解。早在 2001—2002 年，作为美国富布莱特研究学者在美国从事研究期间，吴笛教授就萌生出翻译玄学派诗歌和研究玄学派诗歌的念头。2006 年，他在完成了"中西诗歌比较研究"、"哈代新论"等研究课题后，就转而申报并获得了国家社会科学基金项目"英国玄学派诗歌研究"立项。其后，吴笛教授倾四年之力，认真研读了从国外收集的近百种英文版和俄文版的玄学派研究著作，深入系统地研读和翻译了大量玄学派诗歌文本，终于完成了《英国玄学派诗歌研究》这部力作。该书从"孕育"到"成书"的过程，见证了吴笛教授的勤勉、务实、敏锐和创新的学术品格。该书是我国学者首次系统研究英国玄学派诗歌的学术专著，重点涉及的十多位诗人大多从未在国内译介和研究，因此它的出版具有开拓意义，填补了我国英诗研究中的一个重要空白。

《英国玄学派诗歌研究》一书对该诗歌流派的诗学价值、思想特征、艺术贡献等方面的内容作了较为宏观的总体梳理和研究，对许多尚未译成中文的具有代表性的重要诗歌文本作了深入的微

---

① 吴笛：《英国玄学派诗歌研究》，中国社会科学出版社 2013 年版，第 1 页。

观诠释和解读，全面探究了英国玄学派诗歌的诗学特征和艺术贡献，评价客观、中肯，为我国外国文学研究界更为科学、客观地理解和评价 17 世纪世界文学的艺术成就和发展脉络提供了借鉴。全书的特色和建树不胜枚举，有许多值得称道的优点。总体而论，以下四点尤为让人称道：

第一，全书具有宏大的研究视野。从《绪论》开始，吴笛教授就从欧洲文学整体发展的视野来考察英国玄学派诗歌，敏锐地把英国玄学派诗歌看成西方巴洛克文学的有机组成部分，看成是西方文学发展中的一个重要进程，这样就避免了目前学界往往孤立地研究玄学派诗歌的倾向。书中重点讨论了英国玄学派诗歌与欧洲巴洛克文学的关系，认为玄学派诗歌在艺术特征和时代精神等许多方面与英国文艺复兴时代的诗歌存有明显的差异，并非文艺复兴的延续，因而突破了西方部分学者将英国玄学派诗歌视为文艺复兴的延续这一学术观点。吴笛教授以许多诗歌文本为例证，发现了玄学派诗歌与巴洛克文学有着共同的"在不和谐中寻求同一"的诗学特性，从而得出英国玄学派诗歌是巴洛克文学的一个组成部分的学术观点。他进而认为：以西班牙的贡戈拉主义诗歌和英国玄学派诗歌为主要代表的巴洛克文学，是一个相对于古典主义而流行整个欧洲的文学思潮。

在我国现有的各类外国文学教材中，往往从整体上将 17 世纪看成是古典主义的时代，忽视了玄学派诗歌作为文学流派的存在。鉴于我国外国文学教材中尚未有对英国玄学派诗歌进行评述的章节，吴笛教授的学术观点对于打破 17 世纪古典主义文学思潮一统天下的文学观念，正确、全面理解 17 世纪世界文学的发展和艺术成就以及优化我国外国文学教学和教材建设，都具有非常重要的现实意义和应用价值。此外，对我国外国文学界全面认知英国文学，尤其是英语诗歌的艺术特性，也必然会产生深远的影响。

吴笛教授的这部著作对英国玄学派诗歌进行了独到的系统研究，对于全面理解英国文学史的发展，正确把握 17 世纪西方文学的实质特征以及丰富我国的外国文学教学，都具有重要的理论意义和实际价值。吴笛教授将玄学派诗歌的研究与 17 世纪政治、宗教、自然科学的进程密切结合，视其为人类思想文化进程的一个重要组成部分，这是正确认识和评价英国玄学派诗歌的重要前提。吴笛教授在书中不仅系统论述了英国玄学派诗歌的艺术贡献，还着重论述了该派诗人在思想观念上的革新。吴笛教授在书中指出，在 17 世纪英国玄学派诗人面临严峻的社会政治环境，历经着自然科学中一个又一个的重大发现，这对他们思想的形成和发展无疑造成了巨大的冲击。原先他们所坚信的那些至高无上的、指导自然万物永恒法则的概念，已经被相互作用法则的概念所代替。原先人类所认可的处于宇宙中心的地球，不过是一颗绕着其他星球运转的行星。玄学派诗人在人类进程的这一重要的转折点上，同样渴望光大可贵的探索精神。他们以自己的创作，来寻求社会与自然之间的沟通，打开与自然科学对话的渠道，以诗歌的意象表现时代的探索精神，以自己的努力传达与时代同呼吸共命运的发现意识。他们总是努力探索新的时代语境下人的信仰和困惑，竭力思考人与上帝的新型关系。英国玄学派诗歌这种开拓创新精神，在如今文学尤其是诗歌的生存空间和生存环境严峻的形势下，理应值得我们继承和发扬。

第二，全书具有多维的研究视角。在研究方法上，全书采用比较研究、影响研究、跨学科研究等方法，从文学与逻辑哲学、文学与宗教、文学与自然科学等比较视野，对英国玄学派诗歌的思想特征、艺术贡献以及对后世的影响作中肯、客观的研究和评析，为我国外国文学研究界更为科学、客观地理解和评价 17 世纪世界文学的艺术成就和发展提供借鉴。该书主要内容共有 12 章，从主题与思想（1—4 章）、诗艺与意象（5—8 章）、比较与影响（8—12 章）等三个部分展开。上篇"主题与思想"，主要从主题研究的视角审视英国玄学派诗歌。其中第 2 章主要从诗歌与宗教的关联方面研究英国玄学派诗歌。中篇"诗艺与意象"，主要探究英国玄学派诗歌的艺术贡献，并结合具体文本对"巧智"、"奇喻"等问题进行必要的讨论。第 8 章专门分析"玄学派诗歌中自然意象"，其中涉及的自然意象分为天文类、地理类、动物类和植物类四个类别,强调自然科学知识深深地渗透在玄学派诗人的诗歌中。下篇"比较与影响",主要从比较的视野探究玄学派诗歌与其他学术领域的关联以及玄学诗歌对 20 世纪文学发展的影响。其间涉及的研究方法最多。第 9 章"玄学诗歌的现代复活"中,主要从影响研究和比较研究的视野探讨玄学派诗歌与当代诗歌创作的关联。第 10 章"逻辑哲学的三段论及玄学的推理",主要就逻辑哲学的"三段论"入手,探讨玄学派诗歌在诗的结构以及艺术构思方面与三段论的关联。

　　第三,书中独到的理论创新俯首即是。吴笛教授不仅对学界所认可的巧智、悖论、奇喻一些论题进行了细腻的分析和阐释,而且对有关玄学派诗人的艺术贡献做了许多首创性、开拓性的挖掘。第 3 章论及玄学派诗人拓宽了文艺复兴时期及之前诗人笔下所描写的爱情——一味表现爱情的痛苦和忧伤以及某一女子无与伦比的美丽和坚忍,从而使爱情以真实可信的面貌以及更加感人的力量呈现在人们的面前,恢复了人类爱情的复杂而又真实的体验。第 4 章通过多恩的《早安》这一玄学派的代表性诗作,指出玄学派对欧洲中世纪传统文学中的"破晓歌"的形式做出了玄学开拓,以苏醒后的两个灵魂互道早安的结构模式来对超越死亡、合而为一的理想情感境界进行了独到的玄学诠释和赞美。

　　第 8 章中考察了玄学派自然主题诗歌创作对西方哲学中一个重要概念"元素理论"的吸收与发展。玄学派诗歌不仅在"爱"与"憎"的辩证关系、动因之说、转化规则以及"有机循环"上体现了"元素理论"的具体主张,而且将其融入自己的世界观和自然观,主动探究人与自然的关系,追求人与自然完全契合的美好境。第 10 章论述玄学派诗人如何凭借渊博的学识,娴熟地将逻辑哲学的三段论运用于诗歌创作中。将哲学思辨力与诗歌玄学技巧有机结合,是玄学派诗歌通过宗教隐喻表现"三位一体"主题的独有特色,也是英国玄学派诗歌在艺术结构上同其他英语诗歌具有的不同之处。

　　在《结语》部分,吴笛教授开创性地提出玄学派诗人革新"抒情诗"这一诗歌体裁的大胆论断,认为英国玄学派诗歌"对于英国抒情诗艺术的发展,确实是具有重要的开拓精神和普及意义的"[①]。他认为:"文艺复兴之前,英国诗歌确实是以叙事为主的,包括史诗、浪漫传奇等,……到了文艺复兴时期,这一传统也没有发生根本的变化。……但丁的《新生》和彼特拉克的《歌集》具有鲜明的情节线索……英国文艺复兴时期的十四行诗歌,由于受到但丁的《新生》以及彼特拉克的《歌集》的直接影响,十四行诗……常常是由若干首十四行诗来组成具有叙事成分的十四行诗集组成……可是,到了 17 世纪,在英国玄学派为代表的诗歌中,抒情诗从叙事文学中得以解放出来,宣告'独立'了,从此有了独立存在的价值和地位。"[②]这一论断的提出,对我国外国文学界理解抒情诗的发展,理解英国诗歌发展史都具有深刻的启示意义。

　　第四,细腻的文本分析是该书的又一显著特色。书中深入分析了已经在学界得到广泛认可的十多位玄学派诗人的近百首诗作,其中三分之一以上的诗作是由吴笛教授首次译介到国内。吴笛教授长期从事英语、俄语诗歌的翻译。他的译笔优美,已经出版多部高质量译诗集,享誉中国译界。阅读他的这部讨论英国玄学派诗歌的专论,不仅让我们享用了一场分析缜密和论证严谨的学术盛宴,而且也让我们从书中准确优美、颇具学者之风的诗歌翻译中领略了玄学派诗歌的独特之美。曾经有专家评论说:"该成果突出的特色是,作者能够紧扣文本,细读字里行间的意义,作为文学评论的方法也好,作为一种务实、严谨的读书方法也好,在世风浮夸的今天,具有伦理学意义。"

---

　　①　吴笛:《英国玄学派诗歌研究》,中国社会科学出版社 2013 年版,第 271 页。

　　②　吴笛:《英国玄学派诗歌研究》,中国社会科学出版社 2013 年版,第 270—271 页。

　　例如在第 8 章中，作者就细读了多恩的《诱饵》、《日出》，赫里克的《给少女们的忠告》以及马韦尔的《致他的娇羞的女友》等诗作，从而得出在玄学派诗人的笔下，太阳意象不再是单一的歌颂对象了，不再只是光明和温暖的化身了，而变得十分渺小。作者分析说，"我只需一眨眼，你便会黯然无光"（《日出》)，这种诗行，道出了恋爱中的女子的明眸会使太阳失明。"不久呀，便是沉落西山"（《给少女们的忠告》)，这种诗行说明太阳也只是一种会走向终结的普通事物。"这样，我们虽不能使我们的太阳/停止不动，却能让它奔忙"，这样诗行则把太阳描绘成一个在人类意志力下奔忙不休的普通物体。这样的细腻的文本分析遍及全书，体现了作者不仅具有学理分析能力，而且具有敏锐而强大的文学感悟力。大量诗歌文本的阅读、翻译和细致分析，使得本书的理论阐发有理有据，言之凿凿。

　　以上是《英国玄学派诗歌研究》一书最具学术价值和特色的四个方面。当然，该书可圈可点之处远远不止这些。总之，本书观点突出、材料丰富、分析细腻、评述充分，特色鲜明。英国玄学派诗歌具有独特的诗学贡献，在英国诗歌史上占有重要的篇章，而且又有一定程度的现代启示作用，因此本书的填补学术空白之功，理论创新之劳，尤不可没。如果说玄学派诗歌是智慧文学，那么，吴笛教授所作的研究可谓智慧的诠释。这部力作必将对我国英语诗歌研究界产生巨大的影响，这项艰难的学术工程必将深受广大诗歌爱好者、研究者的好评。正如作者所期待的那样，最后诚挚期待本书能"引导更多的学者关注这一值得研究而又尚待开发的研究领域"。

（作者单位：华中师范大学文学院）

简评《屠隆集》

吴国钦

屠隆(1543—1605),字长卿,又字纬真,号赤水、一衲道人、鸿苞居士等,书斋名栖真馆、娑罗馆、绛雪楼等。鄞县(今浙江宁波)人。万历五年(1577)进士,历任颍上、青浦知县,礼部主事。为官清正,关心民瘼。万历十二年(1584)被诬劾"淫纵",削职罢官。屠隆为人豪爽,喜结交海内名士,与王世贞、汪道昆等往来密切,王世贞列为"末五子"之一,又与汤显祖、袁宏道等惺惺相惜。屠隆才思敏捷,下笔千言立就。《明史》记其"诗文率不经意,一挥数纸"。时人以李白拟之。其一生著述丰富,有《屠长卿集》《由拳集》《白榆集》《栖真馆集》《娑罗馆清言》《娑罗馆续清言》《娑罗馆逸稿》《佛法金汤》《鸿苞》《绛雪楼集》,传奇《昙花记》《彩毫记》《修文记》等。

可以说,屠隆是晚明时期相当重要又很有代表性的一位诗文与戏曲作家。因此,要全面、深入研究晚明文学与戏曲创作成就,准确了解晚明文风与士风的关系,仔细研读屠隆作品,是十分必要的。但由于屠隆作品大多深藏各大图书馆善本室内,研究者获读不易。近年来虽然有几种诗文集影印问世,但还是不能满足学界的需要。客观条件的限制,导致研究者不能尽览屠隆现存作品,不能准确评价屠隆人品及其作品的价值,有的文章或著作,依据仅有的文献,得出不切实际的结论,自然也影响了人们对晚明文学与戏曲的总体认识和客观评价。学界迫切希望能有一部完整的《屠隆集》出来,以满足研究者的需要。最近,当浙江大学汪超宏教授主编、浙江古籍出版社出版的《屠隆集》(2012年版)摆在面前的时候,我感到无比震撼和惊喜。它的出版,不仅有助于我们了解屠隆其人,为重新评价他在晚明文坛上的贡献与地位奠定基础,而且对了解晚明社会生活、下层文士的心路历程,重新认识晚明文坛、剧坛成就,无疑很有帮助作用。

《屠隆集》的校勘出版,是近年来古籍整理取得的一项重要成果,具有收作齐全、校勘细致、附录资料丰富新颖等特点。

《屠隆集》共十二册,近三百万字,将现存屠隆作品悉数囊括其中,为读者提供了一个较为完备的屠隆作品集。第一册《屠长卿集》,第二册《由拳集》,第三、四册《白榆集》,第五册《栖真馆集》(上),第六册《栖真馆集》(下)、《娑罗馆清言》《续娑罗馆清言》《娑罗馆逸稿》《佛法金汤》,第七册至第十册《鸿苞》,第十一册《昙花记》《彩毫记》《修文记》,第十二册附录。其中《屠长卿集》《佛法金汤》尤其难得。《屠长卿集》包括诗十二卷,三百多首,文八卷(实存七卷),有序、传、碑记、墓铭、书信、祭文、杂文等一百二十多篇。此集是屠隆万历六年(1578)官颍上知县时,颍上诸生所刻。国内只有国家图书馆、浙江绍兴图书馆有藏本。当年,徐朔方先生编《屠隆年谱》,只能匆匆翻阅绍兴图书馆藏本,而未能一览国图藏本,深感遗憾,因而判断《屠长卿集》"似为屠隆《由拳》《白榆》《栖真馆》三集之选本",显误。徐先生又根据《赠李大将军十六韵》在诗集卷十二,推断此诗作于万历二十一年(1593)冬,"李大将军"是李如松(徐朔方:《晚明曲家年谱》第二卷,第369—370页,浙江古籍出版社1993年版),亦误。实际上,此诗作于万历二年至四年之间(1574—1576),"李大将军"不是李如松,而是松门卫人李超,此时官宁波总兵(参见汪超宏:《屠隆年谱补正》,《明清浙籍曲家考》,第 106—107 页,浙江大学出版社 2009 年版)。《佛法金汤》是屠隆晚年阐述佛理之书,强调儒学、佛教、道教对社会、人心各有作用,不应相互排斥与否定。有万历三十年(1602)自序。研究者们一直以为此书已经失传,孰料它早已流传到东瀛,并有标注注释和假名的和刻本。浙江图书馆藏有清道光十一年(1831)刻本,但此前研究者并没有提及和利用这一刻本。这两种书的出版,为我们研究屠隆早期、晚期创作与思想,提供了直接而可靠的第一手材料,可使对屠隆的评价,更加客观与公正,真正做到知人论世,能不额手称庆吗?

对于屠隆汇编他人之作成集者,如《国朝七名公尺牍》、《汉魏丛书》等,本集未收入。有些冒屠隆名之作,如《篇海类编》、《历朝翰墨选注》、《巨文》、《缥缃对类大全》等,《四库全书总目提要》已指明为"坊贾伪托",本集不收入。关于《考盘余事》,在万历年间首次刊行后,影响较大,后来不断出现翻刻本,其中有些内容,被单独抽出,刻入各种丛书中。近年来,就有不少于两种排印本在坊间流传。但主编者通过研究认为,此书是否是屠隆所作,大可怀疑。因为此书三分之二的内容与高濂《遵生八笺》和项元汴《蕉窗九录》相同或相似,屠隆一生中各个时期的重要作品,大多与友人提及过,但没有此书的只言片语。屠隆亲家张应文写的《鸿苞居士传》、杨德周应屠隆次子玉衡之请写的《明故文林郎礼部仪制司主事赤水屠公墓志铭》,钱谦益《列朝诗集》、李邺嗣《甬上耆旧诗》屠隆小传等,都未罗列此书。乾隆五十年乙巳(1785),屠隆嗣孙屠继序重刻此书,跋文也只是说"余先祖仪部纬真公,向传有《考盘余事》四卷",还不十分肯定就是屠隆所作。此书是屠隆去世一年后的万历三十四年(1606),秀水沈氏尚白斋刻印,收入宝颜堂秘笈中。原书题名《陈眉公考盘余事》,下署:"东海屠隆著,秀洲沈孚先阅"。陈眉公即陈继儒,宝颜堂为其斋名。尚白斋刻印宝颜堂秘笈,陈继儒并未参与其中,实际上是书商沈德先、沈孚先兄弟的伪托(参见李斌:《陈眉公著述伪目考》,《学术交流》2005 年第 5 期)。既云"东海屠隆著",又将"陈眉公"标于《考盘余事》前,显然自相矛盾,自露作伪马脚。因此,说《考盘余事》是屠隆所作,根据不足。《屠隆集》未收入此书,表明编者严谨求实的科学精神和一丝不苟的认真态度。循以此理,《金瓶梅》更不能收入此集。这样,就能避免鱼龙混杂,或掺杂伪作的风险,保证了所收作品的真实性。

除《佛法金汤》以和刻本为底本外,《屠隆集》中所收诸集皆以明刻本为底本,校以明清时期所存其他诸本。如《屠长卿集》以绍兴图书馆所藏本为底本,以国家图书馆所藏删改本和明万历八年冯梦祯刊印《由拳集》为参校本。《屠长卿集》中诗的绝大部分、文三十多篇收进《由拳集》中,校点者通过比较版式、篇目多寡、字句改动等,认为国家图书馆所藏删改本是绍兴图书馆藏本的修订本,从中可以看出作者对作品的修改过程。《白榆集》以明龚尧惠刻本为底本,诗歌部分以上海图书馆藏明程元方刻本为参校本,散文部分以浙江图书馆藏明程元方刻本、明刻《皇明五先生文隽》所收《屠纬真集》为参校本。通过校勘可知,程元方本是初刻本,刻于万历二十二年(1594)。龚尧惠本是重刻本,刻于万历二十八年(1600)。初刻本优于重刻本。《鸿苞》四十八卷,举凡天文、地理、历史、语言、文学、哲学、宗教、政治、经济、军事、水利、物产等方面的内容,应有尽有。张应文《鸿苞居士传》说"其书以参合三教为本,网罗宇宙古今,精入造化,散及名物,微言奥义,率宇内所未有,而能畅其词,令读者涣然冰释,所开示来学甚多"。对于这样一部内容丰富而庞杂的巨作,仅有一两种校本是不够的。本集以明万历三十八年(1610)茅元仪刻本为底本,除以《屠纬真集》和浙江图书馆藏清咸丰七年保砚斋藏版《鸿苞》节录为参校本外,还参考五十多种著作,仔细核对屠隆原文所引出处,改正错误,出校勘记说明。传奇《昙花记》除以臧懋循改本参校外,还以明清时期的戏曲选本《词林一枝》、《乐府红珊》、《尧天乐》、《月露音》、《万壑清音》等所收诸出为参校本,由此可知此剧当时在舞台上的演出情况。《彩毫记》以《月露音》、《缀白裘》两出参校,指出《缀白裘》三编所选《吟诗》、《脱靴》(版心题《彩毫记》)二出,不是选自《彩毫记》,而是将明人吴世美《惊鸿记》传奇第十五出《学士醉挥》割裂而成。书中的这些结论,都是通过缜密比对、反复推敲后得出的,令人信服,为人们的进一步研究打下了坚实的基础。

附录一册,辑录了屠隆集外诗八十多首、文七十多篇,以及词、曲、赋、评语若干。这些诗文除有二十余篇是徐朔方先生《屠隆年谱》提及外,其余均是主编者从明清人别集、笔记、曲话、地方志等文献中辑出。如屠隆有《园居杂咏五十首,呈云将道丈》,《娑罗馆逸稿》卷二作《赠僧四十六首》,本集据上海图书馆藏屠隆手迹,补录四首,使之成为完璧。万历二十六年(1598),屠隆重回颍上,当地父老倾城而出,夹道欢迎,屠隆写有《重过颍上,题任文学怀德书斋》。本集据《乾隆颍州府志》卷九《艺文志》、《同治颍上县志》卷十一《艺文下》收入。万历三十一年(1603)秋,屠隆有过一次福建之行。这是他生命中最后一次远游,也是最后的狂欢。钱谦益《列朝诗集》、李邺嗣《甬上耆旧诗》屠隆小传均有精彩的记载。时为中秋之夜,名士社集者七十余人,大会乌石山之邻霄台。酒阑乐罢,屠隆幅巾白衲,奋袖作渔阳挝,观者如堵。这一次表演,给时人和后人留下不可磨灭的印象。屠隆自己怎么可能没记录呢?本集从《皇明五先生文隽》所收《屠纬真集》中选录的《邻霄台大集序》、《半岭园记》二文,就是他这次人生谢幕旅行的真实记载。这些发现,如果阅读不广、积累不多,是不可能搜罗到这么珍贵的文献的。附录还选录了屠隆的有关生平资料和作品评语,如杨德周《明故文林郎礼部仪制司主事赤水屠公墓志铭》、屠本畯《弢光道人传》,前者有研究者以为已经失传,后者是与屠隆交往密切的侄孙所作,对研究屠隆生平相当重要。金兆燕《重订昙花记传奇序》、杜濬《屠赤水先生著书亭小记》对《昙花记》创作过程和影响,有新的说法,值得研究者深思。《屠隆简谱》对屠隆一生中的重要活动作了粗线条的勾勒,也很见功力。这是作者掌握材料丰富全面、下笔著文细致绵密的必然结果。

总之,整理者和出版社不计成本,为读者提供了一种颇为完备的《屠隆集》,着实令人振奋,值得大力肯定与推介。

(作者单位:中山大学中文系)

无尽的学与愉快的思

——《文化正义》后记^①

傅守祥

内容提要："学"与"思"的关系、学术与学者的品格以及现代知识分子的软弱与"无畏施"等话题,既有经典性也有当代性。沉静地反思与辨析其中的关节,让"能思想的苇草"更少一些为时势裹挟的曲折甚至变节,坚守自己求知和思考的职分,为使文明的力量柔韧长远而甘坐冷板凳。在这期间,"爱智境界"、"器识为先"、"立命之学"与"向善之路"尤为重要。

关键词:学;思;爱智;器识;向善

"子曰:学而不思则罔,思而不学则殆。"(《论语·为政》)圣人的意思是:学习而不知道思考,就会惘然无知而没有收获;只空想而不读书学习,就会心中充满疑惑而无定见。孔子借谈读书方法,意在告诫我们:只有把学习和思考结合起来,才能学到切实有用的知识,否则就会收效甚微。孔子还在《论语·卫灵公》中说过:"吾尝终日不食,终夜不寝,以思,无益,不如学也。"《论语·子张》中,更是借子夏之口说:"博学而笃志,切问而近思,仁在其中矣。"这些都是强调学习与思考相结合的重要性。对于读书人来说,"学"与"思"是主业,更须养成一种良好的习惯和坚韧的定力。

一、读书与爱智境界

令人尊敬的前辈学者何兆武(1921—)先生在《上学记》(生活·读书·新知三联书店 2006 年版)一书中讲:"读书不一定非要有个目的,而且最好是没有任何目的,读书本身就是目的。读书本身带来内心的满足,好比一次精神上的漫游。在别人看来,游山玩水跑一天,什么价值都没有;但对我来说,过程本身就是最大的价值,那是不能用功利标准来衡量的。"何先生这里又讲到了一个"学"的心态问题——无目的的、超功利的心态,也是一种难得的自由的状态。

对于"思"的意义,法国先哲帕斯卡(Blaise Pascal,1623—1662)在其《思想录》(何兆武译,商务印书馆 1986 年版)中曾说过这样一段话:"人只不过是一根苇草,是自然界最脆弱的东西;但他是一根能思想的苇草……纵使宇宙毁灭了他,人却依然要比致他于死命的东西更高贵得多;因为他知道自己要死亡,以及宇宙对他所具有的优势,而宇宙对此却是一无所知。"纯粹学者的生涯,固然常常被时势所裹挟,却因为固守自己思考和求知的职分而显出其高贵。当然,如果在"思"的过程中,因不断的清明、醒悟与宁静、充实而内心愉悦、欢欣,那么,"能思想的苇草"不但高贵而且优雅、不但智慧而且幸福,因为他锻炼出一颗像神一样的心灵——悲悯、慈祥而宽广。

---

① 本文系专著《文化正义:消费时代的文化生态与审美伦理研究》(上海人民出版社 2013 年版)之"后记",国家社会科学基金重大招标项目"公共文化服务的指标体系构建与绩效评估研究"(批准号:12&ZD22)子课题阶段性成果。

18 世纪时的德国著名浪漫派诗人诺瓦利斯（Novalis，1772—1801）曾说："哲学，原就是怀着一种乡愁的冲动到处去寻找家园。"在希腊语中，哲学（philosophia）是由"热爱（philos）"和"智慧"（sophia）两个词合成的，哲学就是"爱智慧"。纯粹学者对知识的追求最初并没有什么实用的目的，是一种"为学术而学术"的、纯粹的"学以致知"的探索精神，这种做学问的境界也可以说是"爱智境界"，体现出的是爱智慧、尚思辨、探索真理的哲学精神。

哲学家主张"爱智慧"，并非自诩"有智慧"，更不是古希腊在公元前 5 世纪的那些长于争辩的"智者"（sophistes）。因为"智者"与"哲学家"（philosophos）不同，智者以"智慧"为资本去服务官方、争名夺利（类似于当前某些爱表演的"公知"），哲学家则以"智慧"追求真善美的人生境界。"知识"能以数量计，属有限之物，然而"人生"更加有限，必不能穷尽人类全部知识。"智慧"是一种人类精神的理想境界，是无限之物，只能以高低计，哲学家对"智慧"追求的动力来源于对智能本身单纯的"爱"，而没有其他实用的功利性。

哲学史家叶秀山（1935—）先生常说："要学会和书交朋友，书也是有生命的，但它不会搞阴谋诡计，不会暗算你，和书作心灵交流最安全。"叶先生终生以书为伴，20 世纪八九十年代，他每天都到中国社科院哲学所的"写作间"里读书、写书；在他眼里，书也是一种活着的"人"，是有"心灵"的。著名学者胡孚琛先生曾撰文称："叶秀山教授为人、处世、治学、教人的风格是一致的，即自内而外、自始至终贯穿着一种'爱智境界'，是真正哲学家的学风。"①叶秀山先生除几十年如一日地身体力行"学"与"爱智"外，还多次畅谈、分享他亲身体会到的"思"的感受。他说："思考哲学问题是'愉快的'，如果你真正深入到哲学当中，就会觉得打通一个理路、想明白一个道理本身就是'好玩的'，而且这种兴趣是发自内心的，'哲学'本身就可以构成一个目的，而不是达到另一个目的的手段。哲学有着深厚的历史基础，无数有大智慧的人对它作过研究、思考，它很值得我们对它发生兴趣，去追求它、爱它，'哲学'本身就可以有'吸引力'，这是我一直持有的一个信念。"②同时，"哲学"是一门"活"的、"接地气儿"的学问，它追问"生活"、"生命"中最深层的问题，而并不给出现成的、一劳永逸的答案。因此，要生活就得生活在"大地"上，而不是生活在"天上"。

常言说：读书时，不可有己见；读书后，不可失己见。而叶秀山先生则更深入地指出：从某种意义上说，哲学不能由别人现成地教给你，要真正知道哲学是什么，必须自己去思考。哲学不能仅仅成为一个人谋生的手段，在现在的状况下，要是想着谋生，做点经济类的工作可能效果会更好。做哲学就是为了追求真理，这是哲学工作者的使命。从传统上看，"哲学"研究的是"无限"，"无限"就是"不受限制"，就是"自由"。"哲学"正是以"自由"的态度来对待万事万物，在有限的事物中保持着"无限"，在功利和世界中保持着理性的、清醒的态度。用《庄子》的寓言中的比喻来说，"哲学"要不执着于万物的"小用"，而着眼于事物的"大用"。"哲学"是超越具体知识的学问和智慧，其真正的价值正在于它具有"无用之大用"，就是通过"形而上"地探索宇宙和人生"大道"，使人的心性升华而达到"大智"。"哲学"总是向你提出问题，迫使你去思考，在那永无止境的思考中，哲学散发着一种无穷的魅力，有点像艺术带给人的无穷余韵一样，当然这得靠个人悉心体会。

---

① 胡孚琛：《斯人在思：直接同先哲对话——记叶秀山教授的爱智境界》，载黄裕生等编：《斯人在思——叶秀山先生七十华诞纪念文集》，江苏人民出版社 2006 年版。
② 王齐：《无尽的学与思——叶秀山先生访谈录》，《文景》2007 年第 7 期。

二、器识与立命之学

"夫学术者,天下之公器",现代学者应当做有益于世的真学问。但中国传统中向来崇尚"文人学士",而轻视"专家学者",甚至认为后者是"百工之徒"。近代以来这种风气虽有所转变,但是直到目前仍然还很有些市场。"文人"当然有其自身的价值和意义。"文人"就常"领一代之风骚","文人"善作"应景文字","文人"对于"思潮"的鼓动宣传之功盖莫大焉。但是,"学术"的工作是要进行深入探讨,使一切思潮在学理和资料上精益求精,成为一个学问系统,传之久远。"坐冷板凳"是"学术"研究的座右铭。凡甘愿"坐冷板凳"者,都是因为看到了"学术"之恒久的价值,并且从中得到了追求真理有所得的乐趣,哪怕只是短暂的"豁然贯通"的乐趣。当然,提醒重视"学者"的理论研究,并非就是排斥"文采",其实社科学术著作也须具有"文采",正如南朝刘勰所言"圣贤书辞,总称文章,非采而何"(《文心雕龙》)。而北宋刘挚所说的:"士当以器识为先,一号为文人,无足观矣"(《宋史》卷三四○),确需当成一种警示。当今之世,文人大多已装扮成学者,滥竽于学界,堂而皇之地以"士"自居,世人难辨其真伪,常轻信其文墨;所以文人大行其道仍盛而应酬、媚俗文字泛滥。

人文学者不但可以用智慧为社会做贡献,而且可以用品格影响他人。20 世纪 20 年代,清华国学院的前贤们曾开辟了一个不可复制的大师时代,他们具有"独立之精神,自由之思想",不入俗流,径行独往,真诚地对待学术,其精神范式和价值理念值得后人追随,成为今日学术界的宝贵精神遗产和历史使命。"学术"自有其"恒久的价值",这是人文学者内心深处所应有的信念,是支撑着我们甘心"坐冷板凳"而不随波逐流、追风赶潮的精神支柱。尽管北宋大儒张载曾认定读书人应当"为天地立心,为生民立命,为往圣继绝学,为万世开太平",但是,在日趋功利、恶俗的时代,历史教训告诉我们:识分子首先应该秉承"独立精神"、"自由思想"。

新中国成立 60 多年间,政治风波浩荡,大故迭起,知识分子少有全者与直人,而其言说也多为谎言抑或曲笔,个中原因在于政治的挤压与经济的胁迫,也在于个体的粗野与人格的异化。英国哲学家、20 世纪最重要的自由主义思想家以赛亚·伯林(Isaiah Berlin,1909—1997)对知识分子有一个颇有说服力的分类:刺猬与狐狸。在他看来,那些习惯追逐许多互无关连的目的,其生活、行动与观念是离心而不是向心,思想或零散或漫射的知识分子属于"狐狸";与此相对,那些将一切归纳于某个单一、普遍、具有统摄作用的原则的先知,是"刺猬"的人格特征①。遗憾的是,在改革开放 30 多年后的今天,中国学界仍难见真正的"刺猬",即便是有灵性的"狐狸"也不常见,但学界内却"狐臭"弥漫。近些年来,大陆文艺界不断责难文艺批评"失语"、"缺信"和"缺位",殊不知这与有些文艺批评家泯灭是非甚至颠倒黑白息息相关。

当代著名华语作家龙应台(1952—)在北京大学的演讲中说:"在大陆的集体心灵旅程里,一路走来,人们现在面对的最大关卡,是'相信'与'不相信'之间的困惑、犹豫,和艰难的重新寻找。"因此,其作品在内地点击率和流传率最高的是《(不)相信》这篇。"十岁之前相信的很多东西,后来一件一件变成不相信",这当中包括"文明的力量"、"正义"、"理想主义者"、"爱情"以及"海枯石烂作为永恒不灭的表征"。不过,"二十岁之前相信的很多东西,有些其实到今天也还相信"。"譬如文明也许脆弱不堪,但是除文明外我们其实别无依靠。譬如正义也许极为可疑,但是在乎正义比不

---

① (伊朗)拉明·贾汉贝格鲁:《伯林谈话录》,译林出版社 2011 年版,第 172 页;亦可参见(英)以赛亚·伯林:《俄国思想家》,译林出版社 2001 年版,第 25—28 页。

在乎要安全。譬如理想主义者也许成就不了大事大业，但是没有他们社会一定不一样。"此外，也有"二十岁前不相信的，现在却信了"，"不过都是些最平凡的老生常谈"，比如"性格决定命运"、"色即是空"、"船到桥头自然直"。大陆的人们确乎在犬儒与理想之间徘徊，现实让人失望，但希望亦非绝无。正如鲁迅（1881—1936）先生所说，"地上本没有路，走的人多了，也便成了路"，希望来自于行动，为了行动必须相信。因此，龙应台期待"一个敢用文明尺度来检验自己的中国；这样的中国，因为自信，所以开阔，因为开阔，所以包容，因为包容，所以它的力量更柔韧、更长远。当它文明的力量柔韧长远的时候，它对整个人类的和平都会有关键的贡献"①。

三、才智与向善之路

殊难忘"大独裁者"希特勒（Adolf Hitler，1889—1945）曾经对其"宣传部长"戈培尔（Paul Joseph Goebbels，1897—1945）的"面授机宜"："不需要让青少年有判断力和批判力。只要给他们汽车、摩托车、美丽的明星、刺激音乐、流行服饰以及对同伴的竞争意识就够了。剥夺思考，根植对命令的服从心才是上策。让他们对批判国家、社会和指导者抱持着一种动物般原始的憎恶。让他们深信那是少数派和异端者的罪恶。让他们都有同样的想法，让他们认为想法和大家不同的人就是国家的敌人。"这种赤裸裸的剥夺"思考"、敌视"思想者"、故意妖魔化人本主义的"批判精神"、人为制造"国家公敌"的反智主义"愚民"行径，在不同历史时期、不同国族环境中不断重演，尤须人们警惕。

美国著名总统亚伯拉罕·林肯（Abraham Lincoln，1809—1865）有段名言："你可以在某些时候欺骗所有人，也可以在所有时候欺骗某些人，但是你无法在所有时候欺骗所有人。"尽管西方世界曾有联邦德国总理维利·勃兰特（Willy Brandt，1913—1992）于1970年底在华沙犹太人死难者纪念碑下的"下跪"谢罪与真诚忏悔，并发出祈祷："上帝饶恕我们吧，愿苦难的灵魂得到安宁"，以及联邦德国时任总统向全世界发表了著名的赎罪书②，也有俄罗斯领导人普京（Vladimir Vladimirovich Putin，1952—）在"纪念苏联大清洗（70周年）死难者"仪式上反省"为什么人类历史上同样的悲剧被重复上演，一个重要的原因就在于那些空洞的信仰、主义被置于人类基本的权利：生存、自由、尊重、爱、表达之上"。但是，这些毕竟不能掩盖西方知识分子曾经的软弱变节、助纣为虐与为虎作伥。

"前事不忘，后事之师。"作为20世纪最伟大的哲学家之一，海德格尔（Martin Heidegger，1889—1976）与纳粹的关系一直是众说纷纭的焦点；对于世人的追问，海德格尔却一直固执地保持沉默。实际上，除了英美分析哲学之外，整个欧洲大陆最顶尖的思想家们无一例外地受到了海德格尔决定性的影响；这个名单里有列奥·施特劳斯（Leo Strauss，1899—1973）、汉娜·阿伦特（Hannah Arendt，1906—1975）、米歇尔·福柯（Michel Foucault，1926—1984）、雅克·德里达（Jacques Derrida，1930—2004）、卡尔·施米特（Carl Schmitt，1888—1985）、卡尔·洛维特（Karl Löwith，1897—1973）、保罗·利科（Paul Ricoeur，1913—2005）、伽达默尔（Hans-Georg Gadamer，1900—2002）等一系列伟大的名字，当然还有著名的哲学家、犹太学家伊曼纽尔·列维纳斯（Emmanuel Lévinas，1905—1995）。1973年7月，还有几个月就要走完一生的政治哲学大师列奥·施

---

① 龙应台：《文明的力量：从乡愁到美丽岛（龙应台在北京大学百年纪念讲堂的演讲）》，《联合报》2010年8月9日。

② 《德国总理向死难犹太人下跪谢罪瞬间》，凤凰网—资讯2008年9月4日，http://news.ifeng.com/history/1/jishi/200809/0904_2663_764777_1.shtml.

特劳斯,在给犹太学及神秘主义大师索勒姆的信中,笔调沉痛地写道:"在度过如此漫长的岁月之后,我现在才明白,海德格尔究竟错在哪里:具有非凡的才智,这才智却依附于一个俗不可耐的灵魂。"由此可见,以价值立场为支撑的人文品格和思想操守,对于当代学人的实践意义。

哲学离不开社会,社会也离不开哲学。毋庸讳言,当今世界正遭遇货币、政治、道德、精神危机,哲学家不应仅满足于解答他们感兴趣的问题,而需投身解决现实问题,正常的哲学圈应该成为"思想的竞技场"。而在当今时代,没有人否认物质丰富、科技进步对人类生活改善的积极作用,但是,超越物欲至上、技术异化与娱乐至死,解决技术主义、享乐主义与虚无主义的思想难题,亟须无数学人的努力工作和坚定矫正,有良知的人文学者更是责无旁贷。哲学大师列奥·施特劳斯总结海德格尔人生失败的教训,对我们和平发展年代的人来说是另外一个层面上的警醒:手握"利器"的"精神侏儒"更有可能在地球毁灭之前"腐烂"整个社会……

美国政治家富兰克林(Benjamin Franklin,1706—1790)有句名言:愤怒总是有理由的,但是很少有可取的理由(Anger is never without reason, but seldom with a good one.)。奉行"多元主义信念"的英国哲学家以赛亚·伯林多次提醒世人:世界上不存在绝对真理,比如仁慈和善也都只能是相对的,不可能对所有人都仁慈;他还反对非此即彼的思想,认为这种思想是独裁主义的源头,人们都应该有多元的选择,需要适度的妥协;他认为自由的概念也是"消极的自由",自由只在一定范围内才存在。民国时代的学界精神领袖胡适(1891—1962)倡导"容忍比自由还更重要"。因此,人们对无良行为的警醒是有必要的,但愤怒必须控制;出色是每个人的愿望,但良知应该是每个人必需的坚守;在判定是非对错之前,"己所不欲,勿施于人"应当成为一条人人奉守的、普适性的准则。龙应台在历史评传《大江大海:一九四九》(天下杂志股份有限公司 2009 年版)中能以"杀人众,以悲哀莅之;战胜而以丧礼处之"的悲悯心,直面 60 年前的那段中华历史,令人欣慰,而大陆学者的"求真"、"向善"仍"在路上"且路途漫长。

四、乐思与无畏施

"万物静观皆自得。"三年前首次访学美国,在佛州的孤居中,隐然有修行者"闭门坐关"的体验。在安宁的"学"与"思"中,震撼于梵高(Vincent Willem van Gogh,1853—1890)的《向日葵》、《星空》、《夜间的咖啡馆》等画作,留下《生者,静寂的造像》的感言:

> 生者,常朝秦暮楚,然而,动静咸宜者寡,人谓围城心态也。
>
> 狰狞倔强,脱俗懵懂间,欲洞明人生,然后世事,进而窥测历史未来,所谓一瞥天地经纬的好奇与贪婪……终不能淡然于枯寂与静谧,终不能相忘于天籁与地晏。
>
> 道圣谓无,佛尊言空,世人常驻足于幻景之炫与轮回之色,恋恋风尘中沉溺。往生者不言,今在者不聪,六道不相通。
>
> 人史冥冥,天师推背。一隙开阔,借道诗画乐思融入浑沌。所谓去蔽者鲜,具象者空乏,无调者韵失,诗语者色迷。
>
> 生死事大,阴阳之隔与轻重之分转瞬。三界唯心,万法唯识。奈何人心无恒,何妨逍遥于山水间,闲行闲坐任枯荣。

"生活对我来说就是一次艰难的航行,但是我又怎么会知道潮水会不会上涨,及至淹没嘴唇,甚至会涨得更高呢?但我将奋斗,我将生活得有价值,我将努力战胜,并赢得生活。"——这是生活在低处、灵魂在高处的梵高对待生活的态度。对于这位极具个性的超时代画家来说，他悲苦的一生就是向命运抗争、为艺术献身。

英国诗人多恩(John Donne,1572—1631)曾有诗句曰："没有人是一座孤岛"。近五年来，惊心于不少身边变故：外国文学界的前辈、翻译家宋兆霖(1928—2011)先生走了，我的授业恩师、翻译家汪飞白(1929—)先生虚惊于前列腺病变，学界前辈王生平(1945—)先生退休即遗忘了全部世界，我的同门师兄叶世祥(1966—2013)教授因病英年早逝，以及同道中人里的青年才女如复旦大学教师于娟(1979—2011)博士与浙江传媒学院教师彭娇雪(1977—2007)博士因癌变早逝……"人应该把快乐建立在可持续的长久人生目标上，而不应该只是去看短暂的名利权情。名利权情，没有一样是不辛苦的，却没有一样可以带去。"①走向死亡的过程是那么黑暗，于娟们却努力让这段路变得有光明；也许他们相信：如果不能有像别人一样的生命长度，那么，就以"生如夏花之绚烂，死若秋叶之静美"的方式去展现生命的宽度和深度吧。相较于这些生死异变，人世纷扰何足道哉，荣辱体验何须记挂，"能思想的苇草"这一命名里涵盖了人类的全部——荣光与平凡。小说大师米兰·昆德拉(Milan Kundera,1929—)在《不能承受的生命之轻》中曾说："我们永远不可能知道自己想要什么，因为，一个人的人生只有一次，我们既不能拿它与前世对比，也无法在来世使它臻于完美。"人生是一场不得不散的宴席，悲伤的是没做好准备！所以，我们唯有以"平静的尘心"感恩生活、善待生命。

做学问不但是一项费心费脑的活计，更是一项耗费莫大体力的劳动。然而，在学与问的漫漫路途上，若是起意于内心愉悦的满足、在做自己喜欢做的事，那么，在身心疲累之外终究是快乐的，正所谓"学之不如好之，好之不如乐之"。学界前辈陈平原(1954—)先生曾言"做学问不靠拼命靠长命"，因为生命的延续意味着学问的厚积，连续的人生体验才能做出更多的学问。我辈后学不敢奢望有前辈大师一般的学术贡献，但是在当下市场经济时代做学问的穷途与愚执，以及做学问者的头脑发达与四肢萎缩，却是不争的事实，在不知不觉间我们都成为世间急速"旋转的陀螺"。当然，做任何事都要认真和投入，但是对于真正想做学问的知识分子来说，身体透支式的"拼命"往往多于劳逸结合与休养生息式的"长命"；更兼世纪末以来教育现代化影响下的科研数量化管理，做学问的知识分子们被"看不见的手"驱赶着渐渐失却了沉静与从容，身体透支式的"拼命"也就从不自觉走向了被迫与无奈。这世间有太多易逝，太多无常，当然亦有诸多珍贵，诸多美好！诚如禅宗诗偈云："心如大海无边际，口吐红莲养病身"，唯愿人人都能好好活着，珍惜自己、爱护他人！

2013 年 3 月 SOAS, London 初稿

2013 年 7—9 月 Brown University, RI 定稿

（作者单位：华东政法大学）

---

① 于娟：《此生未完成：一个母亲、妻子、女儿的生命日记》，湖南科学技术出版社 2011 年版，第 56 页（亦可见《复旦女博士于娟：为啥偏偏是我得癌症》，新浪女性 2013 年 4 月 12 日，http://eladies.sina.com.cn/zc/2013/0412/07501219439.shtml）。

图书在版编目(CIP)数据

中文学术前沿. 第 7 辑 /《中文学术前沿》编辑委员
会编. —杭州：浙江大学出版社，2014.9
ISBN 978-7-308-13540-5

Ⅰ.①中… Ⅱ.①中… Ⅲ.①社会科学－丛刊 Ⅳ.
①C55

中国版本图书馆 CIP 数据核字(2014)第 158018 号

中文学术前沿(第七辑)

《中文学术前沿》编辑委员会　编

责任编辑	宋旭华	
出版发行	浙江大学出版社	
	(杭州市天目山路 148 号　邮政编码 310007)	
	(网址：http://www.zjupress.com)	
排　　版	浙江时代出版服务有限公司	
印　　刷	杭州杭新印务有限公司	
开　　本	889mm×1194mm　1/16	
印　　张	11.5	
字　　数	325 千	
版 印 次	2014 年 9 月第 1 版　2014 年 9 月第 1 次印刷	
书　　号	ISBN 978-7-308-13540-5	
定　　价	48.00 元	

浙江大学出版社发行部联系方式：0571－88925591；http://zjdxcbs.tmall.com